CHILD GROOMING: EL EMBAUCAMIENTO DE MENORES EN LA ERA DEL METAVERSO Y LA INTELIGENCIA ARTIFICIAL

ALFREDO ABADÍAS SELMA
Profesor contratado doctor
Universidad Internacional de La Rioja (UNIR)

CHILD GROOMING: EL EMBAUCAMIENTO DE MENORES EN LA ERA DEL METAVERSO Y LA INTELIGENCIA ARTIFICIAL

Diseño de cubierta:
Anaí Miguel

El presente trabajo es resultado del proyecto de investigación de la Universidad de Málaga (2022) ProyExcel_00514 *Medidas inclusivas para menores en situación de exclusión social.* Junta de Andalucía. Investigadores principales: Octavio García Pérez y Carmen Sánchez Hernández. 15/12/2022 a 14/12/2025.
Asimismo, es resultado del proyecto: «El Tribunal Constitucional como baluarte de las garantías constitucionales en el proceso penal», de la Universidad Internacional de La Rioja UNIR. Resolución de 9 de septiembre de 2022 del Vicerrectorado de Investigación de la UNIR.
Contacto con el autor: alfredo.abadias@unir.net / aabadiasselma@gmail.com

Valentín Beato, 21 - 28037 Madrid

ISBN: 978-84-309-9031-3
Depósito Legal: M-7352-2024

Printed in Spain

Siempre hay un momento en la infancia
cuando la puerta se abre y deja entrar al futuro...

Graham GREENE

A Mac

Gracias por adoptarme

ÍNDICE

INTRODUCCIÓN

Vivimos en unos tiempos en los que nuestras vidas y todo en general, o casi todo lo que acontece en nuestro quehacer diario, queda expuesto a múltiples y cambiantes redes sociales, que aparecen, desaparecen y/o mutan[1] con el plácet de grandes multinacionales que buscan el máximo beneficio al menor coste en un contexto de prístina

---

[1] Es cierto que las redes sociales son un entorno muy cambiante. Nuevas plataformas surgen y se popularizan constantemente, mientras que las existentes cambian sus funciones y características para adaptarse a las nuevas tendencias. Esto hace que sea difícil para los usuarios mantenerse al día y seguir siendo relevantes en este espacio.

Además, las redes sociales son un terreno fértil para la desinformación y la manipulación. Es fácil difundir información falsa o engañosa en las redes sociales, ya que es difícil verificar su autenticidad. Esto puede tener un impacto negativo en la sociedad, puesto que puede conducir a la polarización, la violencia y la pérdida de confianza en las instituciones.

La polarización que pueden generar las redes sociales es algo peligroso para una convivencia social pacífica. La polarización es el fenómeno por el cual las personas se dividen en dos grupos extremos, con opiniones muy diferentes y poco dispuestas a dialogar. Esto puede conducir a la violencia, la discriminación y la pérdida de confianza en las instituciones.

Las redes sociales contribuyen a la polarización de varias maneras. En primer lugar, las redes sociales permiten a las personas conectarse con personas que comparten sus opiniones. Esto crea «burbujas» de información, donde las personas solo están expuestas a información que confirma sus creencias existentes. En segundo lugar, las redes sociales facilitan la difusión de información falsa y engañosa. Esta información puede utilizarse para manipular a las personas y fomentar la división. En tercer lugar, las redes sociales pueden fomentar el comportamiento agresivo y hostil. Esto puede conducir a la violencia y la discriminación.

En este contexto, es importante ser conscientes de los riesgos que conllevan las redes sociales. Es importante ser crítico con la información que se encuentra en las redes sociales, y verificar su autenticidad antes de compartirla. También es

Lex Mercatoria[2]. Se trata de un capitalismo llevado al extremo dominado por no ya grandes, sino ciclópeos fondos de inversores[3], nominados y anónimos a su vez, que pugnan por dominar el mundo.

---

importante ser consciente de los efectos negativos que las redes sociales pueden tener en la salud mental, y establecer límites en el tiempo que se pasa en ellas.

[2] La *Lex Mercatoria* que describe de forma magistral y con sumo detalle Terradillos Basoco es un panorama mundial que está basado en la búsqueda a toda costa de las mejores rentabilidades de forma inmediata y con una deslocalización que escapa a la mayoría de los controles de los Estados con la vulneración de derechos fundamentales de colectivos cada vez más vulnerables, como pueden ser los/las trabajadores/as que están en situaciones de contratación precaria. Asimismo, el autor citado explica que las grandes corporaciones multinacionales en muchas situaciones burlan los controles estatales porque utilizan todo tipo de argucias jurídicas de carácter formal al socaire de la transferencia de competencias de organizaciones reguladoras supranacionales, así como fácticas.

Así, se impone un nuevo orden geopolítico en el que la riqueza cada vez está acumulada en menos manos que amasan grandes fortunas y los Gobiernos tienden a agruparse en bloques para poder hacer frente a estas y así intentan evitar el hecho de tener que aplicar políticas de austeridad que implican recortes presupuestarios que afectan siempre a los más débiles. *Vid.* Terradillos Basoco, Juan María, *Aporofobia y plutofilia: la deriva jánica de la política criminal contemporánea*, Bosch, Barcelona, 2020, pp. 28 y 29.

Sobre el término, a mayor abundamiento, pueden verse Hernández Zubizarreta, Juan, «Asimetría normativa y *Lex mercatoria*», en González, Erika, y Ramiro, Pedro (eds.), *Diccionario Crítico de empresas transnacionales. Claves para enfrentar el poder de las grandes corporaciones. Paz con Dignidad,* Colección Antrazyt, Icaria, Barcelona, 2012, pp. 42 y ss.

[3] Los denominados fondos de inversión comenzaron a operar en los distintos mercados mundiales hacia 1868 y, concretamente, podemos decir que su origen está en los Estados Unidos de Norteamérica, para llegar a Europa en 1925. Sin embargo, la utilización masiva de estos productos financieros no se afianzó hasta varias décadas después, y en 1971 se lanzó al mercado y a nivel mundial el primer gran fondo con indexación. Cincuenta años más tarde, podemos comprobar que los fondos de inversión públicos y privados gestionan patrimonios de todo el mundo, implicando a todo tipo de inversores.

El fondo más grande del mundo es el *Government Pension Fund of Norway* (GPFN), que supera 1,3 billones de dólares. Es decir, cada noruego tocaría a una

Con tal fin, estamos muy bien perfilados[4] por grandes bases de datos[5] gobernadas por algoritmos que se compran y venden en un frenético mercadeo y que son «oro» codiciado por empresas que, como es obvio, buscan contactarnos con una finalidad crematística.

---

participación de 190.000 dólares; el segundo fondo con mayor volumen es el fondo soberano de China, con un patrimonio de 1,2 billones de dólares. Este fondo fue lanzado en el año 2007 con 200.000 millones y ha ido incrementando su patrimonio anualmente con aportaciones del Estado y con las rentabilidades que se han ido obteniendo. En algunos medios se ha tildado de fondo «opaco» por la falta de transparencia que existe en cuanto a la obtención de datos se refiere. El fondo soberano de Abu Dhabi es el tercero con mayor volumen del mundo, pues gestiona un patrimonio que supera los 829.000 millones de dólares. En 2020 obtuvo una rentabilidad del 6,9% y puede decirse que es el más rentable a nivel mundial. Por otra parte, no podemos dejar de nombrar a BlackRock, que es la administradora de activos más grande del mundo, con 8,66 billones de dólares a 31 de diciembre de 2022. Nótese que esta administradora, fundada en Estados Unidos por Larry Fink y Robert Kapito, administra nada más y nada menos que el 17,5% de las acciones del mundo, y representa aproximadamente al 7,7% del PIB de nuestro planeta. Puede verse en *Funds & Markets*. Disponible en: https://dirigentesdigital.com/funds-markets/fondos/cuales-son-invierten-fondos-inversion-grandes-mundo [fecha de consulta: 23/08/2023].

[4] Nos referimos a la perfilación de personas en las redes sociales como proceso de recopilación, análisis y uso de información sobre los usuarios de estas plataformas para crear perfiles detallados y personalizados. Estos perfiles pueden incluir datos demográficos, intereses, comportamientos en línea, actividades pasadas, conexiones sociales, etc. El objetivo principal de la perfilación es comprender mejor a los usuarios para ofrecer contenidos, anuncios y experiencias que sean más relevantes y atractivas, casi siempre con la finalidad de obtener clientes y/o contactos.

[5] El valor económico de las bases de datos es muy significativo en la actualidad, ya que la información se ha convertido en un recurso fundamental en el mundo empresarial y tecnológico. Estas bases contienen datos estructurados y organizados que pueden abarcar una amplia gama de información, desde detalles de clientes y transacciones hasta patrones de comportamiento y preferencias. Las empresas utilizan bases de datos para analizar datos históricos y tendencias, lo que les permite tomar decisiones informadas sobre estrategias de negocio, *marketing*, inversión, etc. Algunas empresas generan ingresos vendiendo acceso o licencias a sus bases de datos, especialmente si contienen información única y valiosa.

El mercadeo y la comercialización de bases de datos que no respetan la intimidad de las personas es un tema de gran preocupación en la actualidad. La venta o alquiler de información personal, como números de teléfono, correos electrónicos o direcciones postales, a otras empresas es una práctica común que plantea serias cuestiones sobre la privacidad y la protección de datos personales. El *marketing* de bases de datos implica desafíos y limitaciones, ya que la inteligencia de negocios en tiempo real es una realidad para algunas empresas, pero sigue siendo difícil de alcanzar para la mayoría. Además, el uso de sistemas de información de *marketing* puede ser beneficioso, pero lleva tiempo adaptarse, y es crucial incluir buenas prácticas para garantizar la calidad de la información.

La comercialización de bases de datos ha generado sanciones relacionadas con la legislación sobre protección de datos, lo que debería alertar a todas las empresas y profesionales que se ven tentados a obtener información de esta manera.

En este contexto, en la inmensa mayoría de ocasiones somos nosotros los que exponemos nuestras penas y alegrías, auténticas o incluso simuladas, brindando a la «intemperie» de un mundo virtual nuestra más estricta intimidad, con las consecuencias positivas y/o nefastas que ello puede comportar. ¿Por qué lo hacemos?, seguramente porque «cada quién es cada cual»[6] en esta nueva era del controvertido concepto del «Antropoceno»[7] —creada por la insaciable codicia de la condición

---

[6] «Cada quién es cada cual y baja las escaleras como quiere...» es un fragmento de la canción «Cada loco con su tema» del cantautor catalán del Poble Sec, Joan Manuel Serrat. *Cada loco con su tema* es el título del decimoséptimo disco LP del cantautor precitado, editado en 1983 por la compañía discográfica Ariola. Contó con los arreglos y la dirección musical del maestro Ricard Miralles.

[7] Se trata de un término creado por el biólogo de los Estados Unidos Eugene F. Stoermer y que fue popularizado por el holandés Paul Crutzen, premio Nobel de Química en el año 2000. Es un vocablo que designa la época en la que la actividad del ser humano comienza a provocar una serie de cambios biológicos y geofísicos a nivel mundial.

Ambos científicos comprobaron que todas estas mutaciones habían modificado el equilibrio que se mantenía en el planeta desde el inicio de la época holocena, desde 11.700 años atrás. Stoermer y Crutzen propusieron que el arranque

humana—, y algunos buscarán diversión, comunicación, información, mitigar tiempos muertos o matar tiempos que deberían estar vivos, ¿quién sabe? Pero sí que sabemos que a cambio de un, a veces irreflexivo, «*like*»[8],

---

de esta nueva era fuera en 1784, cuando se perfeccionó la máquina de vapor por el ingeniero James Watt, que dio paso a la Revolución Industrial y a la masiva utilización de combustibles fósiles.

Según Liz-Rejane Issberner y Philippe Léna este término se creó para denominar las repercusiones que tienen en nuestro clima y en la biodiversidad, la muy acelerada acumulación de gases que producen el efecto invernadero y los daños prácticamente irreversibles que se están produciendo por un ingente consumo de recursos naturales que el planeta ya no puede proporcionar.

Se plantea la cuestión sobre si se puede utilizar este término para la definición de una nueva época geológica. Esto ha suscitado un enconado debate entre la comunidad científica, pero lo que es cierto es que existen negacionistas que no quieren ver una realidad evidente, fruto de un supuesto progreso de la humanidad que se ha vuelto en su contra y que hunde sus raíces en una mentalidad de consumo exacerbado impulsado por grandes grupos económicos. Véase al respecto y para una mayor profusión el siguiente documento de la página web de la UNESCO: Issberner, Liz-Rejane, y Léna, Philippe, «Antropoceno: la problemática vital de un debate científico». Disponible en: https://es.unesco.org/courier/2018-2/antropoceno-problematica-vital-debate-cientifico [fecha de consulta: 23/08/2023]. A mayor abundamiento, puede verse sobre este tema de gran interés: UNESCO, «Frente al progreso, ¿hasta qué punto somos responsables?, *El Correo de la UNESCO*, 1998. Disponible en: https://unesdoc.unesco.org/ark:/48223/pf0000111704_spa [fecha de consulta: 23/08/2023], e Irwin, Ruth, «Bienvenidos al Antropoceno», *El Correo de la UNESCO*, 2011. Disponible en: https://unesdoc.unesco.org/ark:/48223/pf0000213061_spa.nameddest=213091 [fecha de consulta: 23/08/2023].

[8] La importancia excesiva que las personas dan a los «*likes*» en las redes sociales es un fenómeno arraigado en nuestra sociedad actual, caracterizada por la imagen y la inmediatez. Según el profesor Andrés Rosenberg, recibir retroalimentación positiva en forma de comentarios de amigos o «*likes*» puede generar satisfacción y alegría en las personas, pero también puede aumentar los niveles de egocentrismo y narcisismo. Esto se debe a que, en las redes sociales, tendemos a proyectar una imagen de cómo queremos ser vistos, en lugar de mostrarnos como realmente somos. Esta dinámica puede conducir a relaciones más frágiles, ya que interactuamos con una imagen idealizada de los demás en lugar de con la persona

o incluso de una cita académica[9], el ser humano de nuestros días pasa largas horas frente a las pantallas de *smartphones* (de los que lo que menos importa es que nos permitan llamar y recibir llamadas), tabletas, ordenadores, etc., pulsando teclas o acariciando pantallas aceptando *cookies* con

---

real. Además, las redes sociales pueden generar presión en los jóvenes en relación con la obtención o falta de retroalimentación cibernética, lo que ha llevado a medidas como la ocultación del número de «me gusta» en Instagram. En este contexto, las redes sociales han transformado la forma en que nos relacionamos y nos mostramos al mundo. La búsqueda de validación a través de «*likes*» y la proyección de una imagen idealizada pueden tener un impacto significativo en la autoestima y la comparación social de las personas. Es importante reflexionar sobre cómo estas dinámicas afectan nuestra percepción de nosotros mismos y nuestras relaciones con los demás en el entorno digital. La importancia excesiva que se otorga a los «*likes*» en las redes sociales refleja la influencia de la cultura de la imagen y la inmediatez en nuestra sociedad actual, y plantea importantes cuestiones sobre la autoestima, la autenticidad y la calidad de las relaciones interpersonales en el mundo digital. *Vid.* VALENZUELA, Sebastián, «La vida en tiempos de *likes*: pros y contra de las redes sociales», Pontificia Universidad Católica de Chile. Disponible en: https://vidauniversitaria.uc.cl/noticias-y-concursos/revista/reportaje/la-vida-en-tiempos-de-likes-pros-y-contra-de-las-redes-sociales [fecha de consulta: 16/01/2024].

[9] Las citas académicas se han convertido en una obsesión para conseguir acreditaciones y prestigio en una perversa situación que en nada beneficia la calidad de las investigaciones. Esta preocupación por las citas ha llevado a una serie de reflexiones sobre su verdadero impacto en la calidad de la investigación. Algunos expertos señalan que la obsesión por las citas puede desviar la atención de la calidad real de la investigación, ya que se prioriza la cantidad de citas sobre la originalidad y relevancia de los estudios.

Además, se ha observado que la percepción del prestigio de las editoriales académicas puede influir en la búsqueda de citas y acreditaciones, lo que a su vez puede afectar la calidad de las investigaciones.

La calidad de las investigaciones no debería verse comprometida por la búsqueda obsesiva de acreditaciones y prestigio a través de citas académicas. Es fundamental que la comunidad académica reflexione sobre la verdadera importancia de las citas en relación con la originalidad, relevancia y contribución real de las investigaciones. Esta reflexión es crucial para garantizar que la calidad de las investigaciones no se vea afectada por incentivos mal alineados.

contenidos interminables de letra pequeña que nadie se molesta en leer, con las consecuencias legales que esto puede acarrear[10].

¿Y nuestros menores? Son los que dominan con extrema y fina destreza, cual «nativos digitales»[11], el manejo —que no necesaria-

---

[10] La falta de lectura de las políticas de *cookies* representa una forma de actuar irreflexiva y peligrosa, especialmente para colectivos vulnerables como los menores, quienes exponen su indemnidad sexual frente a las redes y la delincuencia cibernética. Los ciberdelitos contra la libertad e indemnidad sexual de los menores de edad han aumentado debido a la generalización de las TIC durante la pandemia, lo que subraya la importancia de abordar este problema de manera urgente y efectiva. Es crucial que se promueva la conciencia sobre los riesgos asociados con la falta de lectura de las políticas de *cookies*, especialmente en lo que respecta a la protección de la indemnidad sexual de los menores. La exposición a la delincuencia y a situaciones peligrosas a través de las redes es un problema grave que requiere una atención cuidadosa y medidas preventivas efectivas. La falta de reflexión al interactuar con las políticas de *cookies* puede tener consecuencias significativas, y es fundamental que se promueva una mayor conciencia sobre este tema, especialmente en relación con la protección de los colectivos vulnerables, como los menores.

La falta de lectura de las políticas de *cookies* puede exponer a los menores a riesgos significativos, especialmente en lo que respecta a su indemnidad sexual y su seguridad en línea. La Agencia y la Asociación Española de Pediatría han llevado a cabo campañas para promover la salud digital de los menores, concienciando a los padres sobre los riesgos físicos, mentales y sociales asociados con el uso intensivo y sin control de las pantallas.

Las *cookies*, utilizadas por los sitios web para recordar información sobre las visitas de los usuarios, pueden representar riesgos para la privacidad y la seguridad de los menores. Por ejemplo, las *cookies* maliciosas, también conocidas como *cookies* de terceros o de publicidad, pueden rastrear a los usuarios y recopilar información para crear perfiles de intereses, lo que luego se puede vender a empresas de publicidad para una segmentación más precisa y anuncios personalizados. Es esencial que los padres y tutores estén al tanto de los riesgos asociados con las *cookies* y tomen medidas para proteger la seguridad en línea de los menores. Además, es importante que los sitios web cumplan con la normativa sobre el uso de *cookies*, proporcionando información clara sobre su instalación, finalidades, procedimientos para rechazar su instalación y cómo revocar el consentimiento.

[11] Los nativos digitales, según la distinción establecida por el profesor Marc Prensky, son aquellos que han crecido inmersos en la tecnología desde temprana edad, mientras que los inmigrantes digitales son aquellos que adoptaron la tecnolo-

mente competencias[12]— de aparatos que sirven para las TICs o la panoplia de *gadgets*, con sus aspectos positivos[13] y oportunidades[14],

---

gía más tarde en sus vidas. Aunque se ha argumentado que los nativos digitales tienen una ventaja inherente sobre los inmigrantes digitales en términos de familiaridad con la tecnología, esta ventaja a veces puede ser solo aparente. Los más jóvenes, al estar tan inmersos en la tecnología, a menudo exponen su intimidad con demasiada facilidad y pueden ser víctimas de delitos cibernéticos.

La exposición excesiva de la intimidad por parte de los jóvenes en entornos digitales puede aumentar su vulnerabilidad a delitos cibernéticos, incluidos los relacionados con la indemnidad sexual. Es fundamental que se promueva la conciencia sobre los riesgos asociados con la exposición excesiva en línea y se tomen medidas para proteger la seguridad y la privacidad de los jóvenes en el entorno digital. La distinción entre nativos digitales e inmigrantes digitales plantea importantes consideraciones sobre la forma en que las generaciones más jóvenes interactúan con la tecnología y los posibles riesgos asociados. Es crucial abordar estos desafíos para garantizar la seguridad y el bienestar de los jóvenes en el entorno digital.

[12] Hay realmente una verdadera contradicción, y esto lo refleja RAMIRO VÁZQUEZ cuando señala que las políticas y los discursos públicos sobre infancia en Internet ofrecen una visión de los niños y las niñas y de los y las adolescentes como la vanguardia de la revolución digital y, por otro lado, los instituyen como grupos sociales, particularmente necesitados de políticas, iniciativas y códigos educativos que les guíen y capaciten en el uso de las nuevas tecnologías. *Vid.* RAMIRO VÁZQUEZ, Julia, «Virtualizando infancias. Del niño competente al menor en riesgo a través de Internet», VV.AA., *Menores e Internet*, Aranzadi, Pamplona, 2013, p. 31.

[13] Como bien afirma DÍAZ CORTÉS, resulta un hecho incuestionable que las nuevas tecnologías, y muy especialmente, Internet, han supuesto un hito, un punto de no retorno, en la forma de comprender la vida, singularmente las relaciones sociales, humanas y afectivas. Y a este gran cambio los menores no pueden ser ajenos. *Vid.* DÍAZ CORTÉS, Lina Mariola, «Menores e Internet: entre las oportunidades y los riesgos. Un punto de partida para entender las políticas criminales», en APARICIO VAQUERO, Juan Pablo, y BATUECAS CALETRÍO, Alfredo (coords.), *Algunos desafíos en la protección de datos personales*, Comares, Granada, 2018, p. 140.

[14] Y es que las tecnologías de la información también tienen ventajas muy claras para los menores, como bien afirma BUENO-GUERRA. Estamos de acuerdo con esta autora, en el sentido de que afirma que, si el uso de medios digitales comporta ventajas para el desarrollo psicoafectivo de los menores, y por extensión para el futuro ejercicio de sus derechos, debería considerarse que el acceso a estos medios digitales y la provisión de

pero también con desafíos, cuando no peligros[15], como la sobreexposición[16] de sus vidas en las redes —que muy bien cono-

---

una educación sobre su manejo se constituyesen también como un derecho. Lo cierto es que las ventajas constatadas del uso de los medios digitales son muchas y así también el reconocimiento de vivir en un mundo digitalizado donde la tecnología puede cambiar la situación de los niños y niñas que han quedado atrás por diversos factores, como pueden ser: la pobreza, la raza, el origen étnico, el género, la discapacidad, el desplazamiento o el aislamiento geográfico, al conectarnos a numerosas oportunidades y dotarles de las aptitudes necesarias para desarrollarse en un mundo globalizado como el que vivimos. BUENO-GUERRA, Nereida, «Protección jurídica del desarrollo psicoafectivo de los menores ante los riesgos y beneficios de la era digital», en MEANA PEÓN, Rufino José, y MARTÍNEZ GARCÍA, Clara *et al.* (dirs.), *Dignidad y equidad amenazadas en la sociedad contemporánea. Aproximación multidisciplinar.* Aranzadi, Pamplona, 2022, p. 161.

[15] El empleo generalizado de las TICs entre adolescentes no ha ido acompañado de una concienciación de los peligros que se esconden tras la red, al contrario, se ha constatado una baja percepción del riesgo, y así lo resaltan ALFARO GONZÁLEZ, VÁZQUEZ FERNÁNDEZ, FIERRO URTURI, HERRERO BREGÓN, MUÑOZ MORENO y RODRÍGUEZ MOLINERO. *Vid.* ALFARO GONZÁLEZ, María; VÁZQUEZ FERNÁNDEZ, Marta Esther; FIERRO URTURI, Ana María; HERRERO BREGÓN, Beatriz; MUÑOZ MORENO, María Fe, y RODRÍGUEZ MOLINERO, Luis, «Uso y riesgos de las tecnologías de la información y comunicación en adolescentes de 13-18 años», *Acta Pediátrica Española*, n.º 73, 2015, p. 146. Disponible en: https://www.actapediatrica.com/images/pdf/Volumen-73---Numero-6---Junio-2015.pdf [fecha de consulta: 03/09/2023]. Los peligros a los que están expuestos nuestros menores ya se han concretado en episodios lamentables, como el caso del escándalo que actualmente tiene conmocionados a los vecinos de Almendralejo, un pequeño municipio de Badajoz de alrededor de 30.000 habitantes. Varias menores de entre once y diecisiete años aparecen en imágenes de niñas desnudas que se han difundido a través de WhatsApp. Las fotografías, sin embargo, no son reales, sino que han sido creadas por la aplicación de inteligencia artificial ClothOff. Dieciocho menores han presentado denuncias a fecha de presentación del presente artículo, pero todo apunta a que el número se incrementará en los próximos días, ya que las afectadas podrían superar la treintena. *Vid.* CORTÉS, Irene, «Caso Almendralejo: ¿qué opciones tienen las niñas si los autores son menores de 14 años?», *El confidencial*. Disponible en: https://www.elconfidencial.com/juridico/2023-09-21/caso-almendralejo-opciones-padres-ninas-autores-menores_3738823/ [fecha de consulta: 24/09/2023].

[16] Puede verse en relación con la sobreexposición de los menores en Internet: ABADÍAS SELMA, Alfredo, «El peligro de la sobreexposición de los menores a in-

cen—[17], pues no podemos olvidar que tras las tecnologías[18] que manejan existen quienes persiguen saciar los instintos más innobles, turbios y reprobables en una «sociedad del riesgo»[19].

---

ternet frente al *child grooming* en tiempos del COVID-19 (1)», *La Ley penal: revista de Derecho penal, procesal y penitenciario*, n.º 114, 2020 (ejemplar dedicado a: Delitos en tiempos de emergencia sanitaria).

[17] Smahel, Machackova, Mascheroni, Dedkova, Staksrud, Livingstone y Hasebrink aportaron un vasto estudio sobre diecinueve países en el que destacaron cómo los niños españoles han desarrollado sus habilidades sociales en línea en detrimento de las formativas. *Vid.* Smahel, David; Machackova, Hana; Mascheroni, Giovanna; Dedkova, Lenka; Staksrud, Elisabeth; Livingstone, Sonia, y Hasebrink, Uwe, «Kids Online 2020», *Survey results from 19 countries,* 2020, pp. 155 y ss. Disponible en: https://www.observatoriodelainfancia.es/oia/esp/descargar.aspx?id=6003&tipo=documento [fecha de consulta: 03/09/2023].

[18] *Vid.* Cruz Blanca, M.ª José, «La sexualización de las tecnologías: los delitos de ciber-embaucamiento con fines sexuales del art. 183 ter del Código Penal», en Cruz Blanca, María José; Lledó Benito, Ignacio; Lledó Yagüe, Francisco; Benítez Ortúzar, Ignacio F., y Monje Balmaseda, Óscar (dirs.), *La robótica y la inteligencia artificial en la nueva era de la revolución industrial 4.0,* Dykinson, Madrid, 2021, pp. 129-148.

[19] El acceso a las TIC está aumentando el riesgo para los menores de sufrir victimización *online,* como bien indican: Guerra Vio, Cristóbal; Montiel Juan, Irene; Pereda Beltrán, Noemí, y Pinto Cortez, Cristián, «Invarianza factorial de una escala breve para evaluar abuso sexual *online* en adolescentes de España y Chile», *Behavioral Psychology/Psicología Conductual*, n.º 28, pp. 96 y 97. Disponible en: https://www.behavioralpsycho.com/wp-content/uploads/2020/04/06.Guerra_28-1.pdf [fecha de consulta: 03/09/2023]. Véase también la obra fundamental sobre el concepto de Beck. Beck, Ulrich, *La Sociedad del riesgo,* Paidós, Barcelona, 1996. Pedreira González hace referencia a la sociedad del riesgo en la que la globalización, las relaciones económicas, los nuevos modos de producción, el desarrollo científico y tecnológico, etc., son una nueva fuente de nuevos riesgos que, o bien se han llegado a generalizar o son potencialmente muy destructivos. En esta sociedad del riesgo podemos incluir aquellos peligros que avizoran tras las TICs. Pedreira González, Félix María, y Escudero García-Calderón, Beatriz, *La teoría jurídica del delito en un Estado de derecho*, J. M. Bosch, Barcelona, 2023, p. 105.

Así, Tortajada Chardi y Vázquez Vilanova[20] aseveran que:

> «Es muy preocupante la derivación y el rumbo que está tomando la sociedad actual y la funcionalidad que se le está dando a estas nuevas herramientas, y más aún lo es la prevalencia en la comisión de los delitos sexuales *online*, pues no hay más que ver las noticias y leer la prensa cualquier día, donde encontramos una nueva detención y una nueva comisión de este tipo de delitos. Cabe resaltar que casi 44 mil menores pidieron ayuda por problemas con las nuevas tecnologías en tan sólo un año. *Sexting, grooming, ciberbullying*, violencia de género o entre iguales, los niños esperan de media 365 días antes de decidirse a pedir apoyo».

¿Y el Estado?, compuesto por nuestras innumerables y costosas Administraciones, ¿qué rol ha de jugar en este panorama? Spinoza[21] afirmaba que el fin último del Estado no consiste «en dominar o mantener a los hombres atemorizados o en someterlos al poder ajeno, sino en liberar al individuo del temor, para que pueda vivir de la manera más segura posible y pueda afirmar plenamente, sin daños para él y otros su derecho natural, a ser y a obrar».

La concepción del Estado en la filosofía de Spinoza es fundamental para comprender la visión sobre la organización política y social. Spinoza sostiene que el Estado de derecho civil es crucial para mantener la paz y la razón en la sociedad. Según su perspectiva, la existencia de un riesgo constante de perder el estado de paz es inevitable y, por lo tanto, el activo mantenimiento del estado de razón es esencial. Esta concepción del Estado como garante de la paz y la razón refleja la impor-

---

La sociedad del riesgo descrita por Ulrich Beck plantea desafíos significativos, especialmente para los menores, que pasan muchas horas al día utilizando tecnologías de la información y la comunicación (TIC) sin la supervisión adecuada de los padres. Esta situación puede exponer a los menores a riesgos relacionados con la seguridad en línea, la privacidad y la exposición a contenidos inapropiados. Es crucial abordar estos desafíos para garantizar la seguridad y el bienestar de los menores en el entorno digital. La conciencia sobre los riesgos asociados con el uso no supervisado de las TIC y la implementación de medidas de protección son fundamentales para mitigar los posibles impactos negativos en los menores.

[20] Tortajada Chardi, Pablo, y Vázquez Vilanova, José Manuel, «Dificultad de acreditación de delitos sexuales on-line», BIB 2018\11480, *Revista Aranzadi de Derecho y Proceso Penal*, n.º 51/2018, p. 3.

[21] Spinoza, Baruch de, *Politischer Traktat*, Hamburg, 2.ª ed., 1984, p. 31.

tancia que SPINOZA otorga a la organización política en la promoción del bienestar y la estabilidad social.

Además, SPINOZA aborda la transición del estado de naturaleza al estado civil, destacando la necesidad de someterse a una autoridad común legitimada por la multitud de hombres determinados como iguales por ese mismo Estado. Esta transición representa un cambio significativo en la forma en que los individuos interactúan y se organizan en la sociedad, y subraya la importancia del Estado en la regulación de las relaciones humanas y la protección de los derechos y la igualdad.

Por su parte, PAWLIK[22] es del parecer que un Estado, para ser considerado como tal, primero ha de implementar las prestaciones que se esperan del mismo, en primer lugar, garantizar la paz, y que en el caso que nos ocupa, sería garantizar la seguridad.

La afirmación de que el Estado, como ente, debe garantizar en primer lugar la paz entre la ciudadanía y la seguridad para que posteriormente pueda materializarse el Estado del bienestar, resalta la importancia de la estabilidad y la protección como bases fundamentales para el desarrollo de un entorno propicio para el bienestar social.

Esta idea se alinea con los principios de la Carta de las Naciones Unidas, que establece como uno de sus propósitos fundamentales lograr la paz por medios pacíficos y de conformidad con los principios de justicia y derecho internacional. Asimismo, la promoción del Estado de derecho a nivel nacional e internacional es clave para el establecimiento de una paz duradera y el desarrollo sostenible, lo que refleja la importancia de la seguridad y la estabilidad en la sociedad.

En este sentido, la seguridad y la paz son condiciones primordiales que sientan las bases para la materialización del Estado del bienestar, permitiendo que la sociedad pueda prosperar en un entorno estable y protegido.

---

[22] PAWLIK, Michael, *Ciudadanía y Derecho penal. Fundamentos de la teoría de la pena y del delito en un estado de libertades*, dirección y estudio introductorio de SILVA SÁNCHEZ, Jesús María; ROBLES PLANAS, Ricardo, y PASTOR MUÑOZ, Nuria, Atelier, Barcelona, 2016, p. 40.

Como bien afirma Silva Sánchez[23], el Estado tiene una posición de garante[24] porque ha asumido el monopolio de la violencia prohibiendo a todos los individuos que están en su territorio el recurso a la violencia privada, de modo general y, en particular, para su autoprotección. Una vez se ha establecido este monopolio de la violencia, el Estado debe necesariamente proteger a cualquiera de los sujetos que se hallan en su territorio frente a las agresiones de terceros ejerciendo el *ius puniendi*[25]

---

[23] Silva Sánchez, Jesús María, *Malum passionis. Mitigar el dolor del Derecho penal*, Atelier, Barcelona, 2018, p. 76. Ello en clara concordancia con Hobbes en Hobbes, Thomas, *De cive*, cap. VI, n.º 3 y ss., 1642.

[24] El Estado asume una posición de garante al haber asumido el monopolio de la violencia, prohibiendo a todos los individuos en su territorio el recurso a la violencia privada, tal como preconizaba Hobbes. Esta idea se alinea con la teoría del sociólogo Max Weber, quien define al Estado como la única entidad que reclama con éxito el monopolio de la violencia física legítima dentro de un territorio determinado. Según Weber, el Estado es la única fuente del derecho a la violencia, lo que implica que todas las demás asociaciones e individuos solo pueden ejercer la violencia física en la medida en que el Estado lo permita. Esta noción destaca el papel del Estado como garante de la seguridad y la paz dentro de su territorio, estableciendo un marco legal para el uso legítimo de la violencia y restringiendo la violencia privada.

[25] El *ius puniendi* es la facultad que tiene el Estado de castigar a las personas que cometen delitos. Esta facultad es necesaria para proteger a los ciudadanos de la violencia y la delincuencia.

El *ius puniendi* se basa en la idea de que los delitos son una violación de los derechos de los demás. Cuando una persona comete un delito, está perjudicando a otra persona o a la sociedad en general. El Estado, en representación de los ciudadanos, tiene la responsabilidad de castigar a los delincuentes para disuadirlos de cometer nuevos delitos y para proteger a los ciudadanos.

El *ius puniendi* es un instrumento importante para la paz y la convivencia social. Sin embargo, es importante que se ejerza de forma justa y proporcional. Las penas deben ser adecuadas a la gravedad del delito y deben aplicarse de forma imparcial.

Como asevera Ríos Corbacho, el *ius puniendi* tiene un doble plano, el político y el funcional. En relación con quien ostenta la titularidad de la potestad punitiva, parece que no presenta dificultades, ya que pertenece al Estado, cuyo monopolio abarcará tanto el recurso legal a la coacción, como el hecho de cons-

legítimo. Esto sirve de modo contrafáctico para sus normas jurídico-penales, y así como en el plano fáctico las instituciones de policía preventiva y judicial.

Las instituciones de policía preventiva y judicial son fundamentales para un Estado avanzado que tenga como objetivo conseguir la paz social. Estas instituciones desempeñan un papel crucial en la protección y garantía de los derechos de las personas frente a situaciones que constituyan amenaza, vulnerabilidad, riesgo o daño para su integridad física, propiedades, el ejercicio de sus derechos, el respeto de sus garantías, la paz social, la convivencia y el cumplimiento de la ley. Además, la labor de la policía preventiva y judicial es esencial para prevenir la comisión de delitos y mantener el orden público, lo que contribuye directamente a la promoción de la paz y la seguridad en la sociedad. Asimismo, estas instituciones son fundamentales para el logro de la paz y la seguridad sostenibles, así como para una correcta ejecución de los mandatos de las misiones de seguridad.

Y, por ende, como bien aserta HILDEBRAND[26], la principal tarea del Derecho, y como consecuencia, del Derecho penal, consiste en la aspiración de que todos podamos conducir nuestras vidas según nuestra propia visión de las cosas, si bien, no se puede garantizar al individuo que disponga de una vida plena, que más bien dependerá en última instancia del ejercicio de su libertad individual y el libre desarrollo de su personalidad dentro del marco jurídico.

El derecho romano, la religión, la Ilustración y el pensamiento moderno, así como figuras destacadas como Cesare BECCARIA[27], han

---

tituirse en guardián de los intereses de lo público que pueden ser afectados por acciones delictivas. Ya en el segundo ámbito, el funcional, el autor, argumenta que la legitimidad del *ius puniendi* se derivará de manera directa de la función que se propone desarrollar y que desarrolla el Derecho penal subjetivo cuyo único titular es el Estado. RÍOS CORBACHO, José Manuel, *Fundamentos conceptuales del Derecho penal. Una investigación desde una perspectiva crítica,* Tecnos, Madrid, 2023, pp. 55 y 56.

[26] HILDEBRAND, Daniel, *Rationalisierung durch Kollektivierung: die überwindung des Gefangenendilemmas als Code moderner Staatlichtkeit,* Berlín, 2011, p. 270.

[27] Cesare BECCARIA, un destacado criminólogo, jurista, filósofo, economista y político italiano, es ampliamente considerado como uno de los pensadores más

tenido un impacto significativo en el desarrollo del Derecho penal. Estas influencias han contribuido a la evolución de las normas y sanciones destinadas a regular el comportamiento humano y mantener el orden social.

Dicho esto, nos encontramos en un marco de cambios constantes[28], cuando no inquietantes, hecho que nos lleva a realizar un planteamiento nuevo de la teoría del ordenamiento jurídico, algo que ya inició de forma

---

influyentes en el desarrollo del Derecho penal moderno. Su obra *De los delitos y las penas*, publicada en 1764, ha sido fundamental en la concepción del Derecho penal como garante de los bienes más preciados de la sociedad. BECCARIA abogó por la abolición de la tortura y la pena de muerte, y propuso que la prevención del delito debería ser el objetivo principal de las penas. Su enfoque se centraba en la humanización del sistema penal, promoviendo la idea de que las penas deben ser proporcionales al delito cometido y que el castigo debe tener como objetivo disuadir a otros de cometer crímenes similares. La influencia de BECCARIA en el Derecho penal contemporáneo se manifiesta en la promoción de principios fundamentales como la legalidad, la proporcionalidad de las penas, la prevención del delito y el respeto a los derechos humanos de los acusados. Su obra ha sentado las bases para el desarrollo de sistemas penales más justos y humanitarios en todo el mundo.

[28] En un entorno de cambios constantes, es fundamental adaptarnos a las transformaciones sociales y legales. La capacidad de adaptación es esencial para superar procesos difíciles y llenos de incertidumbre. La educación, el trabajo, las relaciones personales y la vida en general están sujetos a cambios, y nuestra capacidad para adaptarnos a ellos es crucial para seguir adelante y mantener nuestro bienestar psicológico y social. La adaptación a los cambios nos permite afrontar nuevas situaciones, superar desafíos y aprovechar oportunidades que puedan surgir. Es importante reconocer la importancia de la adaptación como un factor clave para afrontar los cambios en la sociedad actual.

Para adaptarse a la evolución de la sociedad es importante considerar las siguientes ideas: desarrollar flexibilidad y resiliencia para afrontar los cambios constantes en la sociedad, lo que implica la capacidad de adaptarse a nuevas circunstancias y recuperarse de desafíos.

Involucrarse activamente en la comunidad y en iniciativas que promuevan el cambio positivo, contribuyendo al desarrollo social y al bienestar colectivo.

Mantener una actitud de aprendizaje continuo para estar al tanto de las transformaciones sociales, adquirir nuevas habilidades y conocimientos, y adaptarse a las demandas cambiantes del entorno. Y, por supuesto, estar abierto al cambio y a

brillante KELSEN[29] desde una dimensión nomo-dinámica y que nos evoca PÉREZ LUÑO[30] cuando nos señala que estamos en una profunda transformación, que obliga a llevar a cabo un replanteamiento sobre el significado del ordenamiento jurídico en las sociedades democráticas y tecnológicamente avanzadas del presente, en las que se mantiene intacta la vigencia del postulado del historicismo jurídico según el cual no hay pausa para el derecho porque la vida humana es un *perpetuum mobile* y las normas que han de regularla, deben estar acordes con esa incesante mutación.

---

la diversidad, reconociendo y valorando las diferencias en la sociedad y adaptándose a nuevas perspectivas y realidades.

[29] KELSEN, Hans, *Allgemeine Theorie der Normen*, ed. a cargo de K. RINGHOFER y R. WALTER, Manzsche Verlagund Universitätsbuch-handlung, Wien. Existe traducción en lengua española de Miguel Ángel Rodilla, en KELSEN, Hans, *Teoría general de las normas*, Marcial Pons, Madrid, 2018, pp. 509 y ss.

[30] PÉREZ LUÑO, Antonio Enrique, *Teoría del derecho. Una concepción de la experiencia jurídica*, 21.ª ed. (con la colaboración de ALARCÓN CABRERA, Carlos; GONZÁLEZ-TABLAS, Rafael, y RUIZ DE LA CUESTA, Antonio), Tecnos, Madrid, 2023, p. 257.

CAPÍTULO 1

EL IMPACTO DEL *CHILD GROOMING*

Después de una contextualización que entendemos que es necesaria, pasamos de la dogmática a la realidad para recordar algunos casos que nos introducen en la cuestión central del presente artículo.

2008. Madrid[1]

> «Detienen a un joven de 21 años por acoso a menores a través de internet.
>
> El detenido practicaba una técnica de acoso a menores conocida como "*grooming*" por la que se hacía pasar por una joven adolescente, establecía contacto con varones y, una vez que disponían de una relación de confianza suficiente, les solicitaba fotografías.
>
> Según las investigaciones, con estas imágenes en su poder, realizaba una serie de fotomontajes para que los jóvenes apareciesen en actitudes insinuantes y provocativas, así como extractos de las conversaciones mantenidas. Seguidamente, contactaba nuevamente con estos menores haciéndose pasar en esta ocasión por el novio de la adolescente —"*groom*" en inglés— que en los primeros contactos había simulado ser, para chantajearles y amenazarles con difundir las conversaciones y fotomontajes si no accedían a mantener relaciones sexuales con él. En otras ocasiones, el detenido ofrecía diversas cantidades de dinero a cambio de favores sexuales.
>
> Para garantizar su anonimato y poder contactar con la mayor cantidad de víctimas posible, el presunto acosador disponía de multitud de cuentas de correo electrónico de las que se servía para contactar con los menores en diferentes salas de chat que agrupaban a usuarios de la Comunidad de Madrid. Estas cuentas de correo eran utilizadas por un breve período de tiempo para evitar que fuese reconocido en los diversos chats en los que seleccionaba a sus víctimas.

---

[1] *Vid. Diario de Mallorca*, «Detienen a un joven de 21 años por acoso a menores a través de Internet». Disponible en: https://www.diariodemallorca.es/sucesos/2008/09/15/detienen-joven-21-anos-acoso-4259843.html [fecha de consulta: 01/02/2024].

En el registro practicado en su domicilio se intervinieron diversos equipos informáticos y fueron localizadas unas 7.000 conversaciones de programas de mensajería instantánea, así como un centenar de fotomontajes confeccionados por el detenido.

La operación llevada a cabo por especialistas en delincuencia informática de la Guardia Civil continúa abierta para tratar de determinar el número total de menores víctimas de este individuo, que podrían ascender hasta 1.000, y la identificación de los menores que aparecen en los fotomontajes hallados en el equipo informático del detenido».

2009. Chipiona

Lo que realmente pasó en Chipiona en junio de 2009 es que se destapó un grave caso en el que un joven de Chipiona (Cádiz, España) realizaba múltiples ataques de *grooming* con chicas de diferentes países. El detenido, que conocía a sus víctimas a través de chats y redes sociales, contactó con al menos 250 niñas menores de edad haciéndose pasar por niñas y adolescentes y las chantajeaba para que les enviaran fotografías y vídeos sexualmente explícitos. Si se negaban, el delincuente amenazaba con apoderarse de datos personales, repitiendo la amenaza varias veces. Para ganarse la confianza de sus víctimas, el joven utilizó hasta doce personalidades de diferentes géneros y edades. Una vez que generó cierto nivel de confianza, pidió fotos y videos. Si no estaban de acuerdo, comenzaban las amenazas e insultos, e intentó hacerse con el control de los ordenadores y cuentas de correo de las chicas utilizando diversas técnicas de *cracking* (rompiendo contraseñas y seguridad del sistema informático). Una vez que obtuvo el control de los correos electrónicos, intentó obtener imágenes y vídeos de menores y continuó con los chantajes y extorsiones, amenazando con distribuir su lista de contactos si la víctima no restablecía su cuenta de correo electrónico. Si las niñas se negaban, no podían usar el correo electrónico y eran sometidas a más amenazas. Estas acciones continuaron durante varios meses y el criminal fue detenido en octubre de 2008[2].

---

[2] *Vid. El Mundo.* Disponible en: https://www.elmundo.es/elmundo/2009/06/14/espana/1244966481.html [fecha de consulta: 29/01/2024].

2012. Tarragona

Agentes de la policía española detuvieron en Tarragona a un ingeniero y matemático de cincuenta años con nacionalidad española y estadounidense como presunto autor de un delito de abusos sexuales sobre una menor de doce años. Los abusos, según la policía, se habrían cometido durante más de tres años. El hombre habría contactado con la niña por Internet simulando ser un joven de diecisiete años. Habría filmado los encuentros sexuales y los habría difundido entre las amistades y la familia de la niña cuando ésta intentó cortar la relación. Según el relato policial, el detenido convenció a la niña para mantener relaciones sexuales con él en una habitación a oscuras de un hotel de Madrid, para evitar que descubriera su edad real. Más adelante la niña decidió cortar la relación, y entonces el hombre empezó a asediarla, a enviarle mensajes amenazadores en los que simulaba ser hasta seis personas distintas ya difundir vídeos de los encuentros sexuales en el círculo cercano de la niña.

Todo ello causó un importante daño psicológico a la niña, hasta el punto de que se resintió su salud y tuvo que abandonar el colegio donde estudiaba. Los ciberagentes investigaron cientos de correos electrónicos que recibió la menor y analizaron con detalle las imágenes presuntamente difundidas por el acusado. El adulto solía ocultar el rostro, pero la policía le ha identificado a través de tatuajes y otras características físicas.

La policía registró el domicilio del detenido, ubicado en Tarragona. En el registro[3] se encontró documentación que, según explican, ha

---

[3] Las Fuerzas y Cuerpos de seguridad del Estado, analizados los hechos y realizadas las primeras investigaciones, viendo el material existente en el ordenador de la víctima podrán interesar del juez de instrucción una orden judicial de entrada y registro, pero hay que apuntar que en estos casos habrá que aplicar lo dispuesto en el art. 588 sexies *a*) LECRIM respecto a la Diligencia de entrada y registro con orden de intervención en los ordenadores, que señala que:

«1. Cuando con ocasión de la práctica de un registro domiciliario sea previsible la aprehensión de ordenadores, instrumentos de comunicación telefónica o telemática o dispositivos de almacenamiento masivo de información digital o el ac-

confirmado los hechos denunciados. Entre otros elementos había una foto de la menor desnuda en la mesilla de noche del detenido, y utilizaba similares como fondo de pantalla del teléfono móvil. Además, los investigadores no descartaron que pudiera haber habido otras víctimas. Al detenido se le acusó de abusos sexuales, producción y distribución de pornografía infantil, amenazas, coacciones, descubrimiento y revelación de secretos[4].

2012. Gavá

Sentencia Tribunal Supremo, sala segunda (penal). Número de resolución 527/2015. Fecha 22 de septiembre de 2015.

Antecedentes:

«El Juzgado de Instrucción n.º 3 de Gavá, instruyó Diligencias Previas 1112/2012 contra Modesto, por delito abusos sexuales, y una vez concluso lo remitió a la Audiencia Provincial de Barcelona, que con fecha 22 diciembre de 2014 dictó sentencia que contiene los siguientes Hechos probados: Único.— En fecha no. concretada, pero en todo caso anterior al mes de octubre de 2012, la menor de edad, María Rosario, nacida el NUM000 de 2000, insertó en el portal de anuncios de Internet, conocido como chtlanunclos,com, el siguiente mensaje "chica de trece años busca trabajo de lo que sea, me hace falta dineros". Consta acreditado que entre los días 12 y 15 de octubre de 2012, el acusado Modesto, mayor de edad y sin antecedentes penales, guiado por el ánimo de satisfacer sus deseos libidinosos y mantener contactos de carácter sexual con la menor, contestó al citado anuncio y a través de su teléfono móvil NUM001 le mandó hasta 74 mensajes de texto y realizó varias llamadas telefónicas al terminal que constaba en el anuncio, el NUM002, del que era usua-

---

ceso a repositorios telemáticos de datos, la resolución del juez de instrucción habrá de extender su razonamiento a la justificación, en su caso, de las razones que legitiman el acceso de los agentes facultados a la información contenida en tales dispositivos.

2. La simple incautación de cualquiera de los dispositivos a los que se refiere el apartado anterior, practicada durante el transcurso de la diligencia de registro domiciliario, no legitima el acceso a su contenido, sin perjuicio de que dicho acceso pueda ser autorizado ulteriormente por el juez competente».

[4] *Vid. Ara.* Disponible en: https://www.ara.cat/societat/tarragona-pederastia_1_2530623.html [fecha de consulta: 29/01/2024].

ria la menor María Rosario, siendo el contenido de algunos de los mensajes, el que se reproduce:

"Gracias María Rosario, claro que te puedo ayudar, dime k teace falta, dime de donde eres". Enviado el 12/10/2012 a las 18.38 horas.

"Ya lo se, cuando k nos veamos yo vivo solo en una casa, tu conoces port ginestá, pues al lado vivo". Enviado el 12/10/2012 a las 19.47 horas.

"dime cariño de donde eres de qué país". Enviado el 12/10/2012 a las 19.55 horas

"Claro que tengo corle—debe decir coche— y muy bueno, cuando nos vea tedare un adelanto beo que teace falta, pero eres muy joven". Enviado el 12/10/2012 a las 20.29 horas.

"... dime que te gusta hacer con los chicos, cuenta que soy mayor". Enviado el 12/10/2012 a las 20.41 horas.

"Etenido una asta que se acavo y haora quiero vivir la vida y pasármelo bien si puede ser contigo mejor creo que los pasaríamos muy bien soy muy cariñoso y detallista, dime cariño que te gusta a ti". Enviado el 12/10/2012 a las 21.55 horas.

"Cariño por favor me encantan tus palabras donde iremos porque eres muy joven y a hotel nose si pasaríamos". Enviado el 12/10/2012 a las 22.28 horas...».

Fundamentos de Derecho

«La sentencia objeto de la presente censura casacional condena a este recurrente como autor de un delito de abusos sexuales en su modalidad de acercamiento a menor por internet, del art. 183 bis del Código Penal, delito de "*grooming child*", incorporado a nuestro ordenamiento en la reforma operada por la Lo 5/2010 que ha sido objeto de modificación previamente, al elevar la edad a 16 años. En síntesis el relato fáctico refiere que una menor de 13 años se anunció en un periódico de anuncios ofreciéndose a trabajar "de lo que sea" porque necesitaba dinero. El acusado, mayor de edad, de 64 años, leyó el anuncio, y contactó con ella mediante varias conversaciones mantenidas por mensajes de sus móviles. En ellos se expresa, además de un contacto, el ofrecimiento de dinero, y alguna frase de contenido sexual como "dime que te gusta hacer con los chicos, cuenta que soy mayor" o "soy muy cariñoso dime cariño que te gusta a ti", "cariño me encantan tus palabras donde iremos porque eres muy joven y al hotel no se si pasaríamos" y expresiones reclamando quedar con la menor, después de "primero quiero conocerte y después decidimos, a mi me gusta todo", "veo que eres muy joven", llegando a quedar en la estación de tren de la localidad donde los padres se presentaron tras comprobar la existencia de las comunicaciones.

En el único motivo de la impugnación refiere el error en la subsunción por aplicación indebida del art. 183 bis del Código Penal. La impugnación parte del respeto al relato fáctico, respecto al que no interesa su modificación. Sin embargo, en la confusa argumentación que desarrolla en el motivo parece cuestionar la existencia de la precisa actividad probatoria sobre el hecho declarado probado, sobre la edad de la menor, y sobre la relevancia penal de la conducta».

«El relato fáctico es plenamente aplicable al tipo penal por el que el recurrente ha sido condenado. En el relato fáctico se describe un contacto al que se llega con las comunicaciones realizadas a través de los servicios de mensajería proporcionados por los móviles telefónicos. El contenido sexual que el recurrente perseguía aparece exteriorizado a partir de las conversaciones que han sido incorporadas al relato fáctico, con expresiones referidas a la realización de actos, "lo que te gusta, lo que a ti te guste", hasta referencias a lugares a los que acudir, el hotel. Existió un acercamiento integral en la estación donde habían quedado por la comunicación. La acreditación de los hechos resulta de la intervención de los padres y de la documentación de las conversaciones fuertemente indiciarias sobre la finalidad perseguida por el autor del hecho.

Desde el hecho probado la subsunción es correcta y en la fundamentación de la sentencia se motiva sobre la concurrencia basada en pruebas directas, la intervención de la conversación y la prueba personal que han sido valoradas con lógica para afirmar las exigencias de la tipicidad».

«No obstante, del relato fáctico resulta que el acusado, de 64 años de edad al tiempo de los hechos, contacta con una niña menor a la que propone un encuentro cuyo contenido es de naturaleza sexual. Del relato surge con claridad la naturaleza sexual del contacto que busca y que se trata de una menor, lo que es fácilmente deducible del contenido de las conversaciones. En esa situación es el propio acusado, hoy recurrente, quien asume que la menor no alcance la edad de disposición de la libertad sexual, entonces 13 años y hoy a 16, y mantiene esa situación arriesgada para el bien jurídico sin hacer nada para adecuar su conducta a la no realización del tipo penal prohibitivo de este tipo de conductas respecto de menores sin capacidad de disposición, asumiendo la realización del delito. No empece esa situación el que la menor dijera que tenía 13 años, pues lo que la niña realiza es una solicitud del trabajo que sea, pues necesita dinero, y el acusado mantiene una conversación en la que resulta clara que la conversación es con una menor y que sea menor de 13 años es un elemento fáctico que el acusado se representa, "eres joven... no nos dejan entrar en el hotel", y no hace nada para obviar esa representación de una edad típica. Asume que la situación es arriesgada sobre la concurrencia de los elementos de la tipicidad y, no obstante, mantiene su conducta para proseguir en el hecho, no desarrollando una cautela propia de quien no quisiera realizar el tipo. Decide continuar sabiendo la situación de riesgo en la realización y continua en la conducta desatendiendo la representación de la lesión al bien jurídico.

En consecuencia, realiza el tipo, sin que la expresión del recurso consistente en no haber visto la fotografía sea relevante para enervar la representación del peligro y el desprecio a la lesión que produciría».[5]

---

[5] *Vid. vLex*, STS 527/2015, 22 de septiembre de 2015. Disponible en: https://vlex.es/vid/585618690 [fecha de consulta: 29/01/2024].

2017. Algeciras[6]

> «Detenido un joven de 21 años por presunto acoso a una menor a través de Internet.
>
> Agentes de la Policía Nacional han detenido en Algeciras a un joven de 21 años de edad como presunto autor de un delito de abusos sexuales y corrupción de menores a través de Internet. El detenido acosó presuntamente a una menor de 13 años a través de Internet con el fin de obtener material pornográfico y relaciones sexuales con ella.
>
> Según ha explicado la Policía Nacional en una nota, la investigación se inició a raíz de la denuncia interpuesta en la Comisaría de Algeciras, donde una menor de 13 años manifestó que había conocido a una persona a través de una red social y que tras ganarse su confianza, este empezó a realizarle peticiones para mantener conversaciones por teléfono de índole sexual y solicitarle que le enviara fotos con gran carga erótica de ella misma desnuda y en ropa interior».

2019. Granada

En el año 2019, en la Audiencia Provincial de Granada se conoció el caso de una niña menor de edad que fue contactada y engañada mediante la red social Facebook, convirtiéndose en víctima de *grooming* y considerándose este delito como el acto preparatorio para cometer otros delitos, tal y como se establece la Sentencia SAP GR 1744/2019 – ECLI: ES:APGR:2019:1744.

> «a) delito de asesinato en grado de tentativa del art. 139.1 y 1º 1 140 del Código Penal, b); dos delitos de abuso sexual del art. 183.1 y 3 del mismo Código; c) un delito de contacto con menor de 16 años a través de Internet con fines sexuales del art. 183 ter 1 del Código Penal; d) un delito de embaucamiento para facilitar material pornográfico a una menor de edad del art 183 ter 2 Código Penal . Y e) Un delito continuado de quebrantamiento de medida del art. 468.2 y 74 del Código Penal. Del que sería autor el acusado, Rómulo, solicitando, concurriendo las penas las circunstancias modificativas de la responsabilidad penal, de reincidencia del art. 22.8 del Código Penal, respecto al delito continuado de quebrantamiento, así como las agravantes de parentesco de los arts. 23 y 22.4 de género respecto del delito intentado de asesinato».

---

[6] *Europa Press*. «Detenido un joven de 21 años por presunto acoso a una menor a través de Internet». Disponible en: https://www.europasur.es/algeciras/Detenido-joven-presunto-traves-Internet_0_1108689752.html [fecha de consulta: 01/02/2024].

2020. Logroño

Agentes del Cuerpo Nacional de Policía de la Jefatura Superior de Policía de La Rioja detuvieron a un delincuente por *child grooming*. Era un hombre de veinticinco años con domicilio en Logroño y se le detuvo como presunto autor de delitos de agresión sexual y corrupción de menores por el hecho de haber acosado a una menor de dieciséis años con técnicas de *grooming*.

La investigación tuvo su inicio en la Jefatura Superior de La Rioja, a causa de una denuncia de una mujer que era la madre de una menor de dieciséis años. Esta puso en conocimiento de la policía que un desconocido se hacía pasar por una chica con un pseudónimo de mujer y que se había puesto en contacto con su hija mediante un perfil de Instagram. Esta persona decía que sentía atracción por la menor y que quería mantener un encuentro sexual, además de solicitar fotografías de contenido sexual.

Después de una larga investigación que duró más de medio año por parte de la Unidad de Atención a la Familia y la Mujer, se pudo averiguar que se trataba de un hombre con una identidad virtual falsa. En realidad, utilizaba varias identidades.

La víctima no quiso entregar las imágenes al criminal, y este se presentó físicamente en el portal de la casa de esta y la abordó para que accediese a su propuesta sexual, y lo hizo de forma violenta, mediante el uso de un arma blanca, la amenazó y le mostró la fotografía de su mejor amiga manifestándole que si no accedía a lo que él quería la mataría.

Después de estos hechos, el autor consiguió que la víctima accediese a la extorsión y le envió una fotografía de contenido sexual. La víctima soportó varios meses de amenazas y varios chantajes, el criminal la coaccionó para mantener un contacto físico, porque de lo contrario, la amenazó de publicar vídeos y fotografías en redes sociales. Además, la amenaza consistía en difundir todo el contenido pornográfico entre amistades y familiares.

La víctima, menor de edad, debido al terror que le había generado el agresor, llegó a acudir a dos encuentros y fue agredida sexualmente. Se identificó al autor y, con la preceptiva orden judicial, la policía llevó a cabo un registro domiciliario en la ciudad de Logroño, donde fue intervenido su teléfono móvil y se le detuvo.

De todo el material incautado se pudo comprobar que el sujeto activo del delito había mantenido varios contactos de índole sexual, a través de la red social Instagram con la menor de edad víctima[7].

Pre y postpandemia

Según la Fundación Anar de atención a Menores[8], esta registró un aumento exponencial en relación con el número de llamadas que estaban relacionadas con el delito de *grooming* en los años previos a la pandemia de covid-19. Un 419,3% más en 2018 que en 2017. Además, se indica que, durante el periodo de estricto confinamiento de 2020, los casos de *grooming* reportados en España crecieron en un 300% respecto a marzo de 2019 según fuentes de la Europol.

2021. Galicia

En 2021, en la Comunidad autónoma de Galicia, se condenaron prácticamente al 19% de los casos de agresiones mediante las nuevas tecnologías con menores de dieciséis años, con una finalidad sexual que se dieron en nuestro país según el Portal Estadístico de Criminalidad del Ministerio de Interior. A este hecho podemos sumar que en el mismo tiempo se detectaron 39 casos de pornografía de menores, de los que 460 lo fueron a nivel estatal.

Según un estudio de We Protect Global Alliance[9] las fotografías con contenido sexual que se realizan por los mismos menores de entre siete y diez años se han incrementado en un 360% desde 2020 a nivel mundial. Lamentablemente, es algo muy habitual que

---

[7] *Vid. Europa Press*. Disponible en: https://www.elmundo.es/espana/2020/07/10/5f082470fdddff89968b45f4.html [fecha de consulta: 29/01/2024].

[8] Puede consultarse Fundación ANAR, «Informe anual teléfono/chat Anar en tiempos de Covid-19 año 2020». Disponible en: https://www.anar.org/wp-content/uploads/2021/12/Informe-ANAR-COVID_Definitivo.pdf [fecha de consulta: 30/01/2024].

[9] Puede consultarse We Protect Global Alliance. Disponible en: https://www.weprotect.org/issue/online-grooming/ [fecha de consulta: 30/01/2024].

personas adultas soliciten fotos de contenido sexual a menores, a través de las redes sociales para obtener algún tipo de contacto sexual físico.

Según la asociación Abuso y Maltrato Infantil No Galicia (AMINO. Gal)[10] en relación con este fenómeno tiene mucho que ver el contenido pornográfico al que están sometidos nuestros menores. Un niño de entre siete y diez años está recibiendo durante mucho tiempo información, imágenes y mensajes con contenido sexual. La utilización que realizan los mismos adultos de los dispositivos móviles y de las redes sociales puede ser un factor de riesgo que influencie negativamente, ya que los progenitores no siempre son unos buenos referentes para seguir.

Según esta asociación muchas veces cuando los menores explican lo que les está pasando, la situación ya es demasiado grave y antes no lo habían hecho por vergüenza o miedo. Afirman que no solamente hay que educar y concienciar a los menores, sino que es muy importante que los padres aprendan cómo reaccionar ante estas situaciones implicándose en un proceso educativo, y no solamente riñendo a los menores como si fueran culpables de algo.

Los expertos de esta asociación gallega explican que cualquier tipo de cambio en la conducta del menor, como puede ser el rechazo a ir a un centro escolar, una bajada del rendimiento escolar, pesadillas o desórdenes en el apetito, puede ser un indicador de que algo puede estar sucediendo. También aseveran que es cierto que esto no tiene por qué señalar que se está sufriendo *grooming*, ya que puede deberse a otros ataques como el *cyberbullying*, entre otros. Lo que es importante es que el menor termine hablando de la problemática que está sufriendo realmente y hay que estar preparados para no tener una reacción incriminatoria, sino aportar apoyo y comprensión[11].

---

[10] Puede consultarse AMINO.Gal. Disponible en: https://www.aminogal.es/ [fecha de consulta: 30/01/2024].

[11] *Vid. El Correo Gallego*. Disponible en: https://www.elcorreogallego.es/sociedad/2023/10/24/galicia-registra-19-casos-grooming-93710253.html [fecha de consulta: 30/01/2024].

2023. Sevilla

A finales del caluroso agosto del año 2023, agentes del Cuerpo Nacional de Policía, en colaboración con la Policía Local, detuvieron a un hombre de treinta y tres años en Málaga por su presunta implicación en un caso de *child grooming*. El detenido e investigado habría contactado mediante una red social y con un perfil compartido por cinco menores (el investigado pensó que se trataba de un único menor) para solicitar imágenes con contenido sexual llegando a proponer un encuentro al que llegó a personarse, siendo aprovechado ese momento para ser grabado por los menores[12].

2023. Almería

En noviembre de 2023, la Guardia Civil detuvo en Almería a un hombre de veintisiete años, vecino de la localidad de Vícar, por haber supuestamente agredido y acosado sexualmente a menores de edad mediante Internet. Podría haber afectado a treinta y dos niñas de edades comprendidas entre los diez y los quince años de edad.

La primera de las denuncias se presentó en Zamora. El presunto agresor trabajaba con menores y utilizaba las redes sociales para realizar contactos. Utilizaba frecuentemente aplicaciones de mensajería, siempre utilizando las amenazas.

La llamada operación Almora tuvo inicio en abril de 2021, después de una denuncia que recibió la Policía Nacional de Zamora en la que una mujer denunció que había observado en el teléfono móvil de su hija material pornográfico enviado por un usuario de una red social. Esta investigación finalizó con la identificación y la primera detención de este hombre ese mismo mes como presunto autor de un delito de acoso sexual a una menor de dieciséis años (*grooming*).

---

[12] *Europa Press*. Disponible en: https://www.lavanguardia.com/local/sevilla/20230822/9180356/sucesos-detienen-hombre-contactar-menores-red-social-intenciones-caracter-sexual.html [fecha de consulta: 11/09/2023].

En el contenido del chat se podía leer como el presunto conocía perfectamente la edad de la menor. El detenido trabajaba con menores de edad y tenía un fácil acceso a estos. Este hecho provocó que se iniciara una segunda fase de la operación en la que se pudo demostrar que el sujeto activo se valía de la vulnerabilidad de las víctimas por su corta edad y que contactaba constantemente a través de redes sociales. Se ganaba su confianza mediante el engaño y solicitaba constantemente imágenes proponiendo prácticas sexuales virtuales. Una vez que había obtenido las primeras imágenes, cambiaba el tono de las comunicaciones y amenazaba en publicar las imágenes en redes sociales y enviarlas a los padres. Siempre solicitaba material de carácter sexual.

Según las investigaciones, se pudo demostrar que había intentado varias veces el contacto físico con las víctimas menores de edad. En los registros de las investigaciones se encontró material electrónico diverso que el sujeto activo utilizaba para la comisión delictiva.

Después de haber analizado todo el material obtenido a través de las investigaciones, se llegó a la conclusión de que la actividad criminal había continuado y que el sujeto activo intentaba cometer los delitos de una forma más perfeccionada, porque incluso eliminaba algunas conversaciones que había tenido con sus víctimas. Esto no pudo impedir la localización de otras nueve niñas de muy corta edad que eran víctimas y que estaban por todo el territorio español.

El 24 de octubre, las investigaciones continuaron y se analizó todo el material informático que se había obtenido, y lo que se encontró fue una intención reiterada y repetitiva para continuar delinquiendo por los mismos hechos delictivos. Este hecho hizo que se procediese nuevamente a detener al presunto autor por más hechos delictivos.

Las diligencias que se instruyeron derivadas de las investigaciones fueron dispuestas ante el Juzgado de Instrucción número 5 de El Ejido (Almería), y posteriormente se decretó el ingreso en prisión del supuesto *groomer*[13].

---

[13] *Vid. Canal Sur*, «Detenido y en prisión por ciberacoso a decenas de niñas en toda España». Disponible en: https://www.canalsur.es/noticias/andalucia/almeria/detenido-y-en-prision-por-ciberacoso-a-decenas-de-ninas-en-toda-espana/1983764.html [fecha de consulta: 29/01/2024].

2023. Estudio de Save the children[14]

En noviembre de 2023 la organización no gubernamental Save the children presentó un completo estudio sobre el fenómeno delictivo que aquí estudiamos. Se llegó a la conclusión de que, en casi la mitad de los casos de abusos sexuales infantiles a través de las redes el agresor es una persona que es desconocida, y el 95,1% de los sujetos activos no tiene antecedentes penales. Save the Children realizó un estudio titulado «Por una justicia a la altura de la infancia. Análisis de sentencias sobre abuso sexuales a niños y niñas en España». Se analizaron cerca de 400 sentencias judiciales de esta tipología de violencia sexual, y entre estas, se contaban 33 sobre el delito de *online grooming* o abuso sexual a través de Internet.

Esta organización no gubernamental indicó que los niños y niñas comienzan cada vez más temprano a tener relaciones mediante las redes sociales. La primera edad de acceso se sitúa en torno a los siete años de edad, e Internet es utilizado por el 95,1% de niños y niñas que tienen entre diez y quince años. Según datos del Ministerio del Interior, en 2022 se presentaron 954 denuncias por delitos sexuales cometidos a través de las redes sociales y que tenían como víctima a un niño o a una niña. Las denuncias que tienen como víctima a niños y niñas y adolescentes representan el 84% del total de este tipo de delitos.

Concretamente en el delito de *online grooming*, las niñas víctimas representan un 57,4% del total y los niños son víctimas en torno al 42,6% de casos. Estas cifras son diferentes de las del abuso sexual físico, donde ocho de cada diez víctimas son niñas. Asimismo, aumenta la edad a la que empiezan a llevarse a cabo abusos y se pasa de once años en el abuso físico a los trece años en el delito de *online grooming*. Save the Children ha mostrado asimismo una gran preocupación por el largo tiempo de duración de los procedimientos judiciales. En el tiempo que se ha analizado, el 67% de los procesos duraban entre dos y tres años y entre las

---

[14] SAVE THE CHILDREN, «*Online grooming*: Análisis de sentencias sobre abusos sexuales en Internet a niños y niñas en España». Disponible en: https://www.savethechildren.es/sites/default/files/2023-11/OnlineGrooming_ESP.pdf [fecha de consulta: 29/01/2024].

pruebas, cabe destacar las documentales, testificales y periciales en casi seis de cada diez casos.

Sobre el proceso en el que intervienen menores como víctimas Álvarez Buján[15] postula por la implementación de las máximas garantías para estos que han de ser respetadas por todos los operadores jurídicos, como no podía ser de otra forma:

> «Con todo, lo verdaderamente importante aquí es formar adecuadamente a los operadores jurídicos y, con particularidad, a abogados, fiscales y jueces a fin de que aprendan a detectar formulaciones de preguntas innecesarias e impertinentes que no contribuyan a esclarecer los hechos y, sin embargo, sometan a la víctima a cuestionamiento o a exposición de su intimidad.
>
> Empero y al margen de lo anterior, no podemos olvidar la necesidad de conciliar los derechos y tutela de la víctima de violencia sexual con las garantías del justo proceso, el derecho de defensa y el principio de presunción de inocencia. Así, deben controlarse las preguntas en el sentido de la previsión legal, pero analizando la pregunta concreta y la necesidad y pertinencia de la misma en relación a la acreditación de un determinado hecho o circunstancia objeto de enjuiciamiento, para no caer en el cercenar, con el control de las preguntas, las posibilidades y el derecho de defensa de la persona acusada».

Según la ONG mencionada, en relación con la prueba preconstituida, en la mayoría no consta información, lo cual tiene sentido dado el peso de otros medios probatorios diferentes a la declaración. En un 37,7% sí se aceptó, aunque en un 60,7% no consta esa información.

Sobre la prueba preconstituida López Marchena[16] indica lo siguiente:

> «En nuestro derecho procesal, las declaraciones de los menores en el proceso penal desde la sentencia del TS 96/2009, de 10 de marzo, se practican como prueba preconstituida. La Ley 4/2015 incluyó disposiciones sobre las declaraciones de los menores en la fase de instrucción, art. 25, con la finalidad de reducir el número y

---

[15] Álvarez Buján, María Victoria, «Notas sobre algunos aspectos procesales de la lo 10/2022, de 6 de septiembre, de garantía integral de la libertad sexual», *en* Martínez Galindo, Gemma (dir.), *et al.*, *La reforma de los delitos sexuales*, J. M. Bosch, Barcelona, 2024, p. 314.

[16] López Marchena, Miguel Ángel, «La Ley Orgánica 10/2022, de 6 de septiembre, de Garantía Integral de la Libertad Sexual: aspectos de la reforma en relación con las víctimas menores de edad», en *La Ley Penal*, n.º 159, noviembre de 2022, Editorial La Ley.

que éstas se practicasen por persona cualificada. La Ley Orgánica 8/21 reguló la prueba preconstituida del menor de 14 años en el proceso, acogiendo la jurisprudencia del TS sobre la misma en que se basa en la normativa europea. La práctica de la prueba preconstituida —uso de salas Gesell— se va abriendo camino en la práctica diaria de los juzgados, como lo corroboran los últimos datos de la *Memoria* de la FGE 2022…».

Aquí es de destacar en atención a la víctima el art. 47 de la Ley Orgánica 10/2022, de 6 de septiembre, de Garantía Integral de la Libertad Sexual, que hace referencia a las Unidades de valoración forense integral:

«1. Las unidades de valoración forense integral, adscritas a los Institutos de Medicina Legal o a otros órganos competentes, en su caso, se ocuparán también de los casos de violencias sexuales contra las mujeres, niñas y niños, para lo cual serán reforzadas y se garantizará su presencia en todo el territorio del Estado. Su intervención se producirá desde las primeras fases del proceso, incluido el servicio de guardia.

2. La Administración General del Estado y las comunidades autónomas que hayan asumido competencias en materia de justicia ordenarán a las unidades de valoración forense integral que diseñen protocolos de actuación global e integral en casos de violencia sexual. En dichos protocolos se tendrán en cuenta, en particular, las necesidades y derechos de las víctimas, con atención específica a las sometidas a formas de discriminación múltiple, especialmente a las víctimas menores de edad y con discapacidad. Asimismo, se establecerán protocolos para realizar los informes de valoración, que incluirán el daño social.

3. Dichas unidades realizarán una valoración de la gravedad de la situación y del riesgo de reiteración de la violencia a efectos de gestionar el riesgo y garantizar, en su caso, la coordinación de la seguridad y el apoyo a las víctimas».

La medida cautelar más utilizada de forma autónoma o de consuno con otras, es la prisión provisional, que se decreta en un 62,3% de todos los casos analizados.

De todas las sentencias que se han estudiado sobre el delito de *online grooming* cabe destacar una considerable cifra de sentencias de conformidad con los hechos que está en torno al 57,4% de los casos, frente a los casos de abuso sexual físico, con un 44,1% del total de la casuística.

Es de resaltar que en el 96,7% de los casos estudiados el fallo de la sentencia terminó siendo condenatorio, hecho que nos lleva a las mismas conclusiones que en los abusos sexuales físicos. En la inmensa mayoría de ocasiones no se denuncia y los casos que llegan a judicializarse tienen víctimas que han visto como sus derechos han sido conculcados.

La pena más impuesta en el delito de *online grooming* es la de más de cinco años de prisión, que se ha impuesto en el 72,1% de los casos. Se documentan dos únicos casos de absolución y fue por falta de pruebas y prescripción, respectivamente.

> «Cintia Espada, técnica de Acción Social de Save the Children, cuenta cómo se descubrió un caso de *online grooming* que tuvo como víctimas a dos niños de 14 y 15 años que participaban en los programas de la organización en Valencia: "Detectamos que un supuesto amigo de los niños, después de estar tiempo hablando con ellos y ganándose su confianza, les empezó a ofrecer dinero a cambio de fotografías y vídeos de contenido sexual a través de una red social. Ellos, además, manifestaban que nunca le habían visto en persona. Activamos nuestros protocolos y, tras la denuncia en la policía, descubrimos que era un hombre adulto que había abusado ya de más niños y niñas a través de Internet. Podemos decir que gracias al trabajo de Save the Children esa persona ya no podrá abusar de más niños o niñas"».

La organización no gubernamental que aquí citamos expresa que tal y como señala la Ley Orgánica de Protección Integral de la Infancia y Adolescencia frente a la Violencia (LOPIVI) es necesario que el Gobierno lleve a cabo una legislación concreta para que exista una justicia especializada que pueda garantizar los derechos de los niños y las niñas que han sido víctimas de cualquier tipo de violencia sexual, y esto se ha de concretar con una serie de medidas como las siguientes, según proponen: que se implanten juzgados especializados, en atención a la infancia que ha sido víctima de violencia sexual; que se cree una fiscalía específica de violencia contra la infancia para que pueda participar en todos los procedimientos judiciales donde exista un niño o una niña víctima de estos delitos; que se realice una formación inicial y constante de todos los operadores jurídicos que intervienen en estos delitos; que exista una asistencia efectiva jurídica a las víctimas y un acompañamiento de estas durante todo el procedimiento que asegure la gratuidad en los casos que estipula nuestra legislación.

En relación con la exploración de las víctimas, el informe detalla literalmente que:

> «A pesar de que en casi un tercio de los casos no consta, vemos que se siguen más o menos las mismas tendencias que en el abuso sexual "físico". Así, destaca la exploración ante juez de guardia/instrucción (26,2%) y ante la policía (21,3%). Además, vemos que también pueden llegar a contar su experiencia hasta 3 veces antes del juicio. Como sabemos, el hecho de que una víctima tenga que repetir la violencia

> sufrida, unido a otros aspectos como procesos judiciales largos, hacen que la víctima deba revivir la situación traumática».

Save the Children es partidaria de implementar en todas las comunidades autónomas el modelo nórdico Barnahus.

> «Desde la apertura de la primera Barnahus en 2020 en Catalunya —en concreto, en Tarragona—, otras comunidades autónomas como Andalucía, Euskadi, Cantabria, Comunitat Valenciana, Comunidad de Madrid, Islas Baleares o Navarra están siguiendo el mismo camino. Además, el proyecto conjunto de la Unión Europea y el Consejo de Europa sobre la Barnahus en España para los años 2022 a 2024 —desarrollado en estrecha colaboración con el Ministerio de Derechos Sociales y Agenda 2030—, tiene como objetivo mejorar el marco legislativo y de políticas públicas para introducir este modelo en las distintas comunidades autónomas».

Save the Children en el informe de referencia, termina relatando el siguiente caso:

> «Laura, una chica de 13 años de edad, entra a un grupo de WhatsApp donde había sido invitada a través de una amiga. Como a ella no le gustaban los temas que se trataban en el grupo, decidió abandonarlo. Es el momento en el que el Pepe contacta con ella por mensajes privados. Poco tiempo después, Pepe comienza a enviarle imágenes de sus genitales y le pide a ella que haga lo mismo. Le pidió imágenes de ella en ropa interior y desnuda y ella accedió. A partir de entonces, empieza a pedirle que le envíe cada vez más fotos, y la amenaza con publicar las que ya tenía si ella no lo hacía. Pero la cosa fue más allá: la obligaba a masturbarse a través de video llamadas mientras él también lo hacía y consiguió acceder a sus redes sociales, en las que publicó una foto suya con el pecho descubierto junto al número de teléfono de Laura. Pepe también accedió a María, una amiga de Laura, a través de las redes sociales. También a esta le pidió fotos y vídeos mostrando sus genitales y masturbándose, algo a lo que María se negó. Sin embargo, el abusador la amenazó diciéndole que era un "*hacker*" y podía conseguir los números de sus padres y sus amistades. María, asustada y nerviosa, finalmente accedió a realizar dicha una video llamada masturbándose. Pepe no pudo continuar abusando sexualmente de nadie más porque la Policía registró su casa y le detuvo. Han pasado 4 años desde que se iniciaron los abusos hasta que ha salido la sentencia».

La *Memoria* de la Fiscalía General del Estado del año 2021 advirtió que este delito dio lugar a 127 incoaciones en el año 2018, a 225 en el año 2019, y a 349 en el año 2020; lo que implica que entre el año 2018 y el año 2020 se registró un aumento del 175% de los procedimientos judiciales.

CAPÍTULO 2

LA PROBLEMÁTICA CUESTIÓN DEL BIEN JURÍDICO PROTEGIDO EN LOS DELITOS CONTRA LA LIBERTAD SEXUAL[1]

En el apartado XIII[2] del Preámbulo de la Ley Orgánica 5/2010, de 22 de junio, por la que se modificó la Ley Orgánica 10/1995, de 23 de

---

[1] (También llamado objeto jurídico del delito). Según Claus Roxin, el bien jurídico debe distinguirse del concreto objeto de la acción. A veces parece coincidir el objeto de la acción y el bien jurídico, como en los delitos de homicidio, en los que la vida humana es tanto el objeto de la agresión como el bien jurídico protegido. Pero esto solo es así aparentemente, pues el objeto de la acción es la persona concreta, cuya vida individual es agredida, mientras que el bien jurídico protegido es la vida humana como tal. Bien jurídico, por lo tanto, es el bien ideal que se incorpora en el concreto objeto de ataque y es lesionable solo dañando los respectivos objetos individuales de la acción. *Vid.* Roxin, Claus, «El concepto material de delito», *Derecho penal parte general*, tomo I, *Fundamentos. La estructura de la teoría del delito*, traductores: Luzón Peña, Diego Manuel (dir.); García Conlledo, Miguel Díaz, y De Vicente Remesal, Javier, Civitas, Madrid, 2008, pp. 62 y 63.

[2] «Resulta indudable que en los casos de delitos sexuales cometidos sobre menores el bien jurídico a proteger adquiere una dimensión especial por el mayor contenido de injusto que presentan estas conductas. Mediante las mismas se lesiona no sólo la indemnidad sexual, entendida como el derecho a no verse involucrado en un contexto sexual sin un consentimiento válidamente prestado, sino también la formación y desarrollo de la personalidad y sexualidad del menor» y sigue, «Por otra parte, la extensión de la utilización de Internet y de las tecnologías de la información y la comunicación con fines sexuales contra menores ha evidenciado la necesidad de castigar penalmente las conductas que una persona adulta desarrolla a través de tales medios para ganarse la confianza de menores

noviembre, del Código Penal se indicó que se introducía el art. 183 bis CP, el delito de *«child grooming» o «baby grooming»*, como una manifestación de la necesidad de legislar sobre unas conductas que se preveían en el Convenio del Consejo de Europa para la Protección de los Menores contra la Explotación y el Abuso Sexual, más conocido como Convenio de Lanzarote, de 25 de octubre de 2007 (ratificado por España el 12 de marzo de 2009)[3].

---

con el fin de concertar encuentros para obtener concesiones de índole sexual. Por ello, se introduce un nuevo artículo 183 bis mediante el que se regula el internacionalmente denominado "*child grooming*", previéndose además penas agravadas cuando el acercamiento al menor se obtenga mediante coacción, intimidación o engaño».

[3] El Convenio del Consejo de Europa sobre la Protección de los Niños contra la Explotación y el Abuso Sexual, también conocido como el Convenio de Lanzarote, es un instrumento jurídico internacional diseñado para proteger a los menores contra la explotación y el abuso sexual. Fue adoptado en la ciudad de Lanzarote, España, en 2007 y entró en vigor en 2010. Hasta mi última actualización en enero de 2022, es importante verificar si ha habido cambios o actualizaciones desde entonces.

El convenio aborda diversas formas de explotación y abuso sexual de menores, tanto a nivel nacional como internacional. Incluye medidas preventivas, de protección y punitivas. Además, el Convenio establece una definición amplia de abuso y explotación sexual de niños, que abarca diversas formas de conducta delictiva, como la producción y distribución de material pornográfico infantil, el turismo sexual infantil y la participación de menores en actuaciones sexuales explícitas. Se insta a los Estados parte a tomar medidas para prevenir el abuso y la explotación sexual de menores, así como para sensibilizar a la sociedad sobre estos problemas. Esto puede incluir campañas educativas, programas de formación y medidas para garantizar la concienciación en diversos sectores. Se establecen disposiciones para proteger a los menores que han sido víctimas de abuso y explotación sexual, garantizando su acceso a la justicia, servicios de apoyo y asesoramiento adecuados.

El convenio promueve la cooperación internacional en la lucha contra el abuso y la explotación sexual de menores. Los Estados parte se comprometen a adoptar medidas para prevenir estos delitos y colaborar con otros países para abordar el problema de manera efectiva. Los Estados parte deben tomar medidas para garantizar la jurisdicción extraterritorial sobre ciertos delitos relacionados con el

A tal efecto, en el precitado apartado del Preámbulo ya se hacía referencia expresa a la protección del bien jurídico de la indemnidad sexual de los/las menores, entendiéndose como tal «... el derecho a no verse involucrado en un contexto sexual sin un consentimiento válidamente prestado, sino también la formación y desarrollo de la personalidad y sexualidad del menor...». Vemos que aquí se hace especial inciso en la voluntad de los/las menores, que está en plena formación y que puede verse perturbada por comportamientos delictivos como el embaucamiento, el *child grooming*, que puede afectar al normal desarrollo de la personalidad y sexualidad del/la menor todavía con un mayor desvalor, si cabe, cuando se produce a través de las potentes y constantemente cambiantes tecnologías de la información[4].

Sobre la necesidad de reformar los delitos contra la libertad sexual e introducir el delito de *child grooming* acudimos a Gudín Rodríguez-Magariños[5]:

> «... para comprender los motivos de la reforma, lo encontramos en la alarma social ocasionada en los medios de comunicación por diversos episodios de agresiones sexuales sobre niños. Así se crea un contexto generado por los casos Mariluz (de cinco años) en España, Agnés Martín (de trece años) en Francia, Mitja Hoffman (de nueve años) en Alemania, con luctuosos desenlaces en la mayor parte de los casos, que suscitaron en sus respectivos países un enconado debate a nivel político y social potenciado por la acción divulgativa de los *mass media*, que exigían con urgencia una reforma del Código Penal, cuya "eficacia" había sido puesta en tela de juicio por la opinión mayoritaria, sobre todo en lo relativo a la protección de las víctimas más desvalidas en el ámbito de la delincuencia sexual. Bajo las aludidas exi-

---

abuso y la explotación sexual de menores cuando el presunto delincuente se encuentre en su territorio y no sea extraditado.

Es esencial tener en cuenta que la implementación y el cumplimiento del Convenio de Lanzarote depende de la acción de los Estados parte. Cada país debe adoptar medidas legislativas y prácticas para asegurar la protección de los menores contra la explotación y el abuso sexual, de acuerdo con los principios establecidos en este convenio.

[4] Cfr. Flores Prada, Ignacio, *Criminalidad informática aspectos sustantivos y procesales*, Tirant lo Blanch, Valencia, 2012, *passim*.

[5] Gudín Rodríguez-Magariños, Faustino, «Algunas consideraciones sobre el nuevo delito de *Grooming*», *Actualidad Jurídica Aranzadi*, n.º 842/2012, BIB 2012\898, p. 1.

gencias y con el objetivo de acatar el mandato europeo, el legislador penal redactó la LO 5/2010, de 22 junio, a tenor de la cual se introduce en el Código Penal el Capítulo II bis del Título VIII del Libro II del Código Penal, rubricado como "De los abusos y agresiones sexuales a menores de trece años" (artículos 183 y 183 bis).

Bajo el halo de este sentimiento de desprotección se introduce este tipo *ad hoc* de nuevo cuño en el aludido artículo 183 bis mediante el que se pretende tipificar el internacionalmente denominado *child grooming*».

Por otra parte, la Observación General del Comité de los Derechos del Niño[6] n.º 25 de 2 de marzo del 2021[7], relativa a los derechos de

---

[6] El Comité de los Derechos del Niño es un órgano independiente de expertos que supervisa la aplicación de la Convención sobre los Derechos del Niño por parte de sus Estados miembros. Este comité también supervisa la aplicación de los Protocolos Facultativos de la Convención, sobre la participación de niños en conflictos armados y sobre la venta de niños, la prostitución infantil y la pornografía infantil. El Comité está compuesto por dieciocho expertos independientes que se encargan de revisar los informes presentados por los Estados miembros y de emitir recomendaciones para mejorar la protección de los derechos de los niños. Además, el Comité también puede emitir observaciones generales sobre temas específicos relacionados con los derechos de los niños.

[7] Disponible en: https://docstore.ohchr.org/SelfServices/FilesHandler.ashx?enc=6QkG1d%2FPPRiCAqhKb7yhsqIkirKQZLK2M58RF%2F5F0vEG%2BcAAx34gC78FwvnmZXGFO6kx0VqQk6dNAzTPSRNx0myCaUSrDC%2F0d3UDPTV4y05%2B9GME0qMZvh9UPKTXcO12#:~:text=Los%20derechos%20de%20todos%20los,no%20tienen%20acceso%20a%20Internet [fecha de consulta: 04/09/2023].

En el ámbito de la UE, conviene destacar el Reglamento (UE) 2021/1232 del Parlamento Europeo y del Consejo de 14 de julio de 2021 por el que se establece una excepción temporal a determinadas disposiciones de la Directiva 2002/58/CE en lo que concierne al uso de tecnologías por proveedores de servicios de comunicaciones interpersonales independientes de la numeración para el tratamiento de datos personales y de otro tipo con fines de lucha contra los abusos sexuales de menores en línea. Se permite en el Reglamento «detectar abusos sexuales de menores en línea cometidos en sus servicios y denunciarlos y para retirar material de abuso sexual de menores en línea de sus servicios» —parágrafo 12—, establecer una excepción temporal «al artículo 5, apartado 1, y al artículo 6, apartado 1, de la Directiva 2002/58/CE, que protegen la confidencialidad de las comunicaciones y los datos de tráfico» —parágrafo 35—.

los niños en el ámbito digital, tiene como objetivo garantizar —parágrafo 23— un entorno digital compatible con los derechos reconocidos en la CDN y sus protocolos facultativos. Así, según el —parágrafo 44— frente a las violaciones de los derechos de los niños en el ámbito digital, deben de existir mecanismos judiciales de reparación, y marcos legales que protejan a los niños contra los riesgos de la violencia en el entorno digital.

La Observación General n.º 25, publicada el 2 de marzo de 2021 por el Comité de los Derechos del Niño, se centra en los derechos de los niños en relación con el entorno digital. En esta observación, el Comité explica la forma en que los Estados parte deben aplicar la Convención en relación con el entorno digital y ofrece orientación sobre las medidas legislativas, normativas y de otra índole pertinentes destinadas a garantizar el pleno cumplimiento de los derechos de los niños en el entorno digital. Esta observación es fruto de un proceso de consultas y ofrece un marco para proteger a la infancia en Internet, reconociendo la importancia fundamental de la protección de niños, niñas y adolescentes en este entorno.

El actual art. 183 CP[8] tipifica dos figuras delictivas distintas: *a*) la contenida en su número primero, cuya redacción original proviene de la reforma del CP por la Ley Orgánica 5/2010, de 22 de junio, que como hemos dicho, incorporó a nuestro ordenamiento jurídico penal, el tipo de «*child grooming*» o «ciberacoso»[9], y, por otra parte, *b*) se incorpora la figura de su número 2, que recoge la realización de actos dirigidos a «embaucar» a un/a menor de dieciséis años para que facilite al autor de la conducta, material pornográfico o le muestre imágenes pornográficas relacionadas con menores «*sexting*»[10].

Como bien afirma Lloria García[11]:

---

[8] La nueva reforma del CP renumera el precepto, que pasa de ser el 183 ter al 183 y actualizándose solamente en la referencia a los arts. 181 y 189 CP.

[9] Sentencia de la Audiencia Provincial de Castellón, de 20 de mayo de 2016.

[10] *Vid.* Informe de la Fiscalía General del Estado de 8 de enero de 2013 al anteproyecto del Código Penal.

[11] Lloria García, Paz, «El delito de *child grooming* y el consentimiento de menores de 16 años (arts. 183 y 183 bis del CP)», en Martínez Galindo, Gemma (dir.), *et al.*, *La reforma de los delitos sexuales*, J. M. Bosch, Barcelona, 2024, p. 203.

> «En realidad, las últimas modificaciones, que son las que nos deberían ocupar, son inexistentes respecto de la redacción que se otorgó en 2015 al mismo delito. Sin embargo, sí se han producido cambios en el conjunto general de los tipos que castigan los atentados a la esfera sexual de las personas —básicamente lo que tiene que ver con el consentimiento y la desaparición de la rúbrica del Título de la indemnidad sexual, como bien jurídico relacionado con la sexualidad de los menores— y a la introducción en el ámbito normativo de las denominadas "violencias digitales sexuales" y los entornos en los que estas puedan producirse».

En relación con la cuestión del bien jurídico a proteger, esta no ha sido nunca pacífica, pues es inveterada la discusión entre la sexualidad y la moralidad y en tiempos pretéritos, la honestidad[12], la pureza, la honra[13] y el honor.

Sobre el bien jurídico del honor:

---

[12] Es preciso traer a colación el Texto Refundido del Código Penal de 1973, cuando el franquismo estaba ya en su etapa final, pues en este texto legal se hacía referencia expresamente a los «delitos contra la honestidad». Claro está, una honestidad u honor que estaba determinado por una muy marcada costumbre social, dirigida por el poder político durante cuatro décadas.

[13] La sexualidad, la moralidad y el honor han sido cuestiones controvertidas a lo largo de la historia, y en la actualidad cobran importancia debido a la vulnerabilidad de los menores en cuanto a su indemnidad e integridad sexual se refiere. La protección de los menores en este sentido es crucial, y existen disposiciones legales que abordan específicamente los delitos contra la libertad sexual, reconociendo la importancia de la indemnidad sexual de estos.

Los adolescentes tienen derecho a la sexualidad y a la reproducción, y es importante orientarlos para ejercer sus derechos de manera libre e informada. Los padres y responsables del cuidado de los adolescentes tienen la responsabilidad de guiarlos en el ejercicio de sus derechos sexuales de manera responsable.

La responsabilidad parental es fundamental en cuanto a la protección de la indemnidad e integridad sexual de los menores para que no se tenga que llegar al estadio de la tuición penal. La ley reconoce la importancia de la protección de los menores en este sentido, estableciendo disposiciones específicas para garantizar su seguridad.

En el ámbito legal, se establece que la guarda conjunta no procederá si cualquiera de los progenitores está involucrado en un proceso penal por atentar contra la vida, la integridad física, la libertad, la integridad moral o la libertad e indemnidad sexual del otro cónyuge o de los hijos que convivan con ambos. Además,

«Es pacífica la jurisprudencia de esta Sala que subraya que el bien jurídico protegido por este tipo penal es el derecho al honor, del que la ya lejana sentencia del Tribunal Constitucional 170/1994, de 7 de junio, destacaba que "no parece ocioso dejar constancia de que en nuestro ordenamiento no puede encontrarse una definición de tal concepto, que resulta así jurídicamente indeterminado. Hay que buscarla en el lenguaje de todos, en el cual suele el pueblo hablar a su vecino, y el Diccionario de la Real Academia (edición 1992) nos lleva del honor a la buena reputación (concepto utilizado por el Convenio de Roma), la cual —como la fama y aun la honra— consiste en la opinión que las gentes tienen de una persona, buena o positiva si no van acompañadas de adjetivo alguno".

Destaca también que el contenido del derecho al honor es lábil y cambiante, en cuanto "dependiente de las normas, valores e ideas sociales vigentes en cada momento" (STC 185/1989). Ahora bien, cualesquiera que fueren estos, y siempre en relación con ellos, la divulgación de cualesquiera expresiones o hechos concernientes a una persona que la difamen o hagan desmerecer en la consideración ajena o que afecten negativamente a su reputación y buen nombre (art. 7.3 y 7 L.O. 1/1982) ha de ser calificada como intromisión ilegítima en el ámbito de protección del derecho al honor (STC 170/1994, de 7 de junio)».

Y el honor se ha visto imbricado, cuando no confundido, durante años con la virginidad y la castidad[14]:

«Durante la Edad Media y el Renacimiento, la idea de la virginidad y la castidad femenina se convirtió en un valor fundamental, y la violación se consideraba una ofensa contra el honor de la mujer o las familias. Seguía requiriendo violencia o intimidación, castigándose de forma severa, y se buscaba evidencia de "fuerza irresistible" o la presencia de amenazas graves para probar la comisión del delito, incluyéndose que la violencia podía ser tanto física como psicológica. Sin embargo, en muchos casos, la palabra de la víctima no era suficiente y se requerían testimonios adicionales o pruebas materiales para sostener una acusación de violación».

Como bien recuerda Martínez Galindo[15]:

---

se considera la existencia de indicios fundados de violencia doméstica o de género como motivo para no proceder con la guarda conjunta.

Es fundamental que los padres asuman su responsabilidad en la protección de sus hijos para evitar que se llegue a situaciones que requieran intervención penal.

[14] Córdoba de la Llave, Ricardo, «Mujer, marginación y violencia entre la Edad Media y los tiempos modernos», en *Mujer, marginación y violencia entre la Edad Media y los tiempos modernos*, Córdoba, Servicio de Publicaciones de la Universidad de Córdoba, 2006, pp. 7-27.

[15] Martínez Galindo, Gemma, «La reforma de los delitos sexuales: su motivación y el cambio de paradigma de la honestidad del consentimiento», en Mar-

> «… baste recordar que las conductas sexuales han girado en torno a la idea de la honra de la mujer hasta después de nuestra Constitución, relacionando directamente la sexualidad con la moralidad, honestidad o virginidad[16], pues no fue hasta entrada la democracia, hacia los años 1977 y siguientes, cuando comenzó poco a poco a cambiar el bien jurídico protegido de estos delitos[17], y a reconocerse que cuando un hombre atentaba sexualmente contra una mujer, no se consideraba que la lesión fuese contra su honestidad, sino contra una parcela de su libertad, la sexual, lo que finalmente tuvo su concreción legislativa en la Ley Orgánica 3/1989, de 21 de junio, que fue la reforma más importante de este período, impulsada por colectivos feministas, pasando a denominarse "*delitos contra la libertad sexual*"».

Binding[18] empleó el término «honor sexual» para designar el bien jurídico protegido, entendiendo por tal la regulación de la propia vida sexual dentro de los límites del derecho y de la moral.

En cuanto a este concepto, tal y como señala Jäger[19], se ha transformado por el de «libertad sexual», algo que la gran mayoría de la doctrina española pedía, como disponibilidad corporal e intangibilidad de este. La antigua postura ya no se corresponde con las cualidades del sujeto pasivo, con apreciaciones como, por ejemplo: la lamentable realidad de una violación de una prostituta, o de la propia esposa, ya que el gozne de la cuestión es alzaprimar la quiebra del consentimiento[20].

---

tínez Galindo, Gemma (dir.), *et al.*, *La reforma de los delitos sexuales,* J. M. Bosch, Barcelona, 2024, p. 71.

[16] Lamarca Pérez, Carmen, «La protección de la libertad sexual en el nuevo Código Penal», *Jueces para la Democracia*, n.º 27, 1996, p. 51.

[17] La STS de 8 de octubre de 1969 ya mencionaba la capacidad del sujeto de libre disposición sobre su propio cuerpo o la facultad de comportarse sexualmente según sus propios deseos.

[18] Cfr. Binding, Karl, *Lehrbuch des Gemeinen Deutschen Strafrechts, Besonderer Teil*, tomo I, 2.ª ed., W. Engelmann, Leipzig, 1902, pp. 83 y ss.

[19] Jäger, Herbert, *Strafgesetzgebung and Rechtsguterschutz*, Enke, Stuttgart, 1957, p. 44.

[20] Cfr. García Valdés, Carlos; Mestre Delgado, Esteban, y Figueroa Navarro, Carmen, *Lecciones de Derecho penal. Parte especial*, Edisofer, Madrid, 2011, p. 80. La rúbrica «De los delitos contra la honestidad», que ya era tradición desde 1848, se mantuvo hasta la reforma del CP de 1989. No había referencia al bien jurídico protegido, sino que evidenciaba, como señaló Gimbernat Ordeig («sobre algunos aspectos del delito de violación en el Código Penal español; con espe-

Ya hace más de tres décadas RODRÍGUEZ DEVESA y SERRANO GÓMEZ[21] afirmaron, entendemos que de forma muy acertada y preclara, que el busilis de la cuestión es la libertad del sujeto para administrar su vida sexual:

> «... lo decisivo es que la ley acude en defensa del individuo tan solo cuando la voluntad de este es contraria a la realización de los actos impúdicos y en razón precisamente a que se trata de actos inmorales desde el punto de vista sexual. Queda pues, un margen del sujeto para implantar su propio orden sexual. El Código, más que imponerla, da una orientación cuando ofrece tutela a aquellas personas que no consienten en los actos que castiga».

Vemos que aparece el término «consentimiento», a la sazón, el acmé de la última y controvertida reforma de los delitos contra la libertad e indemnidad sexuales.

Sobre el consentimiento en la reforma, MARTÍNEZ GALINDO[22] afirma que:

> «Uno de los aspectos más controvertidos de la reforma fue, por tanto, la eliminación del requisito de la violencia o intimidación en los delitos sexuales que ha vuelto otra vez a incluirse, pues sin perjuicio de que la Ley tiene como finalidad centrar en el

---

cial referencia a la violación intimidatoria»), el medio de la comisión, en cuanto a los hechos tipificados, se cometen mediante acciones deshonestas, inmorales desde el punto de vista del pudor. Todo y así, la idea de que el epígrafe del título ha de tender a expresar el bien jurídico protegido, se manifestó a partir del Proyecto de 1980, que ponía de relieve como señala DÍEZ RIPOLLÉS «La protección de la libertad sexual», donde «se castigan conductas en las que la involucración de la víctima en la acción sexual del sujeto activo, no es libre, por lo que, como bien jurídico protegido, destaca la libertad sexual». Esta idea, que supera el concepto de moral sexual, vinculada a la protección de intereses familiares o matrimoniales, dejando paso a la libertad sexual, como parte de la básica de la libertad del individuo, es aceptada en la mencionada reforma de 1989 y mantenida por el CP de 1995, en el Título VIII del Libro II, «Delitos contra la libertad sexual», que en su contenido alcanza el punto más álgido de lo que se denomina «Penelopismo legislativo», en cuanto establecido en 1989, un régimen penal, totalmente diferente del que había estado en vigor hasta el momento, cambiándose radicalmente los criterios rectores de este. Citado por LUZÓN CUESTA, José María, *Compendio de Derecho penal: parte especial*, Dykinson, Madrid, 2023, p. 129.

[21] RODRÍGUEZ DEVESA, José María, y SERRANO GÓMEZ, Alfonso, *Derecho penal español parte especial*, Dykinson, Madrid, 1993, p. 175.

[22] MARTÍNEZ GALINDO, Gemma, *op. cit*, p. 55.

consentimiento la existencia o no de agresión sexual, exigiendo que el mantenimiento de una relación tiene que incluir un consentimiento explícito y libre, tanto el uso de la violencia como de la intimidación son consustanciales a las agresiones sexuales y al concepto popular que siempre se ha tenido de ellas».

En este sentido, LASCURAÍN SÁNCHEZ[23] ha puesto de manifiesto como la definición proporcionada conduce a situaciones absolutamente absurdas, pues la regla propuesta nos lleva a un entendimiento restrictivo del consentimiento que exige que este sea expreso y manifestado activamente y de manera clara. Esto es, aunque exista un consentimiento tácito (y válido) la acción sería típica, y el castigo absolutamente injusto y contrario a la regla primaria de tutela de la libertad sexual, agravando los problemas probatorios y, por lo tanto, llevando a que se potencie la revictimización al deberse probar todos los elementos que rodean a la acción de consentir.

El expreso consentimiento está puesto de relieve por RAGUÉS I VALLÉS[24] al explicitar que la libertad sexual es aquel derecho que tiene toda persona a autodeterminarse en el ámbito de la sexualidad y, además, colige que en los/las menores hay una distinción entre la libertad y la indemnidad sexuales como objeto de tutela penal, siendo un bien muy sensible puesto que no es susceptible de disposición por parte de su titular.

Pero la polémica está servida, ya que la STS 10/2023, de 19 de enero, ha expuesto que la nueva redacción del art. 178.1 no exige de un consentimiento expreso «sino que puede ser tácito, y dependiendo, y aquí está la clave del texto, de las "circunstancias del caso"».

En 2014 RODRÍGUEZ VÁZQUEZ[25] hacía referencia al bien jurídico protegido que consiste en dar adecuada protección en primer lugar

---

[23] *Vid*. LASCURAÍN SÁNCHEZ, Juan Antonio, «Los nuevos delitos sexuales: indiferenciación y consentimiento», en AGUSTINA SANLLEHÍ, Josep Ramón, (coord.), *Comentarios a la ley del «solo sí es sí». Luces y sombras de los delitos sexuales introducida en la LO 10/2022, de 6 de septiembre*, Atelier, Barcelona, 2023, pp. 56 y 66.

[24] RAGUÉS Y VALLÉS, Ramón, «Delitos contra la libertad e indemnidad sexuales», en SILVA SÁNCHEZ, Jesús-María (dir.), y RAGUÉS Y VALLÉS, Ramón *et al.* (coords.), *Lecciones de Derecho penal parte especial*, Atelier, Barcelona, 2023, p. 132.

[25] RODRÍGUEZ VÁZQUEZ, Virxilio, «El embaucamiento de menores con fines sexuales por medio de las tecnologías de la información y la comunicación Estu-

como un delito pluriofensivo, ya que se ven afectados dos bienes jurídicos. Como bien jurídico individual e inmediatamente protegido, la indemnidad sexual del concreto menor sobre el que el sujeto activo realiza la conducta descrita en el tipo, y como bien jurídico colectivo y mediatamente protegido, la seguridad de la infancia en la utilización de las TIC.

De una forma más amplia, SERRANO GÓMEZ y SERRANO MAÍLLO[26] indican que el bien jurídico protegido además de la libertad sexual, son también ámbitos relacionados con la dignidad e incluso la salud y la propia libertad de la víctima[27]. Eso sí, la libertad no ha de estar condicionada de ninguna forma, como bien asevera BLANCO LOZANO[28].

---

dio del actual art. 183 bis y del art. 183 ter del Proyecto de Ley Orgánica de reforma del Código Penal», en *Revista Electrónica de Ciencia Penal y Criminología*, n.º 16-06 (2014), ISSN 1695-0194, pp. 2-3. Disponible en: http://criminet.ugr.es/recpc/16/recpc16-06.pdf [fecha de consulta: 17/01/2024].

[26] SERRANO GÓMEZ, Alfonso, y SERRANO MAÍLLO, Alfonso, «Delitos contra la libertad indemnidad sexual (I)», en SERRANO GÓMEZ, Alfonso; SERRANO MAÍLLO, Alfonso; SERRANO TÁRRAGA, María Dolores, y VÁZQUEZ GONZÁLEZ, Carlos, *Curso de Derecho penal parte especial*, Dykinson, Madrid, 2021, p. 142.

[27] El Derecho penal tiene la responsabilidad de proteger la salud y la libertad de las víctimas de *child grooming* para garantizar el adecuado desarrollo de la infancia y adolescencia. La Ley Orgánica 8/2021, de 4 de junio, de protección, en su disposición final decimoquinta, modifica la Ley 15/2015, de 2 de julio, de la Jurisdicción Voluntaria, con el fin de asegurar el derecho del niño, niña y adolescente a ser escuchado en los expedientes de su interés, salvaguardando su derecho de defensa, a expresarse libremente y garantizando su intimidad.

La protección legal de la salud y la libertad de los menores es un aspecto fundamental en el derecho. *Ad exemplum*, en Argentina, se han sancionado leyes que buscan garantizar la protección integral de la salud de los niños, niñas y adolescentes, como la Ley de Protección Integral de los Derechos de Niños, Niñas y Adolescentes (Ley 26.061) y otras leyes relacionadas con la detección y tratamiento de patologías, la prohibición de ciertos productos para menores, entre otras medidas.

[28] BLANCO LOZANO, Carlos, *Tratado de Derecho penal español*, tomo II, *El sistema de la parte especial*, vol. I, *Delitos contra bienes jurídicos individuales*, J. M. Bosch, Barcelona, 2005, p. 234.

Ya es clásica la discusión sobre si lo que se protege en el CP es la libertad sexual, o bien la indemnidad sexual[29].

Parte de la doctrina entiende que los/las menores a ciertas edades todavía no tienen la suficiente capacidad cognitiva para poder administrar de forma plena su esfera vital de la sexualidad, y es por lo que, en muchas ocasiones, no denuncian agresiones y/o abusos hasta pasados varios años, pues no relacionan lo que vivieron con una posible acción delictiva.

Sobre la problemática de la denuncia, el momento de esta y la investigación, Panizo Galence[30] señala de forma muy acertada que:

> «Un primer problema con el que nos encontramos es recoger en la denuncia todos los indicios y pruebas necesarios para iniciar la investigación, poder identificar al ciber-acosador y proceder a su detención. Para lograr salvar todas las evidencias digitales y recoger todos los pormenores de los hechos, la denuncia debe ser realizada a ser posible desde el primer momento o ampliada con posterioridad por un agente especializado en investigación tecnológica, que debe también analizar el ordenador de la víctima en busca de cualquier vestigio.
>
> Es muy importante poder mantener una entrevista reservada con el menor sin presencia de los padres, para lo cual se requiere lógicamente recabar su autorización. El menor puede ocultar a sus padres algunos detalles del caso (por falta

---

[29] Este concepto surge del derecho italiano y concretamente, en la década de los años setenta, como un bien jurídico intermedio, una construcción jurídica abstracta, que toma sustento de la ausencia de capacidad del menor para decidir sobre esta esfera de la vida tan importante, como es la sexualidad.

Es paradójico que en los delitos contra la libertad e indemnidad sexual no puedan decidir y sin embargo, hay otras esferas de la vida en las que sí tienen esta capacidad de decisión de forma muy clara, tal y como afirma González Agudelo: «resulta llamativo que construcciones parecidas no se produzcan en relación con otros derechos de libertad, que se les reconoce a los niños y jóvenes sin mayores inconvenientes, por ejemplo, la libertad de pensamiento o religiosa, que se aceptan como bienes jurídicos protegidos en los delitos que los protegen sin recurrir a construcciones abstractas, aunque no puedan ejercerlos por sí mismos en algunas etapas de su desarrollo». *Vid.* González Agudelo, Gloria, «La sexualidad de los jóvenes y el bien jurídico penalmente protegido», *La sexualidad de los jóvenes. Criminalización y consentimiento (art. 183 quater CP)*, Tirant lo Blanch, *Valencia*, 2021, p. 98.

[30] *Vid.* Panizo Galence, Victoriano, «El ciberacoso con intención sexual y el *child-grooming*», en *Cuadernos de criminología: revista de criminología y ciencias forenses,* ISSN 1888-0665, n.º 15, 2011, pp. 26-27.

de confianza, vergüenza...) para lo cual es importante que se entable una relación de confianza entre el menor y el investigador, para que éste pueda conocer todos los pormenores del caso, por escabrosos que sean».

En cuanto a la prueba indiciaria MÁRQUEZ CISNEROS[31] afirma de forma muy clarificadora que es:

> «aquella que se dirige a demostrar la certeza de unos hechos (indicios) que no son constitutivos del delito objeto de acusación, pero de los que, a través de las reglas de la lógica y la experiencia, pueden inferirse los hechos delictivos y la participación del acusado, que ha de motivarse en función de un nexo causal coherente entre los hechos probados (indicios) y el que se trata de probar (delito)».

En relación con las investigaciones para la obtención de material probatorio pueden entrar en tensión diversos bienes jurídicos dignos de protección penal, y así lo relacionan TORTAJADA CHARDI y VÁZQUEZ VILANOVA[32]:

> «La ponderación judicial de las razones que justifican, en el marco de una investigación penal, el sacrificio de los derechos de los que es titular el usuario del ordenador, ha de hacerse sin perder de vista la multifuncionalidad de los datos que se almacenan en aquel dispositivo. Incluso su tratamiento jurídico puede llegar a ser más adecuado si los mensajes, las imágenes, los documentos y, en general, todos los datos reveladores del perfil personal, reservado o íntimo de cualquier encausado, se contemplan de forma unitaria. Y es que, más allá del tratamiento constitucional fragmentado de todos y cada uno de los derechos que convergen en el momento del sacrificio, existe un derecho al propio entorno virtual. En él se integraría, sin perder su genuina sustantividad como manifestación de derechos constitucionales de *nomen iuris* propio, toda la información en formato electrónico que, a través del uso de las nuevas tecnologías, ya sea de forma consciente o inconsciente, con voluntariedad o sin ella, va generando el usuario, hasta el punto de dejar un rastro susceptible de seguimiento por los poderes públicos. Surge entonces la necesidad de dispensar una protección jurisdiccional frente a la necesidad del Estado de invadir, en las tareas de investigación y castigo de los delitos, ese entorno digital».

---

[31] MÁRQUEZ CISNEROS, Segundo Rolando, «La prueba indiciaria en el nuevo código procesal penal», *Revista de Derecho,* vol. 9, 2010, p. 52. PÉREZ MORALES, Mónica Galdana, «Sucesivas declaraciones de la víctima menor de edad: fases policial y judicial», *Revista Aranzadi Doctrinal,* n.º 1, 2009, p. 12.

[32] TORTAJADA CHARDI, Pablo, y VÁZQUEZ VILANOVA, José Manuel, *op. cit.* p. 9.

MORALES PRATS y GARCÍA ALBERO[33] afirman que, con respecto a los menores que todavía carecen de capacidad de análisis para decidir responsablemente en el ámbito sexual, los tipos penales se orientan a la preservación de las condiciones básicas para que en el futuro puedan alcanzar un libre desarrollo de la personalidad en la esfera sexual, preservándolos de los lastres y traumas impuestos por terceros.

SUÁREZ-MIRA RODRÍGUEZ, JUDEL PRIETO y PIÑOL RODRÍGUEZ[34] van más allá con esta tesis y son del parecer que la elevación para prestar el consentimiento en las relaciones sexuales hasta los dieciséis años, es una cuestión polémica relativa a la política criminal sexual de nuestro país[35]. Los citados autores indican que los menores carecen de la capacidad y de la madurez suficientes para poder aquilatar real-

---

[33] MORALES PRATS, Fermín, y GARCÍA ALBERO, Ramón Miguel, *Comentarios a la parte especial del Derecho penal,* QUINTERO OLIVARES, Gonzalo (dir.), y MORALES PRATS, Fermín (coord.), Aranzadi, Pamplona, 2016, pp. 299 y ss.

[34] SUÁREZ-MIRA RODRÍGUEZ, Carlos (dir. y coord.); JUDEL PRIETO, Ángel, y PIÑOL RODRÍGUEZ, José Ramón, «Abusos sexuales», en *Manual de Derecho penal parte especial,* tomo II, Civitas, Pamplona, 2020, p. 256.

[35] La cuestión de la edad es compleja de delimitar, y así también lo reconoce SÁINZ CANTERO-CAPARRÓS cuando afirma que la elevación de la edad es cuando menos criticable, por lo irreal que es desconocer que nuestra juventud se inicia en la realización de conductas sexuales (no solamente de acceso carnal), precisamente en esas edades, una realidad que nada tiene que ver con lo que ocurría en España en otros tiempos no tan lejanos. La formación sexual es algo mucho más amplio y poliédrico para que pueda afirmarse que muchos menores de dieciséis años tienen bastante conocimiento de qué es lo que hacen y cuáles pueden ser las repercusiones fácticas y legales. *Vid.* SÁINZ CANTERO-CAPARRÓS, José Eduardo, «Delitos contra la libertad e indemnidad sexuales»,en MORILLAS CUEVA, Lorenzo *et al.* (dirs.), *Sistema de Derecho penal. Parte especial,* Dykinson, Madrid, 2021, p. 290. Asimismo, NÚÑEZ CASTAÑO también hace especial énfasis en el elemento que hace distintos a los delitos contra la indemnidad sexual de los menores, que es la irrelevancia del consentimiento otorgado por los menores de dieciséis años en relación con cualquier tipo de comportamiento con transcendencia sexual. Se trata de un criterio de carácter cronológico que atiende a razones de política criminal que hasta la reforma de 2015 se situaba en trece años. *Vid.* NÚÑEZ CASTAÑO, Elena, «Delitos contra la libertad e indemnidad sexual (I)», en GÓMEZ RIVERO, María del Carmen (dir.); NIETO MARTÍN,

mente cuál es el alcance de la sexualidad y poder conducirse de forma coherente y consecuente. Es más, perfilan y afirman que, aunque un/a menor comprendiera perfectamente y aceptase, buscando una relación con un adulto, también se le seguiría teniendo por incapaz en relación con el consentimiento, que no podría considerarse válido y eficaz.

TAMARIT SUMALLA[36], en relación con la reforma del CP de 2015 (relacionada con la Directiva de 13 de diciembre de 2011), sobre la elevación de la edad de consentimiento que ahora se sitúa en los dieciséis años, ya por aquel entonces indicaba que:

> «... la reforma prevé elevar la denominada "edad del consentimiento sexual" de los trece a los dieciséis años, decisión que no es consecuencia de la Directiva, ya que en este aspecto ésta no se interfiere en la soberanía de los Estados. La Exposición de motivos justifica esta decisión aludiendo a una necesidad de aproximación al criterio existente en otros países europeos y a una recomendación del Comité de la ONU sobre los derechos del niño. Es sabido que desde ciertas organizaciones internacionales y opiniones expertas la legislación española ha sido objeto de crítica por establecer el límite de edad excesivamente bajo, aunque con esta reforma el Código Penal pasaría a situarse entre los países europeos con un umbral más elevado».

Y, además, el mismo autor ya señalaba una incoherencia que permanece en nuestro ordenamiento jurídico[37]:

> «cabe añadir ahora la falta de coherencia que supone la prohibición absoluta de contacto sexual con menores de 16 años mientras el artículo 48 del Código Civil permite la dispensa judicial del impedimento de edad para quienes hayan cumplido catorce años, la cual no se condiciona a la existencia a la edad del otro contrayente».

Entendemos que es importante tener en cuenta el grado de madurez del menor para que pueda decidir sobre la esfera de su libertad sexual. La legislación penal y las disposiciones legales buscan tutelar la libertad sexual de los menores, considerando tanto la edad como el grado de

---

Adán, y CORTÉS BECHIARELLI, Emilio, *Nociones fundamentales de Derecho penal: parte especial*, vol. I, Tecnos, Madrid, 2023, p. 308.

[36] TAMARIT SUMALLA, Josep María, «Delitos contra la indemnidad sexual de menores», *Comentario a la reforma penal de 2015*, Aranzadi, 2015, pp. 2 y 3.

[37] *Ibidem*, p. 4.

desarrollo y madurez física y psicológica del menor en cuestión. Esto se hace para garantizar que cualquier actividad sexual que involucre a menores se realice de manera consensuada y respetuosa, protegiendo así su integridad y bienestar.

En consecuencia, se infiere que el bien jurídico protegido sería la libertad sexual potencial, *in fieri*, como también lo defiende Muñoz Conde[38].

Gómez Tomillo[39] introduce el concepto de intangibilidad sexual y lo contrapone al de indemnidad sexual. El autor asevera que, en ocasiones, se utiliza el término de intangibilidad sexual en el caso de sujetos pasivos de poca edad que no llegan a tener una conciencia clara de lo que están viviendo en su esfera sexual o, más ampliamente, cuando la víctima es menor de dieciséis años, edad a partir de la que el legislador ha presumido *iuris tantum* una capacidad de autodeterminación sexual. El autor entiende que es más concreto y preciso el concepto de indemnidad sexual que el de intangibilidad sexual, ya que este parece cerrar de forma total el paso a un contacto con la sexualidad con cualquier menor y persona con discapacidad necesitada de una protección especial por pertenecer a un colectivo vulnerable.

La STS de 11 de enero de 2017[40], ha relacionado el concepto de indemnidad y el de intangibilidad, al sostener que la indemnidad constituye «una manifestación de la dignidad de la persona y tutelando el derecho al correcto desarrollo de la sexualidad, sin intervenciones forzadas, traumáticas o solapadas en la esfera íntima de los menores que puedan generar huellas indelebles en su psiquismo».

Por su parte, Barja de Quiroga[41], indica que el bien jurídico protegido es la libertad sexual y el derecho que tienen todas las personas a

---

[38] Muñoz Conde, Francisco, *Derecho Penal Parte Especial*, 21.ª ed., Tirant lo Blanch, Valencia, 2021, p. 192.

[39] Cfr. Gómez Tomillo, Manuel, «Artículos 183 a 183 quater: de los abusos y agresiones sexuales a menores de dieciséis años», *Comentarios prácticos al Código Penal*, en Gómez Tomillo, Manuel (dir.), vol. 2, Aranzadi, Pamplona, 2015, *passim*.

[40] STS 11 de enero de 2017 (ECLI:ES:TS:2017:55).

[41] Barja de Quiroga, Jacobo, «Delitos contra la libertad e indemnidad sexuales», en Barja de Quiroga, Jacobo, y Granados Pérez, Carlos, *Manual de Derecho penal parte especial*, tomo II, Aranzadi, Pamplona, 2021, p. 156.

la autodeterminación en este ámbito, y matiza que en el caso de los menores es una cuestión muy discutible, ya que lo que se está protegiendo realmente es la libre formación de la sexualidad hasta que llegue el momento de poder ejercerla en plena autodeterminación.

Orts Berenguer[42] entiende que habrá que interpretar que se protege la indemnidad sexual[43] como aquel desarrollo de la sexualidad libre de injerencias contrarias a los intereses del/la menor para que pueda disfrutar de un proceso de socialización en total normalidad. En relación con este extremo, el bien jurídico de la indemnidad sexual entendemos que es de gran importancia en aras de proteger riesgos que pueden llegar a producir daños futuros en la víctima que pueden comportar el vivir una sexualidad sana con total normalidad, pues es evidente que los daños sufridos en la minoría de edad pueden dejar secuelas indelebles y de gran gravedad.

Terradillos Basoco y González Agudelo[44] señalan que la indemnidad sexual puede ser entendida, por un lado, como la protección que se despliega para evitar «una experiencia sexual inadecuada, manteniendo "al menor al margen del ejercicio sexual", o como "la protección del menor en sus procesos de formación y socialización, en suma, la normal evolución y desarrollo de su personalidad"».

El desarrollo de la libertad sexual del menor es fundamental para garantizar que pueda tener un desarrollo normal en su adolescen-

---

[42] Orts Berenguer, Enrique, «Delitos contra la libertad e indemnidad sexuales (II): Abusos sexuales. Abusos sexuales y agresiones sexuales a menores de dieciséis años. Acoso sexual», en González Cussac, José Luis (coord.), *Derecho Penal Parte Especial*, 6.ª ed., Tirant lo Blanch, Valencia, 2019, *passim*.

[43] La indemnidad sexual supone el derecho del menor a no sufrir injerencias no deseadas en su intimidad sexual, o lo que es lo mismo, a no verse inmerso en una escena o acción sexual sin su consentimiento. Así, entre otras, STS 109/207, de 22 de febrero, la STS 777/2017, de 30 de noviembre, siguiendo la línea establecida en la STS 92/2015, de 22 de febrero, y las SSAP de Sevilla 5465/2013, de 3 de octubre y Jaén 113/2015, de 11 de mayo.

[44] Terradillos Basoco, Juan María, y González Agudelo, Gloria, «Lección 8. Delitos contra la libertad e indemnidad sexual», en Terradillos Basoco, Juan María (coord.), *Lecciones y materiales para el estudio del Derecho penal*, tomo III, *Derecho penal parte especial*, vol. II, 2.ª ed., Iustel, Madrid, 2016, p. 217.

cia y madurez. Este desarrollo es esencial para que el menor pueda definir y construir su identidad individual y sexual, así como para vivir su sexualidad de manera autónoma, a partir del reconocimiento de sus propios derechos y de aquellos que le rodean. La promoción de la salud sexual y reproductiva es crucial para el desarrollo de los individuos y las sociedades, en el marco del respeto y garantía de los derechos sexuales y reproductivos, que son la concreción de los derechos humanos universales en el terreno de la sexualidad.

Durante la adolescencia, el desarrollo sexual es un proceso natural que incluye cambios físicos y psicológicos. A medida que el adolescente se desarrolla por completo, física y psíquicamente, la capacidad de pensar en abstracto y de ser consciente de las consecuencias futuras de los actos hace que el joven pueda mantener relaciones sexuales maduras y seguras. Es importante que los jóvenes reciban una buena educación sexual para superar sin riesgos sus etapas de maduración física y psíquica, así como para establecer el comportamiento sexual que tendrán cuando sean adultos.

A su vez, Díaz Cortés[45] entiende que se están protegiendo dos bienes jurídicos, la libertad y la indemnidad sexual.

La desviada y perversa utilización de las nuevas tecnologías puede comportar que se generen unas relaciones entre el embaucador y los/las menores que lleguen a producir, asimismo, una verdadera subyugación moral[46] con una intensidad que conlleve una aversión en la esfera de la sexualidad como parte de existencia del ser humano

---

[45] Díaz Cortés, Lina Mariola, «El denominado *child grooming* del artículo 183 bis del Código Penal: una aproximación a su estudio», *Boletín Ministerio de Justicia*, n.º 2138, 2012, pp. 2-24.

[46] La subyugación que puede provocar el adulto ha sido profusamente estudiada por Save the Children. Esta ONG señala que las injerencias perversas de los adultos llegan a condicionar el comportamiento de los/las menores ganándose de forma paulatina su confianza, que después quiebra porque la insistencia y la presión se convierte en verdaderamente insoportable. *Vid.* Save the Children, *La tecnología en la preadolescencia y adolescencia: usos, riesgos y propuestas desde los y las protagonistas*, 2010. Disponible en: http://www.de0a18.net/pdf/doc_tecno_estudio_riesgos.pdf [fecha de consulta: 14/08/2023].

al haberse vivido episodios turbios y turbulentos que en muchas ocasiones no se han podido gestionar por falta de madurez[47].

EDREIRA[48] define el acoso moral como:

> «El proceso por el cual un individuo o grupo de individuos aplican violencia —psíquica o física— en pequeñas dosis a otro individuo con la intención de desestabilizarlo y hacerlo dudar de sus propios pensamientos y afectos. De esta forma se arrebata al otro su identidad, se niega y elimina la diferencia con el otro. El objetivo de esta conducta es paralizar a la víctima para evitar que surja el conflicto, para que no pueda pensar ni comprender, mantenerla a disposición del agresor mientras sea útil y adoctrinarla. El proceso pretende pervertir moralmente a la víctima y destruirla lentamente para conseguir un crimen perfecto, se elimina a la víctima por inducción al suicidio o violencia física».

Y a mayor abundamiento sobre el acoso moral RUBIO LARA[49] afirma:

> «El acoso moral puede presentarse como una forma de maltrato psicológico sutil, pero sistemático, reiterado e *in crescendo* que se desarrolla en distintas fases no siempre bien diferenciadas. Sistematización programada y consciente de actos encaminados a la dominación o destrucción de otro ser. [...] Actos concretos que en definitiva son atentados reiterados que tienen por finalidad la desestabilización y posteriormente la destrucción de todo el sistema de valores de una persona, de su línea vital, haciendo a la víctima que dude de sí misma, causando en ella indefensión».

PÉREZ VALLEJO y PÉREZ FERRER agrupan en tres las distintas posiciones respecto al bien jurídico: la primera, que lo considera un delito pluriofensivo por verse afectados dos bienes jurídicos (indemnidad sexual y la seguridad de la infancia); la segunda, los autores que consideran que únicamente se trata de un bien jurídico (la indemnidad sexual); la tercera, la doctrina mayoritaria, que afirma que «el único bien jurídico protegido como justificación del tipo es la indemnidad

---

[47] En este sentido también CUGAT MAURI en CUGAT MAURI, Míriam, «Delitos contra la libertad e indemnidad sexuales», *Comentarios a la reforma penal de 2010*, en ÁLVAREZ GARCÍA, Francisco Javier, y GONZÁLEZ CUSSAC, José Luis (dirs.), Tirant lo Blanch, Valencia, 2010, *passim*.

[48] EDREIRA MAIRA, María José, «Fenomenología del acoso moral», *Logos. Anales del Seminario de Metafísica*, n.º 36, 2003, p. 134.

[49] RUBIO LARA, Pedro Ángel (coord.), *Victimología forense y Derecho penal*, Tirant lo Blanch, Valencia, 2010, p. 132.

sexual del menor que a través de la conducta prevista en el artículo 183 ter 1 (antes de la última reforma) se pone en peligro».

Un desarrollo de la sexualidad del menor que esté manipulado de forma perversa y torticera por los adultos puede provocar una aversión y repudio al sexo como secuela indeleble complicada de subsanar.

La Organización Mundial de la Salud reconoce que la sexualidad se experimenta y se expresa a través de pensamientos, fantasías, deseos, creencias, actitudes, valores, comportamientos, prácticas y relaciones. Es fundamental que los adultos que rodean a los menores promuevan un entorno seguro y saludable para el desarrollo de su sexualidad, evitando cualquier forma de manipulación perversa.

Así pues, es fundamental la integridad moral[50] *ex* art. 15 de la Constitución española[51]. En esta línea, también MONGE FERNÁNDEZ[52], que postula la tesis que dimana del artículo precitado de la CE que protege la dignidad y la vida del menor.

---

[50] El derecho fundamental a la integridad moral del menor del art. 15 de la Constitución española está íntimamente relacionado con la protección de su libertad e indemnidad sexual. El art. 15 de la Constitución española establece que todos tienen derecho a la vida y a la integridad física y moral, sin que puedan ser sometidos a tortura ni a penas o tratos inhumanos o degradantes. Este derecho fundamental se relaciona estrechamente con la protección de la libertad e indemnidad sexual de los menores, garantizando su integridad moral y física en el ámbito de su sexualidad.

La protección de la libertad e indemnidad sexual de los menores se encuentra regulada en el Título VIII del Libro II del Código Penal, que aborda los delitos contra la libertad sexual. Estos delitos protegen la capacidad de autodeterminación sexual de las personas, y están estrechamente relacionados con la intimidad y el libre desarrollo de la personalidad. Es fundamental garantizar que los menores gocen de esta protección para preservar su integridad moral y física en el ámbito de su sexualidad.

[51] «Artículo 15. Todos tienen derecho a la vida y a la integridad física y moral de los/las menores…».

[52] Cfr. MONGE FERNÁNDEZ, Antonia, *De los abusos y agresiones sexuales a menores de trece años. Análisis artículos 183 y 183 bis CP, conforme a la LO 5/2010*, Bosch, Barcelona, 2011.

Estamos de acuerdo con DOLZ LAGO[53], GÓMEZ TOMILLO[54] y GONZÁLEZ TASCÓN[55], que sostienen que el bien jurídico que se protege en el CP en el delito de *child grooming* es la infancia y por ende, el derecho que tienen los menores a vivirla con absoluta normalidad *ex* art. 39.4 CE[56]: «Los niños gozarán de la protección prevista en los acuerdos internacionales[57] que velan por sus derechos», que al estar recogido entre

---

[53] DOLZ LAGO, Manuel Jesús, «Un acercamiento al nuevo delito *child grooming*: entre los delitos de pederastia», *Diario La Ley*, n.º 7575, 2011.

[54] Cfr. GÓMEZ TOMILLO, Manuel, «Artículos 183 a 183 quater: de los abusos y agresiones sexuales a menores de dieciséis años...», *op. cit.*, pp. 517-538.

[55] *Vid.* GONZÁLEZ TASCÓN, María Marta, «El nuevo delito de acceso a niños con fines sexuales a través de las TIC», *Estudios Penales y Criminológicos*, n.º 31, 2011», pp. 207-258.

[56] El art. 39.4 de la CE establece el deber de protección a la infancia de acuerdo con los Tratados Internacionales que velan por sus derechos (fundamentalmente, la Declaración del niño de la Asamblea de Naciones Unidas de 20 de noviembre de 1989). El Tribunal Constitucional ha señalado que los poderes públicos podrán adoptar medidas que introduzcan tratamientos desiguales para proteger la infancia sin atentar contra el artículo 14 de la CE (STC 55/94) y que la protección a la infancia se constituye como un límite a la libertad de expresión prevista en el art. 20.4 de la CE (SSTC 49/84 y 62/82). Finalmente, y en relación con la responsabilidad penal de los menores, el Tribunal Constitucional ha señalado que queda a disposición del legislador el momento en el que entran dentro de la jurisdicción penal, pero también en el Auto 289/91 nuestro Alto Tribunal aceptó como constitucional un tratamiento procesal distinto para aquellos que tenían más de dieciséis años y menos de dieciocho (doctrina reiterada en Sentencias posteriores como la 160/2012, de 20 de septiembre). Actualmente la responsabilidad penal de las personas comprendidas entre catorce años y dieciocho se deduce según lo establecido en la Ley Orgánica 5/2000, reguladora de la responsabilidad penal de los menores, modificada por Ley Orgánica 8/2006.

[57] La Unión Europea podemos decir que se ha convertido en un auténtico referente a nivel mundial, cuando se trata de derecho digital. La promulgación del Reglamento General de Protección de Datos de 2016, vigente desde 2018, fue todo un éxito y marcó el paso para una amplia gama de regulación en la materia, convirtiendo a la Unión Europea en un legislador innovador y que, además, exporta su modelo gracias a una aplicación extraterritorial de sus normas. Este reglamento, por primera vez incluyó disposiciones concretas relativas a la protección de los

«Los principios rectores de la política social y económica» de nuestra Carta Magna, constituyen elementos hermenéuticos de primer orden para delimitar el contenido y alcance de los derechos fundamentales[58]. Y es por lo que somos del parecer que este bien jurídico a proteger adquiere una verdadera e importante dimensión de supraindividualidad para con nuestra sociedad.

Recientemente, Lloria García[59], en relación con la cuestión nada pacífica del bien jurídico protegido en el delito de *child grooming* asevera que:

> «Las incertidumbres que se generan en torno a estas cuestiones, y que no son nuevas, se refuerzan con la desaparición de la referencia a la indemnidad sexual como bien jurídico tradicional al hablar de la protección de la sexualidad de los NNA. Por lo tanto, si ahora hemos de hablar de libertad sexual en el caso de las personas menores igual que para las adultas, habrá que intentar clarificar cuál es el valor del consentimiento de las personas menores de 16 años en el ámbito penal. Tarea que

---

datos de los menores de edad, dentro del derecho de la Unión Europea. Se consideró que los niños merecían una protección específica de sus datos personales, ya que pueden ser menos conscientes de los riesgos, consecuencias, garantías y derechos concernientes al tratamiento de los datos personales. A mayor abundamiento, puede verse el trabajo de Ciréfice, Ronan, «La protección digital de los niños en la Unión Europea», en Clavijo Suntura, Joel Harry, y Saldaña Ortega, Virginia (dirs.) *et al., La protección del menor. Un análisis desde las ciencias jurídicas*, J. M. Bosch, Barcelona, 2023, pp. 70-71. Cruz Palmera reconoce de forma explícita la necesidad de protección de los bienes jurídicos de los menores, a nivel internacional, que se recogen en acuerdos bilaterales o tratados internacionales en observancia de las nuevas y modernas valoraciones tendentes a mejorar las garantías de un colectivo. Asimismo, apunta la necesidad de la inclusión de medidas y procedimientos capaces de proteger al resto de la sociedad, de potenciar acciones o comportamientos lesivos susceptibles de ser realizados también por parte de los menores de edad como sujeto activo. *Vid.* Cruz Palmera, Roberto, «La protección penal del menor en el sistema español: una aproximación», en Clavijo Suntura, Joel Harry, y Saldaña Ortega, Virginia (dirs.) *et al., La protección del menor. Un análisis desde las ciencias jurídicas*, J. M. Bosch, Barcelona, 2023, p. 127.

[58] *Vid.* por todas las SSTC: 95/2000, de 10 de abril. ECLI:ES:TC:2000:95 y 154/2006, de 22 de mayo. ECLI:ES:TC:2006:154.

[59] Lloria García, Paz, *op. cit.*, pp. 205 y 206.

no resulta sencilla si se atiende, por un lado, a la definición que del mismo se ofrece en el texto punitivo en estos momentos (art. 178 del CP vigente) y por otro, que hay que conjugarlo también con las previsiones de otras normas como, fundamentalmente, la Ley Orgánica 8/2021, de 4 de junio, de protección integral a la infancia y la adolescencia frente a la violencia».

La Ley Orgánica 8/2021, de 4 de junio, de Protección Integral a la Infancia y la Adolescencia frente a la violencia, señala en su art. 1.2 que:

> «A los efectos de esta ley, se entiende por violencia toda acción, omisión o trato negligente que priva a las personas menores de edad de sus derechos y bienestar, que amenaza o interfiere su ordenado desarrollo físico, psíquico o social, con independencia de su forma y medio de comisión, incluida la realizada a través de las tecnologías de la información y la comunicación, especialmente la violencia digital».

Lloria García[60] alude a González Tascón cuando hace referencia a que este delito puede tener un correlato con otros como el suicidio, así:

> «A partir de estas afirmaciones, no creo que se deba desoír la propuesta de González Tascón, si atendemos a la estructura del delito que, además, se parece mucho a la que se adopta por las nuevas figuras de promoción del suicidio, de conductas alimentarias peligrosas para la salud, de las autolesiones o de la pornografía infantil, y que plantean un problema similar desde el punto de vista del fundamento de la punición y de la lesión exigida para dotar de contenido material al injusto de dichos delitos».

Queralt Jiménez[61] apunta que se modificó una ley —en 2015— sin haber experimentado sobre su acierto y necesidad, pues hasta la fecha de la aprobación de la Ley Orgánica 1/2015, solo había llegado un asunto sobre *child grooming* al Tribunal Supremo y los casos resueltos por las audiencias provinciales, en número inferior a la decena, en un 80% se resolvieron sin debate y con sentencias de conformidad. El autor indica de forma muy gráfica que revisar permanentemente la ley penal, en estas circunstancias, no es muy diferente del efecto de la lluvia en el mar.

---

[60] *Ibidem*, p. 213.

[61] Queralt Jiménez, Joan Josep, *Derecho penal español. Parte especial*, Tirant lo Blanch, Valencia, 2015, p. 264.

Coincidimos en esta línea también con Serrano Gómez y Serrano Maíllo[62], que señalaron que desde 2015[63] existe una manifiesta inseguridad por parte del legislador en las distintas reformas del CP que pretenden proteger la indemnidad sexual.

Una reforma del CP ha de llevarse a cabo siempre sustentada por estudios criminológicos que, a lo largo del tiempo y con el necesario asueto, permitan conocer la auténtica problemática de esta tipología de delitos, cómo se han de prevenir, y en su caso, punir.

En relación con la reforma de los delitos contra la indemnidad y libertad sexual Gudín Rodríguez-Magariños[64] afirma:

> «La reforma 10/2022, la del sólo sí es sí, nace impulsada por una ambiciosa iniciativa surgida a raíz del impacto que tuvieron en los medios diversos casos bien conocidos, como la "Manada" o la "Arandina". El hecho es que nuestro legislador como en otras tantas reformas surgidas a golpe mediático se ha pasado de frenada y ha trazado un galimatías bastante complejo de explicar…».

Sobre el caso de «La manada»[65] entre otros, que finalmente impulsaron desde una sociedad alarmada e indignada la reforma de los delitos contra la libertad e indemnidad sexual, Martínez Galindo[66] señala gráficamente que:

> «Todos recordamos el grave suceso conocido como caso de "la Manada" que tuvo lugar en España en 2016, cuando cinco hombres fueron acusados de violar

[62] Serrano Gómez, Alfonso, y Serrano Maíllo, Alfonso, «Delitos contra la libertad e indemnidad sexual (I)», *Curso de Derecho Penal parte especial,* Dykinson, Madrid, 2019, *passim.*

[63] *Vid.* sobre la reforma, Pillado Quintas, Víctor, «El *child grooming* en la reforma del Código Penal», *Estudios Jurídicos,* 2015. Disponible en: www.cej-mjusticia.es [fecha de consulta: 14/08/2023].

[64] Gudín Rodríguez-Magariños, Antonio Evaristo, «Análisis del cambio de penalidad de los delitos de agresión sexual en la Ley Orgánica 10/2022», *Diario La Ley*, n.º 10230, sección Tribuna, 16 de febrero de 2023, p. 1.

[65] *Vid.* Faraldo Cabana, Patricia, y Acale Sanchez, María, «Presentación», en *La Manada. Un antes y un después en la regulación de los delitos sexuales en España,* Tirant lo Blanch, Valencia, 2018.

[66] Martínez Galindo, Gemma, *op. cit.,* pp. 48 y 49.

en grupo a una joven durante las fiestas de San Fermín, en Pamplona, en un portal de la ciudad, y el gran impacto que tuvo en la sociedad española. Desde el principio, debido a éste y a otros casos que se conocieron (caso de la "Arandina", la "manada de Manresa", la de "Sabadell" o la de "Villalba") se desató un importante debate en la opinión pública sobre las violencias sexuales y el consentimiento en las relaciones sexuales».

Pero lo que crispó el ánimo de la población fue la Sentencia 38/2018, de 26 de abril, de la Audiencia Provincial de Pamplona sobre el caso de «La manada», con un voto particular muy polémico[67]:

> «El punto de inflexión fue abril de 2018 cuando se conoció la Sentencia 38/2018, de 26 de abril, de la Audiencia Provincial de Pamplona, que condenaba a los cinco acusados a nueve años de prisión por un delito de abuso sexual con prevalimiento y no de agresión sexual y, para mayor indignación, uno de los Magistrados (D. Ricardo Javier González González) pronunció un demoledor voto particular en contra de la condena valorando la prueba practicada en el acto del Juicio Oral (celebrado a puerta cerrada) considerando que las relaciones sexuales con los cinco acusados habían sido consentidas por la joven y debía habérseles absuelto, porque se produjeron en un "ambiente de jolgorio y regocijo". Ello generó un gran malestar en la sociedad española y la Sentencia fue duramente criticada por considerar que no se había valorado correctamente la falta de consentimiento de la víctima ni la forma comisiva».

La modificación de una ley penal sin tomar el debido asueto y sin el sustento de estudios criminológicos sólidos y contrastados puede comportar errores legislativos con una repercusión negativa para la sociedad. Es crucial que las modificaciones en el ámbito del Derecho penal estén respaldadas por un análisis exhaustivo y fundamentado, a fin de evitar posibles consecuencias no deseadas que podrían afectar negativamente a la sociedad en su conjunto.

La relación entre el Derecho penal y la criminología es fundamental para garantizar que las leyes penales sean efectivas y justas. La criminología aporta conocimientos científicos sobre el comportamiento delictivo y sus causas, lo cual es esencial para fundamentar las decisiones legislativas en el ámbito penal. Por lo tanto, la falta de estudios criminológicos sólidos y contrastados podría conducir a modificaciones legislativas que no aborden adecuadamente las problemáticas sociales

[67] *Ibidem*, p. 49.

y delictivas, generando así repercusiones negativas para la sociedad en la esfera concreta del delito que analizamos[68].

[68] La criminología es una disciplina fundamental para el Derecho penal, pero que no está suficientemente potenciada en España y sí en muchos países del mundo. La criminología actúa como un elemento preventivo de delitos, proporcionando información crucial para el diseño de estrategias de prevención de la delincuencia y seguridad. Es importante destacar que la criminología es una ciencia multidisciplinaria que se auxilia de otras ramas del saber para sacar conclusiones propias, y su relación con el Derecho penal es fundamental para un sistema penal fundamentado y consciente de su incidencia social. La criminología desempeña un papel fundamental en el sistema penal español. Esta disciplina proporciona un enfoque integral para comprender el delito desde perspectivas tanto individuales como sociales. La criminología no solo se centra en el estudio del delincuente, sino que también analiza la personalidad de la víctima, lo que complementa el análisis legislativo del Derecho penal. Además, la criminología contribuye a la prevención del delito al identificar los factores que determinan el comportamiento criminal y proponer medidas correctivas para evitar futuras conductas delictivas. La interacción entre el Derecho penal y la criminología es esencial para lograr un enfoque integral en el estudio de la conducta punible, el control del delito y la protección de las víctimas. La criminología aporta conocimientos científicos que respaldan la toma de decisiones en el ámbito penal, lo que resulta crucial para el diseño de estrategias efectivas de prevención del delito y seguridad pública.

En el contexto del Derecho penal español, es de gran importancia potenciar la criminología como ciencia, ya que proporciona conocimientos fundamentales para comprender el delito, identificar factores determinantes del comportamiento criminal y proponer medidas correctivas para prevenir futuras conductas delictivas. Este impulso a la criminología debe comenzar desde el ámbito universitario, donde se sientan las bases para la formación de profesionales capacitados en esta disciplina, lo que a su vez contribuirá a fortalecer el sistema penal español y su capacidad para abordar eficazmente las problemáticas relacionadas con el delito y la seguridad pública.

La criminología en el ámbito universitario no solo proporciona conocimientos teóricos, sino que también prepara a los estudiantes para abordar desafíos reales relacionados con la prevención del delito, la atención a las víctimas y la promoción de la seguridad pública. Además, muchos programas de criminología ofrecen la oportunidad de realizar prácticas profesionales en instituciones relacionadas con la justicia penal, lo que permite a los estudiantes aplicar sus conocimientos en un entorno práctico y adquirir experiencia laboral relevante.

Como bien indica FARALDO CABANA[69], es evidente la gran evolución que ha experimentado el bien jurídico protegido en los delitos sexuales desde una concepción centrada en la «honestidad» de la mujer hacia una orientación a la protección de la «libertad sexual» de todos los individuos (mujer y hombre) que aún se encuentra en proceso, pues las políticas en materia de delitos sexuales continúan adaptándose y actualizándose para reflejar una comprensión más amplia de la sexualidad humana y garantizar una mayor protección de los derechos de las víctimas.

---

[69] FARALDO CABANA, Patricia, «Evolución del delito de violación en los códigos penales españoles: valoraciones doctrinales», en RODRÍGUEZ-LÓPEZ, Silvia; FUENTES-LOUREIRO, María-Ángeles; FARALDO-CABANA, Patricia (dir.), y ACALE SÁNCHEZ, María (ed.), *La Manada: un antes y un después en la regulación de los delitos sexuales en España*, Tirant lo Blanch, Valencia, 2018, pp. 31-69.

CAPÍTULO 3

ACCIÓN TÍPICA[1]

En este punto se impone acudir al origen del término *grooming*, y encontramos muy acertada la referencia de GUDÍN RODRÍGUEZ-MAGARIÑOS[2] cuando afirma que:

> «En su acepción más común, el vocablo inglés *grooming* viene a significar acicalarse. En biología encarna el comportamiento animal en lo relativo a la limpieza personal o aseo. No es por tanto un verbo, sino una actividad. Así los gatos y otros animales, se lamen el pelo, los monos se desparasitan, los pájaros se "peinan" las plumas, y (algunos) las enceran para que estén en buen estado; otros animales se quitan el pelo muerto, etc. Paralela a esta acepción, igualmente trascendente para conocer su significado, el vocablo tiene un halo de actividad de iniciación así *"somebody for something"* equivale a preparar a alguien para efectuar algo. Por ello en el ámbito anglosajón, para diferenciarlo del significado original relativo al acicalado en las especies animales se suelen utilizar los términos *child grooming* o *internet grooming*. Pero, como se verá, ambos significados del vocablo poseen una cierta confluencia para entender esta conducta pues una persona se metamorfosea para iniciar una línea seductora de comportamiento orientado a la captación de una voluntad, aún no formada».

La RAE define el *grooming* como: «Acoso sexual a menores de edad a través de medios informáticos o telemáticos, fundamentalmente mediante chats y redes sociales».

---

1 Un análisis profuso del tipo, y a mayor abundamiento, puede encontrarse en CINOSI FERNÁNDEZ, María Sol, «*Online Child Grooming* en España: análisis del tipo penal a través de la teoría del delito», *Revista Boliviana de Derecho*, n.º 35, 2023, pp. 248 y 249.

2 GUDÍN RODRÍGUEZ-MAGARIÑOS, Faustino, «Algunas consideraciones sobre el nuevo delito de *grooming*», *Actualidad Jurídica Aranzadi*, n.º 842/2012, BIB 2012\898, p. 1.

El Fondo de las Naciones Unidas para la Infancia[3], de la ONU, indica que el *grooming* consiste en la conducta mediante la cual un adulto:

> «... realiza acciones deliberadas para establecer lazos de amistad con un niño niña en Internet con el objetivo de obtener una satisfacción sexual mediante imágenes eróticas o pornográficas del niño o, incluso, como preparación para un encuentro».

Por su parte, MIRÓ LLINARES[4] aporta la siguiente reflexión con el término *soliciting*, que aparece en la Directiva 2011/93/UE:

> «La traducción del término inglés "*soliciting*" por "propuesta" o "aproximación", incluso directamente como "solicitud", es preferible al empleo del término "embaucamiento", que proviene del verbo "embaucar" y que, según el *Diccionario de la Real Academia de la Lengua*, supone generalmente el empleo del engaño aprovechando el candor o la inexperiencia de la víctima, cuando el vocablo inglés traducido hace referencia a la aproximación en función de la finalidad perseguida, no por el medio empleado. Pese a todo, "embaucamiento" es como se ha traducido el "*soliciting*" en la Directiva 2011/93/UE».

Sobre el *nomen iuris* del tipo, LLORIA GARCÍA[5] indica de forma muy certera que puede haber confusión con el *sexting*:

> «Clarificado que la denominación *child grooming* (y sus distintas variantes) se refiere a la conducta del que contacta con una persona menor con el fin de tener un encuentro sexual (virtual o presencial, es otra de las cuestiones que se ha de concretar), mediante acciones deliberadas que llevan a relaciones de control emocionales que preparan el terreno para el abuso sexual del menor[6], debe señalarse que hay resoluciones judiciales que equiparan esta acción con la de *sexting*».

---

[3] FONDO DE LAS NACIONES UNIDAS PARA LA INFANCIA, «Adolescentes conectad@s. Riesgos de las redes y herramientas para protegerse», 2020, p. 34.

[4] MIRÓ LLINARES, Fernando, «Notas críticas sobre el Art. 183 ter CP en el Anteproyecto de reforma de 2012», en ÁLVAREZ GARCÍA, J. (dir.), *Estudio Crítico sobre el Anteproyecto de reforma penal de 2012*, Tirant lo Blanch, Valencia, 2013, pp. 671-672.

[5] LLORIA GARCÍA, Paz, *op. cit.*, p. 208.

[6] En este sentido se pronuncia, entre otras, la conocida STS 97/2015, de 24 de febrero. *Vid.*, asimismo, pronunciamientos como los que se formulan en la SAP de Ciudad Real, 170/2017, de 2 de noviembre, o en la SAP de Barcelona 982/2022, de 15 de noviembre, que sostienen que la conducta del art. 183.2 es una conducta de embaucamiento o *sexting*, sin más, lo que puede generar confusiones, puesto

Este tipo delictivo exige una pluralidad de actos. Por una parte, es preciso un contacto con un menor de 16 años y por otra, la proposición de un encuentro que tiende a la realización de actos materiales encaminados al acercamiento».

La confusión dimana, seguramente, del contenido que se profiere a la expresión «violencia sexual digital». Al respecto, la LO 10/2022, de 6 de septiembre, de Garantía Integral de la Libertad Sexual, expone que: «(L)a presente ley orgánica pretende dar respuesta especialmente a las violencias sexuales cometidas en el ámbito digital, lo que comprende la difusión de actos de violencia sexual a través de medios tecnológicos, la pornografía no consentida y la extorsión sexual».

Gil Meana[7] distingue dos tipos de *grooming*:

«A) Sin fase previa de relación y generación de confianza. El *groomer* tiene el material de abuso mediante las contraseñas y pirateo de las cuentas de la víctima que puede desconocer como el acosador obtuvo las imágenes.

B) Con fase previa de generación de confianza con lo que el menor entrega las imágenes voluntariamente».

Siguiendo a Sánchez-Escribano[8], el *child grooming* «es la propuesta de encuentro realizada por parte de un adulto a un menor de edad con la finalidad de cometer contra él un delito de naturaleza sexual».

A tenor de la STS 97/2015, de 24 de febrero, el término *child grooming* se refiere a las acciones realizadas deliberadamente con el fin de establecer una relación y un control emocional sobre un menor con el fin de preparar el terreno para el abuso sexual del menor.

Estamos de acuerdo con Górriz Royo[9] en relación con la inexactitud —e incluso podríamos añadir «vaguedad»— de los términos

---

que no se diferencia entre la práctica legítima del *sexting* y la ilegítima, de donde se deriva una grave confusión en materia de bien jurídico, al no distinguirse entre la intimidad, la libertad y la indemnidad sexual.

[7] Gil Meana, María Luisa, «Análisis del *child grooming* y las causas de despido», *Diario La Ley*, n.º 10293, sección Tribuna, 24 de mayo de 2023, p. 1

[8] Sánchez-Escribano, María Isabel, «Reflexiones sobre el *child grooming*. A propósito del libro "El delito de *online child grooming* o propuesta sexual telemática a menores"», *Revista Jurídica de las Islas Baleares*, n.º 15, 2017, p. 12.

[9] Górriz Royo, Elena, «*On-line child grooming* en Derecho penal español. El delito de preparación *on-line* de menores con fines sexuales, del art. 183 ter. 1.º

que empleaba el tipo penal del art. 183 ter. 1º (actual art. 183.1 CP), pues:

> «... en el tipo PENAL del art. 183 ter. 1.º CP se equipara, de manera un tanto inexacta, un servicio virtual empleado para comunicarse, como es Internet, y determinados medios que pueden emplear este servicio pero también pueden facilitar la comunicación al margen del mismo, v. gr. teléfono, tecnologías de la información presentes o futuras. De ahí que, necesariamente, la denominación de esta clase de *grooming* como "*on-line*" sea, en nuestro ordenamiento, un término amplio o impropio. Conviene advertir que todos los medios allí previstos confieren al tipo del actual art. 183 ter. 1.º CP una identidad característica pues permiten diferenciarlo respecto a otras clases de *grooming* doctrinalmente delimitadas».

El legislador pretende castigar aquellas conductas del sujeto activo que persiguen engañar, embaucar a los/as menores y ganarse paulatinamente su confianza sirviéndose de los medios que se indican en el articulado —que son muy abiertos— con una finalidad muy clara (que es saciar sus apetencias sexuales) y que quedan recogidas y sancionadas en los arts. 181 y 189 CP.

Con todo, la cuestión es mucho más compleja, y así lo critica muy claramente Gudín Rodríguez-Magariños[10]:

> «De un lado, examinando el ámbito objetivo del tipo, la escueta e ineficiente descripción del hecho típico revela un manifiesto desconocimiento del legislador sobre esta materia. Ciertamente, el legislativo parece más interesado en regodearse y autocomplacerse con la idea de que se ha tipificado esta conducta (en este sentido basta leer la exposición de motivos para cerciorarse de esta afirmación) que en realizar una concreta y pormenorizada descripción fáctica de la misma pues el *tabestand* debe ser reputado de insuficiente o groseramente ineficaz. Y es que más allá de una eventual cita puntual, nos percatamos ante un proceso de captación y engatusamiento mucho más complejo y variado que la concreta conducta descrita en la norma. Los depredadores sexuales usan de múltiples modos, formas y medios para embaucar a los niños en orden para prepararlos para aceptar y consentir el abuso sexual. El acoso sexual al menor no se limita a convertirse una mera cita o puntual encuentro, sino que esconde un haz de conductas que se revelan como un fenómeno más complejo y enredado. Verbigracia, partiendo de la información obtenida en los chateos coti-

---

CP (conforme a la LO 1/2015, 30 de marzo)», *InDret. Revista para el análisis del Derecho*, 2016, p. 8.

[10] Gudín Rodríguez-Magariños, Faustino, «Algunas consideraciones sobre el nuevo delito de *Grooming*», *Actualidad Jurídica Aranzadi*, n.º 842/2012, BIB 2012\898, pp. 3 y 4.

dianos con el menor, el acosador puede, conociendo el centro escolar o los lugares de ocio que frecuenta, encontrarse aparentemente de un modo causal con el menor con lo que su comportamiento quedaría extramuros del comportamiento del tipo».

En cuanto a los medios que se pueden utilizar para conseguir el contacto con el/la menor, el art. 183.1 CP hace referencia expresa a Internet y al teléfono y deja abierta la posibilidad de incorporar otros medios cuando también admite «cualquier otra tecnología de la información», como lo señala la Sentencia del Tribunal Supremo de 27 de marzo de 2017, que admite el WhatsApp, aunque no fuera el autor quien creara el grupo ni iniciara el contacto[11].

Por lo tanto, podemos apreciar que el contacto por un medio tecnológico queda abierto a otra tecnología de la información y la comunicación que da cabida a otros mecanismos o sistemas de transmisión de datos en los que no sea necesario que exista una conexión a Internet, o bien a una línea telefónica, por ejemplo. Podría entrar en el tipo penal una conexión en red mediante Wi-Fi o Ethernet y también tendría cabida una aplicación basada en Bluetooth u otros sistemas análogos.

Save the Children, en su informe intitulado «Violencia viral»[12], detalla la forma con la que el embaucador pretende ganarse la confianza del/la menor, sin forzar los límites en ningún momento, de forma sibilina, con expresiones como «¿alguna vez te han besado?». Y, además, intenta reducir la sensibilidad y la inhibición sirviéndose de material sexual-

---

[11] *Vid.* LAMARCA PÉREZ, Carmen, «Delitos contra la libertad de indemnidad sexuales», en DE ALONSO ESCAMILLA, Avelina; MESTRE DELGADO, Esteban, y RODRÍGUEZ NÚÑEZ, Alicia, *Delitos. La parte especial del Derecho penal,* Dykinson, Madrid, 2023, p. 205. En este sentido también la STS 97/2015, de 24 de febrero, reconoce que el *child grooming* puede cometerse por: «cualquiera otros mecanismos o sistema de transmisión de datos que no precisen conexión a Internet o a una línea telefónica, como, por ejemplo, conexión en red mediante Wi-Fi o Ethernet, aplicaciones basadas en Bluetooth u otros sistemas que puedan desarrollarse». La fórmula de *numerus apertus* que contiene el texto del artículo es correcta por cuanto las tecnologías de la información y comunicación son muy cambiantes y por ende, la adaptabilidad es necesaria.

[12] SAVE THE CHILDREN, *Violencia viral,* 2019, p. 29. Disponible en: https://www.savethechildren.es/sites/default/files/imce/docs/informe_violencia_viral_1.pdf [fecha de consulta: 22/08/2023].

mente explícito, incluso llegando a recrear fantasías y proponiendo escenas ficticias donde se mantienen relaciones sexuales.

En el art. 183 CP se indica que: «siempre que tal propuesta se acompañe de actos materiales encaminados al acercamiento...», y ello viene a significar que se busca el desplazamiento, el encuentro de una o ambas partes con finalidad sexual. *Ad exemplum* este extremo se constata en la Sentencia de la Audiencia Provincial de Orense de 2013 confirmatoria de la del Juzgado de Menores n.º 1, si bien en esta se entiende suficiente el acercamiento virtual, y lo que exige la norma es además la propuesta ha de estar: «... ligada a la constatación de la seriedad de la proposición...»[13].

Fernández Teruelo[14] incide en el concepto de «actos materiales» que recoge el tipo penal y que de una forma evidente conllevan a conseguir un acercamiento físico que *per se* no es posible que se produzca a través de las redes. Sin embargo, en mayo de 2021, el Tribunal Supremo calificó como agresión sexual la obtención de vídeos sexuales de una menor bajo intimidación en las redes sociales, ya que consideró que la distancia física entre victimario y víctima no desnaturaliza los requisitos de la agresión sexual puesto que mediante intimidación se atenta contra la libertad sexual de la víctima en un escenario, el de las redes sociales, con mayor impacto nocivo y duradero.

El Tribunal Supremo produjo un giro copernicano y un gran debate doctrinal al apreciar la posibilidad de perpetrar una agresión sexual a través de Internet y no solo de forma física[15].

---

[13] *Vid.* Ramos Vázquez, José Antonio, «El nuevo delito de ciberacoso de menores a la luz del derecho comparado», *Diario La Ley*, n.º 7746, 2011, *passim*.

[14] Fernández Teruelo, Javier Gustavo, *Derecho penal e Internet. Especial consideración de los delitos que afectan a jóvenes y adolescentes*, Lex Nova, Valladolid, 2011, *passim*.

[15] La sentencia, siendo ponente el magistrado Javier Hernández García, explica que la dimensión social de las TIC, al facilitar el intercambio de imágenes y vídeos de los actos de cosificación sexual, puede convertirse en un potentísimo instrumento de intimidación con un mayor impacto nocivo y duradero de lesión del bien jurídico. Además, indica que no debe perderse de vista que las TIC han aumentado los modos de accesibilidad a los/las niños y niñas por parte de personas que buscan, como único objetivo, su abuso y explotación sexual.

Según la sentencia «Este nuevo ciberespacio de interacción social fragiliza los marcos de protección de la intimidad, convirtiendo en más vulnerables a las personas

No se requiere el contacto físico entre autor y víctima como ya expuso, también, el Tribunal Supremo en Sentencia 450/2018, de 10 de octubre, Rec. 2547/2017, que:

> «... hemos de recordar que la tipicidad del delito de abusos sexuales no requiere un contacto físico directo entre el acusado y su víctima. La jurisprudencia de esta Sala ha declarado que la acción de atentar contra la libertad sexual de otro existe cuando se la somete a comportamientos sexuales no queridos por ella como también es el tener que desnudarse y mostrar sus partes íntimas al agresor. Que la satisfacción sexual obtenga este tocando el cuerpo de la víctima o contemplando la desnuda mientras el masturba es indiferente para integrar lo que es en ambos casos un comportamiento de indudable contenido sexual, impuesto contra su voluntad o sin su consentimiento libre».

Y en esta línea, Lloria García[16] hace referencia a nuevos espacios[17] en los que se cometen delitos contra la indemnidad sexual de los menores,

---

cuando, por accesos indebidos a sus datos personales, pierden de manera casi siempre irreversible, y frente a centenares o miles de personas, el control sobre su vida privada».

Para el Tribunal, «la revelación en las redes sociales de la cosificación sexual a la que ha sido sometida la víctima, y en especial, insistimos, cuando es mujer y menor —*vid.* sobre el especial impacto de las conductas de ciberviolencia sobre las mujeres y las niñas, el Informe de 2017 del Instituto Europeo de Igualdad de Género, dependiente de la Unión Europea—, puede tener efectos extremadamente graves sobre muchos planos vitales. Lo que ha venido a denominarse como un escenario digital de la polivictimización», y sigue «... Lo que el tipo del artículo 178 CP prohíbe es que mediante violencia o intimidación se atente contra la libertad sexual de la víctima, lo que incluye, por tanto, en su contorno descriptivo la agresión a distancia, también la *on line*». *Vid.* Sentencia del Tribunal Supremo, Sala de lo penal de 26 de mayo de 2021. Roj: STS 2165/202-ECLI:ES:TS:2021:2165.

[16] Lloria García, Paz, *op. cit.*, p. 203.

[17] El legislador penal ya ha llevado a cabo varias reformas penales a los efectos de regular estos nuevos espacios y nuevas realidades, que afectan sobremanera a colectivos altamente vulnerables. El Código Penal, ya en la redacción dada por Ley Orgánica 10/1995, de 23 de noviembre, del Código Penal, tuvo en cuenta la tipificación, art. 186 del CP, de las conductas de difusión, venta o exhibición de material pornográfico entre menores de edad. La citada norma fue objeto de sucesivas reformas que abordaron el problema de los delitos cometidos a través del ámbito digital. La primera reforma se produjo por la Ley Orgánica 11/1999, de 30 de abril, de modificación del Título VIII del Libro II del Código Penal, aprobado por Ley Orgánica 10/1995, de 23

como el metaverso, y que se han de tener muy en cuenta por parte de todos los operadores jurídicos, y por supuesto, por la sociedad en su conjunto:

---

de noviembre, dándose una nueva redacción al art. 186 del CP, sustituyendo la expresión «personas con discapacidad necesitadas de especial protección» por «incapaces». La Ley Orgánica 15/2003, de 25 de noviembre, por la que se modificó la Ley Orgánica 10/1995, de 23 de noviembre, del Código Penal, reguló el uso de material pornográfico en cuya elaboración se hubiera utilizado menores de edad, art. 189 del CP.

La Ley Orgánica 5/2010, de 22 de junio, por la que se modificó la Ley Orgánica 10/1995, de 23 de noviembre, del Código Penal (74) , introdujo el delito de «*child grooming*» (75), art. 183 bis del CP, para castigar los contactos con intimidación, engaño o coacción por internet, teléfono, u otra tecnología contra menores de trece años con finalidad sexual; amplió la tipificación de la prostitución y pornografía, tipificando, en relación con el delito de captación de menores para que participaren en espectáculos pornográficos, art. 189. 1 del CP, a quien se lucrase con la participación de niños en éstos.

La Ley Orgánica 1/2015, de 30 de marzo, por la que se modificó la Ley Orgánica 10/1995, de 23 de noviembre, del Código Penal, reformó el delito de pornografía infantil —art. 189 del CP — castigándose las conductas de: la producción, difusión, la asistencia a espectáculos; la adquisición o posesión para uso propio de pornografía; y el acceso a pornografía infantil utilizando tecnologías, en las que se hayan utilizado menores o personas con discapacidad necesitadas de especial protección, pudiendo los jueces adoptar las medidas para la retirada de las páginas webs.

El delito contra la intimidad y revelación de secretos —art. 197 del CP— fue objeto de reforma, introduciéndose la finalidad sexual en la realización de las conductas previstas en el mismo; se protegió a las víctimas menores; y se sancionó la transmisión de las imágenes o secretos captados.

La Recomendación 35 del CEDAW, en el epígrafe Introducción —6—, mostró su preocupación por la violencia contra las mujeres cometidas en los «entornos tecnológicos, y trasciende las fronteras nacionales en el mundo globalizado contemporáneo». La Ley Orgánica 8/2021 dio nueva redacción al art. 189 bis del CP para castigar la utilización de una tecnología de la información para fomentar o incitar a la comisión de delitos. Dentro de los deberes de denuncia reforzada, en el art. 19, establece la obligación que se impone a toda persona física o jurídica que tenga conocimiento de contenidos en internet que «constituyan una forma de violencia contra cualquier niño, niña o adolescente» de comunicarlo a la autoridad competente y si fueran constitutivos de delito a las Fuerzas y Cuerpos de Seguridad, en adelante FCSE, Ministerio Fiscal o autoridad judicial, debiendo garantizar las administraciones públicas «la disponibilidad de canales accesible y seguros».

«... quiero poner de manifiesto desde este mismo momento que el escenario en el que se cometen los delitos tecnológicos ya no se circunscribe, exclusivamente, a los lugares virtuales clásicos a los que se alude en las resoluciones judiciales (redes sociales y otro tipo de plataformas de comunicación), sino que hay que incluir otros nuevos espacios donde los niños, niñas y adolescentes (NNA, en adelante) se relacionan, fundamentalmente en los casos de los gamer u otros lugares en el ciberespacio que empiezan a adquirir una mayor importancia y son menos conocidos por los adultos, como ocurre también en el supuesto del metaverso. Por ello, hay que tomar en consideración estos nuevos "lugares" en el ciberespacio, como sitios en los que se deben desarrollar también las situaciones de prevención y vigilancia frente a ataques a las personas menores de edad, que son los usuarios mayoritarios del mundo gaming. Las comunidades digitales en torno a los videojuegos (entorno *gaming*), son bastante desconocidas hasta ahora y con tendencia a ir creciendo y en ellas, además, el control parental resulta prácticamente inexistente, por falta de formación, que en otros entornos donde los adultos ya empiezan a manejarse mejor como son las redes sociales o las plataformas de mensajería instantánea».

Si el menor es embaucado de forma directa y no mediante los medios tecnológicos que hemos indicado, y además se perpetra uno de los delitos de los arts. 178, 183 y 189 del Código Penal, no regiría la regla concursal y se castigaría solamente el delito cometido. De aquí radica la existencia de que la relación de embaucamiento venga desarrollada a través de medios tecnológicos que descartan la relación en sentido real mediante contacto físico entre el sujeto pasivo y el delincuente. Dicho esto, es importante resaltar que lo normal es que se produzca un contacto inicial directo que se prolongue por medios tecnológicos y que permita la realización de la conducta típica castigada, ya que este tipo penal no concreta si el contacto es el inicial o derivado.

LLORIA GARCÍA[18] en este punto de la discusión indica que:

«Otra cosa es que el conocimiento y primer contacto se haya obtenido en el mundo analógico y con posterioridad, en los contactos virtuales, se produzca la coacción, la amenaza o el abuso sexual. Entonces, si concurren las dificultades en la persecución, en la prueba, o aparece la viralidad, se produciría el incremento de injusto necesario para eliminar las barreras del principio de insignificancia[19]. Por eso habrá que estar caso a caso para determinar si el contacto debe ser solo virtual o mixto».

---

[18] LLORIA GARCÍA, Paz, *op. cit.*, p. 223.

[19] El apartado 1 del art. 19 de la LORPM establece que «1. También podrá el Ministerio Fiscal desistir de la continuación del expediente, atendiendo a la gravedad y circunstancias de los hechos y del menor, de modo particular a la falta de

Entendemos que lo que se pretende castigar con estas conductas es la facilidad que supone la utilización de medios tecnológicos para la captación y embaucamiento del menor, que en la mayoría de los casos no termina con unos contactos iniciales y, por lo tanto, sería aplicable el tipo penal, porque seguidamente habrá unos contactos personales posteriores a la proposición del encuentro.

La utilización de medios tecnológicos para la captación y embaucamiento de menores con fines sexuales supone una facilidad preocupante debido a la forma en que estos medios permiten el contacto y la interacción entre personas. Los avances tecnológicos, como Internet y las redes sociales, han creado nuevas oportunidades para los delincuentes sexuales que buscan atraer y manipular a menores de edad.

Miró Llinares[20] apela a «las teorías de la oportunidad»:

> «... generalmente se apela a las características que tiene la red en punto al favorecimiento de la realización de actividades delictivas y a las oportunidades que brindan las especiales características de tiempo y espacio de internet para favorecer el emprendimiento de las mismas, partiendo de postulados como los de las teorías de la oportunidad».

Que se exija que el sujeto activo del delito realice una proposición para concertar un encuentro con el menor para cometer cualquiera de los delitos descritos en los arts. 178 a 183 y 189 del Código Penal responde directamente a las directrices del Convenio de 25 de octubre de 2007[21].

---

violencia o intimidación graves en la comisión de los hechos, y a la circunstancia de que además el menor se haya conciliado con la víctima o haya asumido el compromiso de reparar el daño causado a la víctima o al perjudicado por el delito, o se haya comprometido a cumplir la actividad educativa propuesta por el equipo técnico en su informe. El desistimiento en la continuación del expediente sólo será posible cuando el hecho imputado al menor constituya delito menos grave o falta».

[20] *Vid.* el análisis publicado en España de contenidos de las teorías de la oportunidad aplicadas a la criminalidad en Miró Llinares, Fernando, «La oportunidad criminal en el ciberespacio. Aplicación y desarrollo de la teoría de las actividades cotidianas para la prevención del cibercrimen», *RECPC*, n.º 13, 2011, pp. 7 y ss.

[21] Instrumento de Ratificación del Convenio del Consejo de Europa para la protección de los niños contra la explotación y el abuso sexual, hecho en

Entre la jurisprudencia más destacada que perfila la acción típica, señalamos la siguiente[22]:

«Cabe citar la STS 916/2021, de 24 de noviembre, que señala:

"Respecto a la conducta típica habrá que distinguir entre elementos objetivos y subjetivos.

En cuanto a los elementos objetivos la ley configura un tipo mixto acumulado que exige una pluralidad de actos. Por una parte se requiere un contacto con un menor de 16 años, por otra proponer un encuentro, y por último, la realización de actos materiales encaminados al acercamiento.

— El contacto tiene que ser por medio tecnológico. La Ley se refiere a Internet, teléfono o cualquier otra tecnología de la información y la comunicación, se trata por tanto, de un listado abierto que da cabida a cualquiera otros mecanismos o sistema de transmisión de datos que no precisen conexión a Internet o a una línea telefónica, como por ejemplo, conexión en red mediante Wi-Fi o Ethernet, aplicaciones basadas en Bluetooth u otros sistemas que puedan desarrollarse.

Se destaca en la doctrina que si el menor es captado directamente y no mediante estos medios y además se comete uno de los delitos de los arts. 183 y 189 no regirá la regla concursal, sino solo el delito cometido. Por ello la exigencia de que la relación se desarrolle por medios tecnológicos parece descartar la aplicación de supuestos en los que la relación se desarrolle en el sentido real, es decir, mediante el contacto físico entre el delincuente y la víctima.

No obstante, otros autores entienden por el contrario que puede darse un contacto directo personal inicial que se prolongue por medios tecnológicos, lo que permitiría la realización de la conducta típica, dado que el tipo penal no especifica si ese contacto es el inicial o derivado. Si se pretende castigar estas conductas por la facilidad que supone la utilización de medios tecnológicos para captar al menor, esa captación, en muchos casos, no se agosta con los contactos iniciales, por lo que sería aplicable el tipo penal al que, tras unos contactos iniciales personales prosigue la captación del menor por medios tecnológicos (por ej., profesor o monitor conocido por el menor).

La proposición al encuentro. Este requisito de la exigencia de que el sujeto activo proponga concertar un encuentro con el menor para cometer cualquiera de los delitos descritos en los arts. 183 y 189 responde a la introducción directa del Convenio de 25.10.2007.

A la vista de la propia redacción del precepto parece que la consumación en caso de concurrir los restantes elementos del tipo se produciría por la mera concertación de la cita sin que sea necesaria la aceptación de la misma y menos aún su verifica-

---

Lanzarote el 25 de octubre de 2007, *BOE*, n.º 274, de 12 de noviembre de 2010, pp. 94858-94879.

[22] *Vid.* el interesante artículo de VILLEGAS GARCÍA, María Ángeles, y ENCINAR DEL POZO, Miguel Ángel, «Los ciberdelitos en la jurisprudencia del Tribunal Supremo», *Diario La Ley*, n.º 10283, sección Dossier, 10 de mayo de 2023.

ción. Interpretación esta que no es compartida por parte de la doctrina al considerar que la exigencia de actos materiales encaminados al acercamiento que deben acompañar a la propuesta no pueden desvincularse de la propia propuesta, de manera que la consumación se conseguirá cuando la cita propuesta por el delincuente fuese aceptada por el menor y se inician actos encaminados a que se ejercite la misma.

— Además el tipo objetivo exige actos materiales encaminados al acercamiento. El legislador solo ha concretado en cuanto a la naturaleza del acto que tiene que ser material y no meramente formal y su finalidad encaminada al acercamiento. Estamos ante un numerus apertus de actos que el legislador no ha querido acotar en función de las ilimitadas formas de realizar estos actos.

Se sostiene en la doctrina la necesidad de hacer la interpretación de este requisito y determinar qué actos pueden tener tal consideración. Por un lado, los mismos actos deben ir 'encaminados al acercamiento', finalidad que obliga a hacer una interpretación de los términos usados por el legislador; la redacción del precepto, en principio, parece referirse al estrechamiento de la relación de seducción, es decir, al acercamiento del delincuente al menor, afianzando mediante tales actos materiales el efecto y confianza a la víctima, y también cabe interpretar que el acercamiento es, en realidad, el propio 'encuentro'. De aceptar la primera interpretación actos materiales como el envío de regalos que claramente tienden a fortalecer la relación que se pretende explotar integrarían el concepto exigido por el CP.

Por otro lado, será preciso discernir si la exigencia de que los actos sean 'materiales' implica que los mismos deban necesariamente repercutir y reflejar más allá del mundo digital. En este sentido parece decantarse la interpretación del precepto que se ha hecho por parte de la doctrina. Ahora bien, otro sector considera que si el legislador ha tomado el término material, como opuesto al espiritual conforme a la acepción de la Real Academia Española, tendrían cabida en este concepto actos digitales que no tengan repercusión física. Así considerados los actos digitales exigidos por el tipo como 'encaminados al acercamiento', no se distinguirían de los actos digitales a través de los que se ha desarrollado la relación o los que se hayan realizado para formular la propuesta de encuentro, si se entiende que los actos deben ser ejecutados para que tal encuentro tenga lugar.

Por lo que respecta a los elementos subjetivos de este delito se exige la voluntad de cometer cualquiera de los delitos de los arts. 183 y 189"».

Sobre el medio de entrar en contacto con las víctimas, a través de las nuevas tecnologías, la jurisprudencia indica lo siguiente:

La STS 671/2019, de 15 de enero de 2020, señala que:

«Lo que se quiere a través del art. 183 bis CP con una protección penal reforzada es levantar una primera barrera de protección de los menores: su vulnerabilidad ante las nuevas tecnologías se incrementa. Pero una vez establecido el contacto personal y superada la distancia al haberse dado el salto desde lo virtual a lo real, que a partir de entonces se contacte por un medio u otro resulta irrelevante. Solo encajan con la filosofía de esta tipicidad los casos en que, el medio tecnológico de comunicación se erige en la vía mediante la que se accede al menor y se capta su interés; no aquellos otros en que, existiendo ya conocimiento directo, el medio (teléfono, mensajería móvil, redes sociales...) solo es la herramienta para concertar citas entre quienes ya han entablado y mantienen una relación personal tradicional».

Sobre la iniciativa en la toma de contacto, la jurisprudencia nos indica que:

«La STS 199/2017, de 27 de marzo, declara que en "el llamado *child grooming*, el tipo no exige que el autor sea quien inicia el contacto, sino que basta que contacte y proponga concertar un encuentro con la finalidad sexual concretada en la ejecución de hechos que sean constitutivos de alguno de los delitos a los que se refiere el precepto, siempre que se acompañe de actos materiales encaminados al acercamiento"».

En cuanto a la imposibilidad de apreciar el delito continuado, la jurisprudencia señala lo siguiente:

La STS 916/2021, de 24 de noviembre, señala:

«Este delito conocido con el término *child grooming*, se refiere a las acciones realizadas deliberadamente con el fin de establecer una relación y un control emocional sobre un menor de 16 años con el fin de preparar el terreno para el abuso sexual del menor. Es un tipo mixto acumulado que exige una pluralidad de actos en un proceso que puede durar semanas, incluso meses y que suele pasar por distintas fases o técnicas que utiliza el sujeto activo.

Así, ingresa en salones de chat públicos o páginas web de contactos con nombres llamativos para el menor. El adulto va obteniendo datos personales y de contacto con el menor, utilizando técnicas como la seducción, el envío de imágenes de contenido pornográfico, la seducción y la provocación, hasta que finalmente consigue que el o la menor se desnude o realice actos de naturaleza sexual frente a la webcam o envíe fotografías de igual tipo y finalmente inicia el ciberacoso, pidiéndole más material pornográfico o tener un encuentro físico con el/la menor para mantener relaciones sexuales con él/ella y en su caso los actos materiales encaminados al acercamiento.

Pluralidad de actos que han de ser concebidos como una unidad de valoración típica propia de un único delito no continuado, máxime cuando —y no es objeto de controversia— su grado de ejecución no pasó de la tentativa».

CAPÍTULO 4

LAS FASES DEL ACOSO Y EL LENGUAJE DEL DISCURSO

Según varios estudios, como los de LORENZO-DUS, IZURA y PÉREZ-TATTAM 2016[1], la manipulación que se produce contra los menores, se lleva a cabo con una serie de estrategias que se repiten a lo largo del tiempo que son las siguientes:

— Acceso. Hay ocasiones en las que el ciberacosador entra en contacto con la víctima porque tiene un conocimiento previo de esta, ya que son amistades o bien incluso familiares, si bien, pueden ser desconocidos. Se establece un primer contacto *online* o bien *offline*.

— Desarrollo de la confianza. El ciberacosador busca mantener un contacto constante con la víctima, siempre en un entorno de confianza para conseguir una finalidad sexual y se sirve de una serie de subestrategias de discurso como pueden ser las siguientes:

a) Cumplidos con las víctimas. No siempre son todos de carácter sexual.

b) Sociabilidad. Se produce un intercambio de comunicación sobre asuntos poco importantes, como el tipo de despedidas que pueden ser más o menos afectivas.

c) Intercambio de datos personales. El ciberacosador busca obtener una serie de datos como la edad, nombre y apellidos, lugar de residencia, número de teléfono, el perfil de las redes sociales,

[1] LORENZO-DUS, Nuria; IZURA, Cristina, y PÉREZ-TATTAM, Rocío, «Understanding grooming discourse in computer mediated environments», *Discourse, Context and Media*, vol. 12, 2016, pp. 40-50. Doi:10.1016/j.dcm.2016.02.004 [fecha de consulta: 30/01/2024].

etc. El ciberacosador realiza una serie de preguntas y proporciona datos normalmente falsos sobre sí mismo. Este tipo de subestrategia, lo que persigue es conseguir incrementar la sensación de confianza con las víctimas.

d) Discusión sobre relaciones interpersonales. En esta fase se produce una discusión sobre las relaciones que tienen las víctimas con otras personas y el embaucador. Lo que busca es conseguir información personal y confidencial, incrementando la confianza. El embaucador suele explicar relaciones de su vida, que son en su mayoría, falsas o incluso sobredimensionadas. Se habla de relaciones sentimentales, exparejas, amistades, círculos de amistades, etc.

e) Intercambio de información sobre preferencias y pasatiempos. En este punto de la relación lo que se busca es intercambiar información acerca de preferencias sobre hobbies, deportes, música, películas, etc. El acosador lo que busca aquí es intentar acercarse a la víctima afianzando una relación de afectividad y afinidad.

El uso de las subestrategias incluso llega a ser más intenso que las estrategias centrales de acercamiento. Se trata de una serie de acciones constantes e incluso sibilinas para conseguir un paulatino acercamiento y una confianza que se incrementa paulatinamente.

— Satisfacción sexual. En esta fase, el ciberacosador utiliza un discurso semiótico de carácter sexual y con una finalidad manipuladora. La utilización de este lenguaje es independiente a la reacción de las víctimas y ya proporciona una satisfacción al ciberacosador. Este tipo de estrategia de satisfacción sexual sirve al ciberacosador para conseguir desensibilizar a las víctimas en un nivel comunicativo, con una serie de pautas muy concretas, sobre cómo llevar a cabo conductas sexuales que por lo tanto son ilícitas y abusivas. Aquí se utiliza un léxico explícito de carácter sexual, invasivo e incluso agresivo, que va calando en las víctimas, como si fuera algo totalmente normal a unas edades muy tempranas en las que las víctimas no tienen el suficiente criterio para discernir.

Los estudios que hemos comentado supra en lengua inglesa, revelan tres tipos de subestrategias de obtención de satisfacción sexual y que son las siguientes: desensibilización implícita, desensibilización explícita y replanteamiento (*reframing*).

Las dos primeras estrategias consisten en hacer una referencia al contenido sexual de forma directa o indirecta. En relación con la desensibilización implícita, el ciberacosador utiliza eufemismos o algún tipo de lenguaje de carácter más neutro para referirse a órganos sexuales, y lo que busca es incrementar la empatía romántica con las víctimas.

Ejemplo de procedimiento de discurso desensibilizador:

> «(ciberacosador): "Quiero que te hagas una foto con el pijama. Entonces por 20 euros el q puedo hacer? Y que haremos dilo con tranquilidad para ti y para mi"».

Lorenzo-Dus *et al.*[2] afirman al respecto que:

> «En este ejemplo, el ciberacosador trata de confundir a la víctima con un discurso contradictorio sobre sus intenciones sexuales. Por un lado, el ciberacosador evita hacer referencia al contenido sexual de las conductas que quiere realizar, optando por una expresión ambigua ("el q") en la que se elide el componente sexual —las acciones serán sin duda sexuales, además de formar parte de una transacción económica ("por 20 euros"), lo que confirma su ilegalidad y naturaleza abusiva—. Por otro lado, y pese al uso de discurso sexual implícito, que de por sí mitiga la amenaza a la imagen (face) de la víctima, el ciberacosador recurre a la estrategia de desarrollo de la confianza, de manera expresa, pidiéndole a la víctima que "con tranquilidad" para ambos articule discurso sexual ("que haremos dilo") —el mismo contenido que el ciberacosador opta por no reflejar por escrito en este momento de su interacción con la víctima—».

Es muy normal que, en esta fase, el ciberacosador plantee a las víctimas una relación amorosa duradera, dotada de una fidelidad y una proyección de futuro. Por el contrario, la desensibilización consiste en la autorización de un éxito totalmente vulgar de contenido sexual.

La subestrategia de replanteamiento va acompañada de la desensibilización, que puede ser explícita o implícita, en tanto que el ciberacosador plantea en su discurso una serie de términos de contenido más o menos abiertamente sexuales.

---

[2] Lorenzo-Dus, Núria; Moreno-Serrano, Mercè; Maruenda-Bataller, Sergio, y Pérez-Sabater, Carme, «Ciberacoso sexual a menores (*online grooming*) y pandemia: Actuar con el lenguaje ante la vulneración de los derechos de la infancia», *Signo y Seña*, n.º 40, 2021, p. 179. ISSN 2314-2189; doi: 10.34096/sys.n40.10507 [fecha de consulta: 30/01/2024].

El ciberacosador se muestra en esta fase, como alguien importante ante la víctima, como si fuera un maestro, un profesor o incluso un padre y hace ver que la relación que mantiene es y será muy positiva.

De LORENZO-DUS *et al.*[3] se extrae que:

> «(ciberacosador): "No estoy enfadado, estoy decepcionado que es peor. Sabes k ayudándonos los dos podrás estar trankila. Si alguna vez te pasa algo dímelo [...] que para eso soy tu mejor amigo"».

> «Como se aprecia, el ciberacosador recurre a un componente emocional (la decepción) para establecer los términos de una relación cercana entre él y su víctima. En (6), el ciberacosador explicita su decepción con la menor como una emoción con una carga de negatividad afectiva superior al mero enfado en las relaciones interpersonales, atacando así la imagen positiva de la víctima, a la que culpabiliza. En contraste, los actos de habla que siguen tratan de proteger la imagen positiva de la víctima en lo que concierne a su relación con el ciberacosador, tratando de mitigar sus dudas ("sabes k", "podrás estar tranquila"). De esta forma, la continuación de la relación de abuso sexual se plantea en términos de ayuda y reciprocidad ("ayudándonos los dos") y de protección ("si alguna vez te pasa algo dímelo"), construyen do la relación entre el ciberacosador y la víctima como única, excepcional: "para eso soy tu mejor amigo". El embaucamiento para conseguir que la víctima se involucre en una conducta delictiva (relaciones sexuales con un adulto) es, por tanto, evidente: una relación sexual se disfraza de relación de amistad excepcional y apoyo mutuo, lo que dificulta el discernimiento de los menores sobre la verdadera naturaleza de la relación abusiva que siempre encierra el OG».

— Aislamiento. Se trata de una fase en la que el ciberacosador hace ver a las víctimas que su relación es la mejor que se puede tener en la sociedad o en la familia en la que se convive. Realmente se está creando una dependencia y un aislamiento muy claro. El ciberacosador intenta crear una relación de máxima confianza y de exclusividad. Busca que las víctimas vean que el adulto es el referente y que no hay que seguir ninguna pauta más de nadie.

Se plantea que la relación sexual que se está creando es muy positiva para ambas partes y sin duda que es algo muy bueno. Realmente se está creando una dependencia y un aislamiento muy claro.

Se intenta conseguir que las víctimas no tengan contacto con ninguna persona más de su alrededor, y no hagan caso de lo que les digan ni amistades, ni familiares de ningún tipo, sean de la cercanía

---

[3] *Ibidem*, pp. 181-182.

que sean. El aislamiento, cada vez crece y convierte a la víctima en más vulnerable.

El ciberacosador lo que buscará es separar a la víctima de cualquier otra persona, ya sean amistades o familiares. Se consigue claramente una exclusividad en la relación. Esta exclusividad realmente se confunde con un secretismo y lo que intenta el embaucador es aislar a la víctima totalmente para que no comparta ningún tipo de información entre las partes. Esto permite al acosador prolongar la situación durante mucho más tiempo e ir combinando un discurso amable con uno agresivo y mucho más explícito en relación con el contenido sexual del mensaje.

El aislamiento se intenta generar por parte del acosador a nivel físico y psicológico. En el plano físico, el embaucador buscará asegurarse que puede acceder a la víctima de forma exclusiva asegurándose, por ejemplo, de que está sola en casa cuando realizan las comunicaciones. En el plano psicológico suele hablar mal de amistades y familiares, y se presenta como la única persona fiable con la que debe confiar la víctima de *grooming*, llegando incluso a conseguir que esta crea, que es la única persona que se preocupa y ocupa a todos los niveles.

— Contacto continuado. El acosador intentará siempre mantener una relación de continuidad con la víctima, ya sea en línea o fuera de esta. Esto comporta siempre un discurso de negociación muy bien pensado y aquilatado sobre cómo y cuándo va a realizarse el próximo encuentro, trazándose siempre una estrategia muy bien estructurada para no fallar.

A los efectos de planificar el próximo encuentro, el acosador hablará a la víctima sobre cómo va a ser este, lo que van a realizar, de lo que van a hablar, y sobre todo indicará la forma de evitar el contacto social y familiar para que no haya ningún tipo de interferencias que impidan el objetivo central del acoso. De alguna forma, se intentará adelantar a lo que va a suceder ilusionando a la víctima para que acceda al siguiente encuentro de una forma segura y natural, sin ningún tipo de recelo ni reticencias.

— Negociación de relaciones interpersonales y de poder. En los estudios que hemos mencionado en lengua inglesa, se indica una estrategia denominada prueba de voluntad de la víctima en relación con lo que le propone el ciberacosador o «*compliance testing*». Esta tipología de estrategias y subestrategias forman parte de toda una panoplia de acciones muy bien medidas por parte del acosador para conseguir su finalidad sexual con la víctima menor de edad. Lo que va a predominar en realidad es una continua negociación de relaciones interpersonales que combinan la cortesía y la descortesía, la amabilidad y el cariño y el lenguaje obsceno y directo de contenido sexual. Como bien indica McAlinden, «… en ocasiones resulta complejo establecer una clara distinción entre conductas amigables o amables para con los menores y comportamientos con motivaciones más oscuras, sobre todo al principio del proceso»[4].

Se van solapando en el tiempo diversas estrategias y argucias para conseguir los objetivos del embaucador, que en definitiva se reducen a la satisfacción sexual personal de este.

[4] McAlinden, Anne Marie, «*Grooming* and the Sexual Abuse of Children», *Institutional, Internet and Familial Dimensions,* Oxford University Press, Oxford, 2012, p. 24.

CAPÍTULO 5

SUJETO ACTIVO: ¿ADULTOS O MENORES?

La doctrina no es pacífica sobre si nos encontramos ante un delito común[1], que puede ser cometido por cualquiera, o bien, si el sujeto activo ha de ser de forma mayoritaria perpetrado por los denominados

---

[1] El delito común se refiere a aquellos delitos que pueden ser cometidos por cualquier persona, sin requerir una calificación especial del autor. Estos delitos no mencionan una condición específica del autor y se refieren a él de manera genérica. Por lo tanto, cualquier individuo que cometa una conducta que se ajuste al tipo penal establecido puede ser considerado autor de un delito común.

Es importante destacar que existen diferentes categorías de delitos, y una de ellas se basa en la estructura del tipo penal. Según esta clasificación, los delitos pueden ser unisubjetivos o plurisubjetivos. Los delitos unisubjetivos requieren un único autor, como el delito de hurto o allanamiento. Por otro lado, los delitos plurisubjetivos implican la concurrencia de dos o más sujetos activos, como la violación múltiple o la delincuencia organizada.

Además, los delitos también pueden ser clasificados como comunes o especiales. Los delitos comunes no requieren una calificación especial del autor y pueden ser cometidos por cualquier persona. Por ejemplo, el delito de lesiones se considera un delito común, ya que no se requiere una condición específica del autor para su comisión. Por otro lado, los delitos especiales requieren una condición especial del autor, como el delito de malversación de caudales públicos, que requiere el carácter de autoridad o funcionario.

Es importante tener en cuenta que algunos delitos pueden ser considerados tanto comunes como especiales, dependiendo de las circunstancias específicas de su comisión. Por ejemplo, el delito de hurto puede ser considerado un delito común, pero también puede coincidir con la conducta de malversación de caudales públicos en algunos casos.

predatory stranger[2], que son personas que están fuera del ámbito familiar de la víctima y también de su círculo de amistades.

Sin embargo, sobre los «*sexual predator*» o «*stranger danger*», de forma acertada, Cinosi Fernández[3] realiza la siguiente puntualización:

> «... la expresión "depredador sexual" parece asociarse con facilidad con la noción de extraño o desconocido, por lo que considero que debería evitarse. Esto es así porque distintas investigaciones empíricas han demostrado que este estereotipo es por demás estricto, siendo que, una gran proporción de los abusadores sexuales, no son personas extrañas o desconocidas para la víctima. Tal es así, que en un estudio en el que se encuestaron 489 menores entre catorce y dieciocho años, de Cataluña, se pudo determinar que más de un 95% de los casos de OCG afectaron a víctimas que conocían al sujeto activo»[4].

Según el denominado «ciclo de la adicción» (*addiction cycle)* ideado por Wolf[5]:

> «... enfatiza los errores de pensamiento distorsionado de los *groomers*. Dicho modelo comienza con las dificultades emocionales y sociales del ofensor, compuestas por el aislamiento social y las distorsiones cognitivas. La planificación del escenario comienza con la identificación de la víctima, componer la situación adecuada y las relaciones de abuso de poder. Desde la perspectiva del ofensor, la premeditación y la planificación puede producirse tanto antes como después de haber identificado a la víctima. La referida premeditación del ofensor incluye la evocación de fantasías sexuales desviadas generalmente alimentadas por el uso de pornografía. Continuando con la conducta ofensora, la negación puede ser reemplazada por la culpa y por la baja autoestima. La negación generalmente supone una minimización de lo dañoso e inadecuado del contacto sexual con menores que permite a los ofensores continuar abusando de los menores».

---

[2] *Vid.* Ramos Vázquez, José Antonio, «Depredadores, monstruos, niños y otros fantasmas de impureza (algunas lecciones de Derecho comparado sobre delitos sexuales y menores)», *RDPC*, n.º 8, 2012.

[3] Cinosi Fernández, María Sol, *op. cit.*, p. 267.

[4] Cfr. Villacampa Estiarte, Carolina, y Gómez Adillón, María Jesús, «Nuevas tecnologías y victimización sexual de menores por *online grooming*», *Revista Electrónica de Ciencia Penal y Criminología*, n.º 18-02, 2016, *passim*.

[5] *Vid.* Wolf, S. C., «A MultiFactor Model of Deviant Sexuality», *Victimology*, n.º 10, 1985, pp. 359 y ss.

Tiene mayor influencia el modelo denominado de precondición, *Precondition Model*, de FINKELHOR[6]:

> «Para este autor pueden identificarse cuatro precondiciones psicológicas que conducen al abuso. La primera de ellas es la motivación para ofender o la predisposición al contacto sexual con niños, que puede consistir tanto en la congruencia emocional o el interés sexual en los menores, como en la incapacidad o la insatisfacción producida por las relaciones sexuales con adultos. La segunda consiste en la habilidad para vencer las inhibiciones internas contra el abuso a menores. La tercera se focaliza en la habilidad para vencer los inhibidores externos que pueden representar una reducción de las oportunidades para delinquir, así la existencia de normas legales o sociales contra estas conductas o la protección familiar o de otros miembros de la sociedad en pos de los menores frente a estas conductas. Finalmente, la cuarta de las precondiciones tiene que ver con la necesidad de superar la resistencia de la víctima al abuso, lo que puede conseguirse mediante el empleo de medios más expeditivos, como la violencia o la intimidación, o por medio de estrategias más sutiles, como la manipulación emocional o el ofrecimiento de incentivos».

GUDÍN RODRÍGUEZ-MAGARIÑOS es muy crítico con el tipo y evoca el concepto de «Derecho penal de autor»[7]:

> «Bajo nuestra opinión el tipo sólo se podría entender si partimos del dato de que el imputado es reincidente y se parte de que ya ha cometido en el pasado comportamientos análogos o parecidos. Dicho de otro modo, el tipo parece preordenado para combatir conductas aparentemente asépticas de individuos previamente etiquetados o catalogados como pedófilos, por lo que comparte planteamientos del Derecho penal de autor *(täter typus)* o del funcionalismo sistémico de Jakobs ya que se adelanta la línea de represión, se exacerba la punición y se persigue más al delincuente que al propio delito».

Para evitar casos de embaucamiento de menores por parte de un embaucador, es muy importante vigilar el círculo de amistades de los menores. Los padres y educadores deben estar atentos a los siguientes signos que pueden indicar que un menor está siendo víctima de este tipo de delito:

---

[6] Citado por VILLACAMPA ESTIARTE en VILLACAMPA ESTIARTE, Carolina, *El delito de* online child grooming *o propuesta sexual telemática a menores,* Tirant lo Blanch, Valencia, 2015, pp. 20 y 21.

[7] GUDÍN RODRÍGUEZ-MAGARIÑOS, Faustino, «Algunas consideraciones sobre el nuevo delito de *grooming*», *Actualidad Jurídica Aranzadi,* n.º 842/2012, BIB 2012\898, pp. 4 y 5.

— Cambios repentinos en el comportamiento del menor, como aislamiento social, pérdida de interés por las actividades habituales o alteraciones del estado de ánimo.
— Cambios en los hábitos de uso de Internet, como pasar más tiempo conectado o utilizar plataformas o aplicaciones que antes no utilizaba.
— Rechazo a hablar de sus relaciones personales, especialmente de sus amistades en línea.
— Recibir regalos o dinero de personas desconocidas.

Si un menor presenta alguno de estos signos, es importante hablar con él para saber qué está sucediendo. Es importante que los menores sepan que pueden confiar en sus padres o educadores para contarles cualquier problema que tengan.

La falta de comunicación entre los menores y sus padres y madres puede constituir un grave factor de riesgo para los menores y que se conviertan en víctimas del embaucamiento con finalidad sexual. Esto se debe a que los menores que no tienen una buena comunicación con sus padres o madres son menos propensos a confiar en ellos y a contarles si algo les está pasando.

Cuando los menores tienen una buena comunicación con sus padres o madres, es más probable que hablen con ellos si se sienten incómodos o si algo les está pasando. Esto puede ayudar a prevenir el embaucamiento, ya que los padres o madres podrán intervenir y proteger al menor[8].

[8] A continuación, se presentan algunos ejemplos de cómo la falta de comunicación puede aumentar el riesgo de que los menores se conviertan en víctimas de embaucamiento:

Un menor que no tiene una buena relación con sus padres o madres puede ser más propenso a aceptar invitaciones de personas desconocidas. Los adultos que practican el embaucamiento suelen crear perfiles falsos en redes sociales o plataformas de mensajería para hacerse pasar por personas de la misma edad que el menor. De esta forma, pueden ganarse su confianza y empezar a establecer una relación de amistad o incluso de pareja.

Un menor que no tiene una buena comunicación con sus padres o madres puede ser más propenso a compartir información personal con personas desconocidas. Los adultos que practican el embaucamiento suelen pedir a los menores

Al respecto, Panizo Galence[9] ilustra lo dicho:

> «Lo interesante es educar al menor para que ni siquiera llegue a la que denominábamos primera fase de contacto o acercamiento en el ciber-acoso y si ve algo extraño que tenga la suficiente confianza para acudir a sus padres y contarles lo sucedido. Para ello es muy importante que entre padres e hijos haya una buena relación y que los padres se involucren en el uso que hacen sus hijos del ordenador e internet, informándoles de sus peligros, supervisando su utilización, fijando unas reglas y horarios, controlando la seguridad del equipo y estableciendo sistemas de control parental y filtrado para evitar que nuestros hijos accedan a contenidos inadecuados; asimismo, los padres también deben de estar alerta ante cualquier cambio repentino e inexplicable en el comportamiento de su hijo».

Además de vigilar el círculo de amistades de los menores, también es importante enseñarles a utilizar Internet de forma segura. Los menores deben saber que nunca deben dar su información personal a personas desconocidas, ni deben aceptar invitaciones de personas que no conocen en persona.

En la era digital actual, el acceso a Internet se ha convertido en una parte fundamental de la vida cotidiana, especialmente para los menores. Sin embargo, con este acceso también vienen ciertos riesgos, especialmente en lo que respecta a posibles situaciones de riesgo relacionadas con el embaucamiento y explotación sexual. Es crucial que los padres, educadores y la sociedad en general se comprometan a enseñar a los menores cómo utilizar Internet de manera segura para prevenir estas situaciones y proteger su bienestar.

Es esencial que los menores comprendan los posibles riesgos en línea, incluyendo el embaucamiento con fines sexuales perversos. Esto implica explicarles la existencia de depredadores en línea que pueden aprovecharse de su ingenuidad.

---

que les compartan información personal, como su nombre, dirección, teléfono, correo electrónico o contraseñas. Esta información puede utilizarse para chantajear o amenazar al menor.

Un menor que no tiene una buena comunicación con sus padres o madres puede ser más propenso a ocultar los abusos sexuales. Los menores que son abusados sexualmente a menudo sienten vergüenza, culpa o miedo, y pueden ocultar el abuso a sus padres o madres.

[9] Panizo Galence, Victoriano, *op. cit.*, p. 30.

Los depredadores en línea, en el contexto de la seguridad de los menores, son individuos que utilizan Internet y otras tecnologías para acosar, manipular y explotar a menores de edad con el fin de cometer abusos sexuales. Estos depredadores suelen actuar de manera sigilosa, buscando establecer relaciones de confianza con los menores y sus familias, y utilizando tácticas diversas para lograr sus objetivos. Utilizan Internet como herramienta facilitadora para acosar a menores de edad, lo que los convierte en un potencial peligro para la libertad e indemnidad sexual de los menores, ya que pueden aprovecharse de la vulnerabilidad y la falta de experiencia de los menores en el uso de la tecnología para manipularlos y obtener imágenes o información comprometida.

Para evitar estos peligros, los padres y educadores deben establecer límites claros sobre el uso de Internet y dispositivos electrónicos. Además, la supervisión regular de las actividades en línea de los menores puede ayudar a identificar comportamientos inseguros.

La supervisión regular de las actividades en línea de los menores es fundamental para evitar y/o minimizar riesgos de ataques cibernéticos de todo tipo. Los ataques cibernéticos pueden ocasionar pérdidas de dinero o resultar en el robo de información personal, por lo que es crucial estar atento a las actividades en línea de los menores para proteger su seguridad en el entorno digital. Además, Internet puede ser un entorno peligroso para los menores, desde ciberdepredadores hasta publicaciones en redes sociales que pueden atormentarlos posteriormente en su vida. Por lo tanto, la supervisión activa de las actividades en línea de los menores es una medida preventiva importante para garantizar su seguridad en el mundo digital.

Es esencial enseñar a los menores a respetar a los demás en línea y a reconocer las señales de comportamiento inapropiado. También deben entender la importancia de no participar en conversaciones o intercambios que les hagan sentir incómodos.

Enseñar a los menores a reconocer situaciones de riesgo es fundamental. Esto incluye comprender las señales de peligro y saber cómo actuar si se encuentran en una situación comprometida.

Los menores deben comprender las implicaciones de compartir información en redes sociales y la importancia de configurar configuraciones de privacidad adecuadas. También se les debe instruir sobre la importancia de no aceptar solicitudes de amistad o interacción con personas desconocidas en línea.

Enseñar a los menores a utilizar Internet de manera segura es un esfuerzo continuo que requiere la colaboración entre padres, educadores y la comunidad en general. La concienciación, la comunicación abierta y el establecimiento de límites son clave para garantizar que los menores puedan aprovechar las oportunidades en línea de manera segura y sin exponerse a situaciones de riesgo.

VILLACAMPA ESTIARTE[10] asevera al respecto, refiriéndose a DUNCAN:

> «Se ha dicho, abundando en el sentido positivo de la pertenencia a estas comunidades, que la puesta en común de información que las redes sociales conlleva permite a los jóvenes educarse a sí mismos, pues les ofrece multiplicidad de recursos para formarse, desde aspectos académicos hasta cuestiones más emocionales, además de proveerles de un medio de comunicación eficaz que ofrece salida a sus inquietudes, que ayuda a los jóvenes a relacionarse y a desarrollar sus identidades. Pensando en el tiempo que requiere la creación de un perfil en una de estas redes y los esfuerzos que a menudo dedican los jóvenes a pensar cómo quieren presentarse a sí mismos y cómo quieren ser conocidos por la sociedad, se ha considerado que la introyección inherente a tal ejercicio y el tiempo pasado pensando en quien se es como persona puede ser extraordinariamente beneficioso para el desarrollo personal del menor».

También es importante enseñar a los menores a ser críticos con la información que reciben en Internet. Los menores deben saber que no todo lo que se publica en Internet es cierto, y que deben tener cuidado con las personas que contactan con ellos a través de Internet.

Es fundamental que los menores desarrollen habilidades críticas para discernir información verdadera de la falsa en Internet, ya que esto no solo afecta su capacidad para tomar decisiones informadas, sino que también puede prevenirlos de convertirse en víctimas de diversos delitos que se pueden perpetrar a través de la desinformación. La capacidad de distinguir entre información veraz y falsa es esencial en un mundo digital en constante evolución, donde la desinformación puede revestir diversas formas y tener consecuencias significativas.

Vivimos en una era digital en la que la información fluye rápidamente a través de diversas plataformas en línea. Sin embargo, la abundancia de información no garantiza su veracidad. Los menores pueden encon-

---

10 VILLACAMPA ESTIARTE, Carolina, *op. cit.*, p. 35.

trarse fácilmente expuestos a desinformación, noticias falsas y contenido engañoso, lo que plantea riesgos significativos para su comprensión del mundo y su seguridad.

La desinformación puede manifestarse de diversas maneras, desde noticias falsas y teorías de conspiración hasta información manipulada o sesgada. Los menores que no pueden discernir entre información veraz y falsa corren el riesgo de ser influenciados por narrativas perjudiciales, lo que puede afectar su toma de decisiones, perspectivas y comportamientos.

La incapacidad para discernir la información correcta de la incorrecta puede hacer que los menores sean vulnerables a diversas formas de delitos en línea. Por ejemplo, podrían caer en estafas, *phishing* o ser víctimas de ciberacoso al creer información falsa o al interactuar con personas malintencionadas en línea.

La alfabetización mediática es esencial para equipar a los menores con las habilidades necesarias para evaluar críticamente la información en línea. Esto implica comprender cómo se produce y se distribuye la información, analizar fuentes, verificar hechos y reconocer sesgos.

Enseñar a los menores a cuestionar la información, buscar fuentes confiables y considerar diferentes perspectivas es crucial. El pensamiento crítico les permite analizar la información de manera objetiva y tomar decisiones informadas basadas en evidencia.

Los menores deben ser conscientes de que la información en línea puede ser manipulada con diversos fines, ya sea para promover una agenda, generar clics o incluso para cometer delitos. Entender las tácticas de manipulación en línea es clave para resistir la influencia de la desinformación.

Las redes sociales son a menudo un terreno fértil para la desinformación. Enseñar a los menores a verificar la autenticidad de la información antes de compartirla y a ser cautelosos con el contenido que encuentran en estas plataformas contribuye a su seguridad en línea.

Tanto educadores como padres desempeñan un papel crucial en la enseñanza de habilidades de discernimiento. Deben proporcionar orientación, fomentar la curiosidad informada y ofrecer un entorno en el que los menores se sientan cómodos discutiendo y cuestionando la información en línea.

La educación proactiva es esencial para preparar a los menores en el mundo digital y fomentar habilidades críticas que les permitan evaluar la información de manera cuidadosa. Esto empodera a los menores para que tomen decisiones informadas y asuman la responsabilidad de sus acciones en línea, y además, les ayuda a entender las consecuencias de sus elecciones y a desarrollar un sentido de responsabilidad digital. La conciencia sobre la seguridad en línea es esencial. La educación proactiva puede incluir la enseñanza de prácticas seguras en línea, cómo proteger la privacidad y cómo identificar posibles amenazas.

En la amenaza que intimida, la «intimidación», *vis compulsiva* o *vis psíquica*, compele a ceder a los lascivos propósitos del agente mediante la coacción psicológica[11] ejercida sobre la víctima, y que suponga el anuncio de un mal inminente y grave, personal y posible, racional y fundado, que despierte o inspire en la ofendida un sentimiento de miedo, angustia o desasosiego ante la contingencia de un daño real o imaginario, una inquietud anímica apremiante por aprensión racional o recelo más o menos justificado. Cfr. SSTS de 10 de mayo de 1988, de 28 de abril de 1989 y de 6 de abril de 1992, entre otras (Tribunal Supremo, Sala Segunda, de lo Penal, Sentencia de 22 de mayo de 1996, Rec. 2487/1995). La intimidación que precisa el delito de agresión sexual entraña la amenaza de un mal de entidad suficiente para doblegar la voluntad de una persona (Tribunal Supremo, Sala Segunda, de lo Penal, Sentencia de 11 de octubre de 1999, Rec. 1799/1998).

La intimidación es de naturaleza psíquica y requiere el empleo de cualquier fuerza de coacción, amenaza o amedrentamiento con un mal racional y fundado (STS 1583/2002, de 3 de octubre). En ambos casos han de ser idóneas para evitar que la víctima actúe según las pautas derivadas

---

[11] La *emotional violence* anglosajona, o «violencia emocional», es la intimidación que puede ejercerse sobre el sujeto pasivo del delito que puede llevarse a cabo de muchas maneras para vencer cualquier atisbo de resistencia del sujeto pasivo, lo que lleva a no precisar una expresa negativa del sujeto, sino que precisa que sea «evidente» ante cualquier persona esa violencia emocional que se ejerce y que ello tenga virtualidad y capacidad de trasladarse al sujeto pasivo que recibe esa «violencia emocional» de una forma evidente y claramente expresada (Tribunal Supremo, Sala Segunda, de lo Penal, Sentencia 282/2019, de 30 de mayo de 2019, Rec. 10561/2018).

del ejercicio de su derecho de autodeterminación, idoneidad que dependerá del caso concreto, pues no basta examinar las características de la conducta del acusado sino que es necesario relacionarlas con las circunstancias de todo tipo que rodean su acción (Tribunal Supremo, Sala Segunda, de lo Penal, Sentencia 136/2006, de 8 de febrero de 2007, Rec. 1108/2006).

Los menores deben aprender a interactuar de manera positiva y a comprender las consecuencias emocionales de sus acciones en el mundo digital.

Dado que la tecnología evoluciona constantemente, la educación proactiva también debe adaptarse para mantenerse relevante. Esto implica una enseñanza continua y dinámica que refleje las últimas tendencias y desafíos en línea.

La educación proactiva es un esfuerzo conjunto que involucra a familias, escuelas y la sociedad en general. La colaboración entre estos actores es clave para brindar una educación integral y apoyo continuo.

Tortajada Chardi y Vázquez Vilanova[12] inciden en el rol de las familias, así:

> «Es muy importante, de suma importancia la información a la víctima, a los menores, pero nos olvidamos al parecer de los familiares, los cuales tienen una incidencia directa sobre la víctima y van a ser los únicos que le van a poder advertir de los riesgos, de forma directa, enseñar e informar sobre los peligros que hay y que pueden generarse por ciertas acciones, pero para ello es de suma importancia la atención a la víctima y a su entorno, pues en la gran mayoría de casos hay un entorno de bajo nivel y capacidad».

La ciudadanía digital implica no solo la capacidad de usar la tecnología, sino también la responsabilidad de hacerlo de manera ética y segura. Los menores deben entender que su participación en línea tiene implicaciones y que deben contribuir positivamente a la sociedad digital.

La lucha contra la desinformación es responsabilidad de toda la sociedad. Gobiernos, empresas de tecnología, educadores, padres y los propios menores deben colaborar para promover la alfabetización mediática, desarrollar herramientas efectivas de verificación de hechos y crear un entorno en línea más seguro y confiable.

---

[12] Tortajada Chardi, Pablo, y Vázquez Vilanova, José Manuel, *op. cit.*, p. 12.

La desinformación es un grave problema que puede favorecer la vulnerabilidad de colectivos, como los menores de edad, quienes pueden convertirse en víctimas de agresores cibernéticos. La necesidad de comunicación ha sido una característica importante de los seres humanos a lo largo de la historia, y con la llegada de las computadoras y las nuevas formas de comunicación, se han abierto múltiples canales para la propagación de información, tanto verídica como falsa.

La desinformación se refiere a la difusión deliberada de información falsa o engañosa con el propósito de engañar a las personas. Puede provenir de sitios web que pretenden ser medios de comunicación, propaganda política o informes pseudoprofundos que parecen ser significativos, pero no lo son. La desinformación se comparte intencionalmente, sabiendo que es falsa, pero también puede ser compartida por personas que no saben que la información es falsa.

En el caso de los menores de edad, la desinformación puede ser especialmente peligrosa. Los menores son más susceptibles a creer y compartir información sin verificar su veracidad, lo que los hace más vulnerables a los agresores cibernéticos. Estos agresores pueden aprovecharse de la falta de conocimiento y experiencia de los menores para manipularlos, acosarlos o incluso cometer delitos en su contra.

Es importante destacar que existen medidas y estrategias para combatir la desinformación y proteger a los menores de edad. Organizaciones como Save the Children[13] y la ONUDD (Oficina de las Naciones

---

[13] Save the Children es una organización internacional sin fines de lucro que trabaja para mejorar la vida de los niños y niñas en todo el mundo. Su misión es garantizar que todos los niños y niñas tengan acceso a una infancia segura, saludable y educativa, y que puedan desarrollar todo su potencial. Esta organización no gubernamental se dedica a proteger a los menores de diferentes formas de violencia, incluyendo los abusos sexuales. Reconocen que los abusos sexuales son una de las peores formas de violencia que afectan a la infancia y trabajan para prevenirlos, brindar apoyo a las víctimas y promover la conciencia y la acción contra esta problemática.

La organización busca proteger a los menores de los agresores sexuales a través de diversas estrategias y acciones. Algunas de las medidas que promueven incluyen:

1. Sensibilización y educación: Save the Children trabaja para concienciar a la sociedad sobre la gravedad de los abusos sexuales a menores y la importancia

Unidas contra la Droga y el Delito)[14] han desarrollado campañas y recomendaciones para promover la educación digital y la seguridad en

---

de prevenirlos. Realizan campañas de sensibilización y educación en comunidades, escuelas y otros entornos para informar a los niños, niñas, padres, cuidadores y profesionales sobre los riesgos y cómo prevenirlos.

2. Fortalecimiento de capacidades: La organización brinda capacitación y apoyo a profesionales que trabajan con niños y niñas, como maestros, trabajadores sociales y personal de salud, para que puedan identificar los signos de abuso sexual, brindar apoyo adecuado a las víctimas y tomar medidas para prevenir futuros abusos.

3. Promoción de políticas y leyes: Save the Children aboga por la implementación de políticas y leyes que protejan a los menores de los abusos sexuales. Trabajan en colaboración con gobiernos y otras organizaciones para promover cambios legislativos que fortalezcan la protección de los derechos de los niños y niñas.

4. Apoyo a las víctimas: La organización brinda apoyo y asistencia a las víctimas de abuso sexual, tanto a nivel emocional como legal. Trabajar en colaboración con otros actores, como servicios de salud y justicia, para garantizar que las víctimas reciban el apoyo necesario y se les brinde justicia.

Es importante destacar que Save the Children reconoce que la prevención y la protección de los menores de los abusos sexuales es un trabajo conjunto que involucra a toda la sociedad. Trabajan en colaboración con otras organizaciones, gobiernos, comunidades y familias para abordar esta problemática de manera integral.

[14] La Oficina de las Naciones Unidas contra la Droga y el Delito (UNODC) es una agencia de las Naciones Unidas que se dedica a combatir las drogas ilícitas, el crimen organizado transnacional y el terrorismo. Fue creada en 1997 y tiene su sede en Viena, Austria, con veintiuna oficinas de campo en todo el mundo.

La UNODC busca también proteger los intereses de los menores en relación con las drogas y el delito a través de diversas iniciativas y programas. Algunas de las acciones que lleva a cabo son:

Prevención del consumo de drogas: La UNODC trabaja para educar a las personas, incluyendo a los menores, sobre los peligros del uso indebido de drogas. Promueve programas de prevención en escuelas y comunidades para concienciar sobre los riesgos y fomentar estilos de vida saludable.

Fortalecimiento de la justicia penal: La UNODC apoya a los países en el fortalecimiento de sus sistemas de justicia penal para combatir el tráfico de drogas y otros delitos relacionados. Esto incluye la capacitación de profesionales, el desa-

línea de los menores. Estas iniciativas buscan concienciar a los menores sobre los riesgos de la desinformación y brindarles herramientas para identificar y evitar situaciones de peligro en línea.

Además, los educadores y las familias juegan un papel fundamental en la protección de los menores. Los educadores pueden trabajar en el desarrollo de competencias digitales de los alumnos, enseñándoles a evaluar la veracidad de la información en línea y proteger su privacidad y seguridad en internet. Las familias también deben estar involucradas en la educación digital de los menores, estableciendo normas y límites claros, y fomentando la comunicación abierta para que los menores se sientan seguros al compartir sus experiencias en línea.

Un elemento que caracteriza a estos delitos que se cometen contra los menores viene determinado por el dato de que, en muchos supuestos, se producen entre personas del círculo familiar[15] —o por autores cercanos a la víctima—[16] de manera continuada, circunstancia que

---

rrollo de legislación y políticas efectivas, y la promoción de la cooperación internacional en la lucha contra el crimen.

Protección de los derechos de los niños: La UNODC trabaja para garantizar que los derechos de los niños sean respetados y protegidos en el contexto de las drogas y el delito. Esto implica promover la implementación de políticas y programas que salvaguarden los intereses de los menores y brinden apoyo a las víctimas.

Prevención de la explotación infantil: La UNODC se esfuerza por prevenir la explotación de los niños en actividades delictivas, como el tráfico de drogas, la trata de personas y la explotación sexual. Trabaja en colaboración con otros organismos y organizaciones para identificar y abordar estas formas de explotación.

[15] En estos casos, como bien indican Rodríguez López, Aguiar Gigato y García Álvarez, son factores importantes para la detección: «sospechas de profesionales (médicos, maestros), manifestación de un familiar y signos externos (masturbaciones, lesiones genitales, trastornos del sueño)». Rodríguez López, Yahira; Aguiar Gigato, Berta Arenia, y García Álvarez, Iraida, «Consecuencias Psicológicas del Abuso Sexual Infantil», *Eureka*, vol. 9, n.º 1, 2012, p. 59. Disponible en: http://pepsic.bvsalud.org/pdf/eureka/v9n1/a07.pdf [fecha de consulta: 04/09/2023].

[16] La Fiscalía General del Estado en su *Memoria* de 2022 resalta que persiste un alto índice de impunidad en relación con estas figuras delictivas al cometerse en la intimidad y perpetrarse «con gran frecuencia al aprovecharse las relaciones próximas entre víctima y agresor (familia, colegio, clubs deportivos…)». *Vid.* Fis-

provoca en el/la menor sentimientos encontrados, si llega a tener conciencia, entre la necesidad de contar las experiencias vividas y el miedo, la vergüenza y el temor a explicar la vivencia, siendo frecuente que oculte los hechos, sin que, en muchos casos, estos lleguen al sistema judicial engrosando la «cifra negra»[17] que escapa a la investigación, siendo esta tan necesaria.

Así, López Marchena[18] asevera que:

> «La Fiscalía General del Estado (*Memoria* 2022) sigue resaltando el alto índice de impunidad en relación con estas figuras delictivas al cometerse en la intimidad y perpetrarse "con gran frecuencia al aprovecharse las relaciones próximas entre víctima y agresor (familia, colegio, clubs deportivos...)". Por último, resalta la constatación de que con la reforma operada en la LECrim, por la LO 8/2021, de los artículos 449 bis y 449 ter se: "Está extendido el uso de salas Gesell donde se toman todas las declaraciones a través de profesionales, como preconstituidas, de modo que el menor

---

calía General del Estado, *Memoria*, 2022, pp. 1039 y 1040. Disponible en: https://www.fiscal.es/memorias/memoria2022/FISCALIA_SITE/index.html [fecha de consulta: 03/09/2023].

[17] La «cifra negra» también llamada, «caja negra» o «la zona oscura» de las estadísticas criminales son términos que se refieren al mismo fenómeno. Existe un alto número de crímenes que no se computan por la enorme dificultad que existe para poder identificarlos. Puede afirmarse que esta dificultad tiene su origen fundamentalmente en dos tipos de problemas distintos. El primero tiene que ver con las fuentes de las que proceden las estadísticas para contabilizar el crimen, que son múltiples y con distintas formas de computar y recopilar datos. El segundo se relaciona con la condición humana, pues para que existan datos los/as ciudadanos/as han de estar dispuestos/as a denunciar y esto también correlaciona con el grado de confianza que pueda tenerse con el sistema jurídico de cada país. Pero hay que añadir un tercer factor que también es determinante, pues no todos los crímenes son iguales. Un homicidio o un asesinato es un crimen evidente que no precisará *ab initio* de una denuncia, pero un delito relacionado contra la libertad sexual es distinto y, en demasiadas ocasiones la víctima opta por no denunciar por causas heteróclitas, como el miedo a una represalia, la desconfianza en el sistema, la vergüenza, etc. *Vid.* García Magariño, Sergio, «Respuesta ante la cifra oscura: encuestas de victimización, informes de autodenuncia», De Vicente de Castro, Beatriz (dir.), *et al.*, *Manual práctico de criminología aplicada*, Aranzadi, Pamplona, 2023, pp. 338 y ss.

[18] López Marchena, Miguel Ángel, *op. cit.*, p. 4.

tenga que acudir el menor número de veces y, en todo caso, a través del circuito ya instaurado"».

Sobre la cifra negra en relación con los delitos contra la libertad e indemnidad sexual MAGRO SERVET[19] señala lo siguiente:

«… las cifras de las denuncias pueden ser solo la "punta del iceberg" respecto de la realidad que subyace a la ciberdelincuencia sexual, lo que impide atajar en su total extensión un fenómeno que tiene secuestrados sexualmente a muchas víctimas en sus hogares detrás de un ordenador o de un teléfono móvil en los que el autor de estos delitos les "exige" conectarse con el autor del ciberdelito bajo la extorsión de subir a redes sociales imágenes comprometidas de las víctimas, sobre todo más «secuestrados» cuando más baja es la edad de las víctimas, al no saber qué hacer ante lo que le está pasando, ocultándoselo, incluso, a sus propios padres».

Según un estudio empírico que examina todas las sentencias dictadas sobre casos de ciberacoso sexual en España desde 2003 hasta 2019, realizado por LORENZO-DUS *et al.*[20], de las universidades de Swansea (Reino Unido), Valencia y Politécnica de Valencia, podemos extraer que:

«las estadísticas oficiales no dan cuenta de la magnitud real del problema de OG, ya que muchas de sus víctimas ni cuen tan ni denuncian los abusos. Según el estudio europeo EU Kids *online* (Smahel *et al.* 2020), por ejemplo, el 29% de los adolescentes que han tenido experiencias de acoso sexual por Internet no lo han contado. Entre las razones para no revelar situaciones de OG se encuentran el propio sentimiento de culpa que desarrollan muchas de las víctimas y el desconocimiento de que la relación que se establece entre ciberacosador sexual y víctima constituye un delito penal (Davidson y Gottschalk 2011). Las consecuencias del OG para los menores son devastadoras. En concreto, el 57,1% de las víctimas manifiesta cambios bruscos de conducta y ánimo (Fundación Anar 2021). Son frecuentes también los trastornos de ansiedad, depresión y estrés post-traumático, así como el desarrollo de conductas de aislamiento social, sentimiento de culpa y el descenso del rendimien to académico (Berson 2003; Whittle, Hamilton-Giachritsis y Beech 2013; Joleby *et al.* 2021). Katz *et al.* (2021) añaden que sufrir OG puede derivar en el desarrollo de relaciones de apego poco saludables, así como en una propensión a presentar carencias emocionales (Noll 2021)».

---

[19] MAGRO SERVET, Vicente, «Cómo prevenir la sextorsión y cómo se sancionan los ataques sexuales on line tras la Ley Orgánica 4/2023 de 27 de abril», *Diario La Ley*, n.º 10290, sección Doctrina, 19 de mayo de 2023, p. 3.

[20] LORENZO-DUS, Núria; MORENO-SERRANO, Mercè; MARUENDA-BATALLER, Sergio, y PÉREZ-SABATER, Carme, *op. cit.*, pp. 168-169.

No podemos olvidar que acudir al sistema judicial puede generar, cuando menos, desconcierto, incertidumbre e incluso miedo a no ser creído/a[21] en un contexto de justicia «postmoderna»[22] en una sociedad inmersa en la «postmodernidad» que describe BAUMAN[23]. El hecho

---

[21] *Vid.* TAMARIT SUMALLA, Josep María; ABAD GIL, Judit, y HERNÁNDEZ-HIDALGO, Patricia, «Las víctimas de abuso sexual infantil ante el sistema judicial: estudios sobre actitudes, necesidades y experiencias», *Revista de Victimología*, n.º 2, 2015, pp. 27-54. Disponible en: https://dialnet.unirioja.es/descarga/articulo/5774190.pdf [fecha de consulta: 04/09/2023]. Asimismo, *vid.* DE LAMO VELADO, Irene, «El "miedo a no ser creída" por los tribunales. Impunidad de la violencia sexual y domesticación femenina durante el siglo XXI en el Estado español», *Revista de Investigaciones Feministas,* n.º 13, 2022, pp. 336 y 337. Disponible en: https://www.inmujeres.gob.es/publicacioneselectronicas/documentacion/Revistas/ANALITICAS/DEA0382.pdf [fecha de consulta: 04/09/2023].

Entre la doctrina colombiana destaca el trabajo de MANTILLA OJEDA y AVENDAÑO-PRIETO, quienes inciden en las mismas conclusiones, *Vid.* MANTILLA OJEDA, Saida Lastenia, y AVENDAÑO-PRIETO, Bertha Lucía, «Victimización judicial, una mirada a la atención del sistema jurídico a víctimas que interponen la denuncia», *Revista Republicana*, n.º 29, 2020, pp. 69-88. Disponible en: https://urepublicana.edu.co/ojs/index.php/revistarepublicana/article/view/655 [fecha de consulta: 04/09/2023].

[22] Que abona el desconcierto y el temor. Como bien afirma ALISTE SANTOS: «Otro de los ejes de lo que venimos denominando a lo largo de estas páginas, como justicia posmoderna, viene de la mano de la profunda revolución tecnológica desarrollada en nuestro tiempo y reflejada en esa quimera de la sociedad del conocimiento y la información que se construye a través de las TICs, y según sus entusiastas, probablemente desembocará en procedimientos automatizados gobernados por sistemas de inteligencia artificial». ALISTE SANTOS, Tomás, *Hacia la justicia posmoderna. Presupuestos para la transformación de los sistemas judiciales*, Atelier, Barcelona, 2022, p. 53.

[23] El filósofo británico-polaco ZYGMUNT BAUMAN mantiene que lo líquido es una metáfora de la modernidad, ya que no se fija en el espacio ni en el tiempo. En esta sociedad postmoderna, líquida o fluida, ha cambiado la condición humana de modo radical y esto exige repensar los viejos conceptos que enmarcaban su discurso narrativo. Nos encontramos en una sociedad de comunicaciones instantáneas y de mensajes sincopados en una cultura superficial y poco comprometida que tributa pleitesía a la retórica publicitaria y del espectáculo a toda costa. Según

de no ser creído/a puede venir además abonado por el paso del tiempo[24], pues si no se denuncian los hechos en tiempo razonable-

---

el autor, nos encontramos en un mundo muy cambiante y, esto también afecta como no podía ser de otra forma, a nuestro ordenamiento jurídico. Concretamente, nuestro Código Penal, desde 1995 ya ha tenido más de 45 reformas, algo realmente que como mínimo es singular, máxime cuando se trata de regular aspectos tan fundamentales de nuestras vidas. *Vid.* BAUMAN, Zygmunt, *Modernidad líquida*, Fondo de cultura económica de España, Madrid, 2022.

[24] ECHEBURÚA ODRIOZOLA, Enrique, y SUBIJANA ZUNZUNEGUI, Iñaki, al respecto señalan de forma meridianamente clara que: «Otro reto es la necesidad de llevar a cabo la evaluación en un momento lo más cercano posible a la existencia del abuso sexual, lo que posibilita una mayor precisión en los recuerdos y evita reevaluar a un niño que ya ha sido evaluado en diversas ocasiones por el mismo motivo, con la contaminación de los recuerdos y la revictimización que ello lleva consigo». En ECHEBURÚA ODRIOZOLA, Enrique, y SUBIJANA ZUNZUNEGUI, Ignacio José, «Guía de buena práctica psicológica en el tratamiento judicial de los niños abusados sexualmente», *International journal of clinical and health psychology*, vol. 8, n.º 3, 2008, p. 746. Disponible en: http://www.aepc.es/ijchp/articulos_pdf/ijchp-302.pdf [fecha de consulta: 05/09/2023]. También en este sentido, puede verse MUÑOZ VICENTE, José Manuel; GONZÁLEZ GUERRERO, Laura; SOTOCA PLAZA, Andrés; TEROL LEVY, Odette; GONZÁLEZ ÁLVAREZ, José Luis, y MANZANERO PUEBLA, Antonio Lucas, «La entrevista forense: Obtención de indicios cognitivos en niños presuntas víctimas de abuso sexual infantil», *Papeles del Psicólogo*, n.º 37, 2016, p. 206. Disponible en: http://www.papelesdelpsicologo.es/pdf/2777.pdf [fecha de consulta: 03/09/2023]. A mayor abundamiento, la STS 979/2021, de 15 de diciembre, señala que en relación con la evaluación pericial psicológica en supuestos de victimización sexual infanto-juvenil es de interés para apreciar «las condiciones psicofísicas, desde su edad, madurez y desarrollo hasta sus posibles anomalías mentales, pasando por ciertos caracteres psicológicos de su personalidad, Tales como la posible tendencia a la fabulación, o a contar historias falsas, por afán de notoriedad, etc. Y es esto y no la veracidad misma del testimonio, lo que puede ser objeto de una pericia». Concretamente, respecto a este tipo de periciales, en el caso de menores, señala la conveniencia en aquellos casos en los que la madurez de la víctima está en fase de desarrollo incipiente, donde no solo se dilucida un problema de credibilidad, sino también de influencias ajenas o determinación del entorno, siendo la información pericial más que conveniente necesaria, cuando no existen corroboraciones objetivas y solo distintos testimonios de

mente corto, los recuerdos pueden quedar difuminados y de esta forma conseguir pruebas incriminatorias suficientes puede convertirse en un verdadero azucaque o en un trasiego por andariveles procesales harto complejos.

En lo relativo al análisis de los procedimientos para evaluar la credibilidad en menores víctimas de una agresión sexual, se afirma que «no existen detectores de mentiras y que las diversas técnicas que en la actualidad pueden utilizarse para realizar una evaluación de la credibilidad de una declaración están sujetas a error (de ahí que siempre se hable de una probabilidad de credibilidad»[25].

La AP de La Rioja reitera que la jurisprudencia acepta la validez, como única prueba, de la declaración de la víctima del delito, concretamente en los delitos contra la libertad e indemnidad sexual, dada «la situación de clandestinidad en que se perpetran» determinados delitos. Sin embargo, para constituir como prueba válida, no deben concurrir «razones objetivas que invaliden sus afirmaciones o provoquen dudas en el Juzgador que le impidan formar su convicción, incluido el aspecto de la credibilidad cuya apreciación le corresponde en exclusiva»[26].

Martínez Galindo[27] reflexiona sobre la cuestión probatoria en relación con la praxis judicial habitual:

> «La reforma ha supuesto un gran avance en materia de libertades para las mujeres y, obviamente, era necesaria y urgente. Sin embargo, la finalidad pretendida por el Ministerio de Igualdad de que a la mujer que denuncia estos hechos se la

---

referencia interesados. Realizar inferencias sobre la realidad o no de los hechos ocurridos a partir de las valoraciones sobre los factores de influencia sería un grave error por parte del profesional de la psicología forense. *Vid.* Muñoz Vicente, José Manuel, y González Guerrero, Laura, «El informe pericial psicológico de credibilidad del testimonio en supuestos de violencia sexual infanto-juvenil», en De Vicente de Castro, Beatriz (dir.) *et al.*, *Manual práctico de criminología aplicada*, Aranzadi, Pamplona, 2023, pp. 307 y ss.

[25] Manzanero, Antonio Lucas, «Procedimientos de evaluación de la credibilidad de las declaraciones de menores víctimas de agresiones sexuales», *Psicopatología clínica, legal y* forense, vol. 1, n.º 2, 2001, p. 68.

[26] AP de La Rioja (Sección 1.ª), Sentencia 169/2018, de 12 de diciembre (FJ 3.º). Ilma. Sra. Carmen Araujo García.

[27] Martínez Galindo, Gemma, *op. cit.* p. 75.

crea por el mero hecho de denunciarlo, o que no se la revictimice con un interrogatorio de una forma incriminatoria y poniendo en tela de juicio su testimonio, sobre los detalles, de por qué no dio determinada información en el primer momento de denunciar o sobre su actitud o comportamiento para tratar de acreditar que realmente hubo un consentimiento, supone desconocer la realidad judicial y los derechos y garantías que rigen en nuestro Derecho».

Sobre la cuestión, en la STS 257/2019, de 31 de octubre (recurso 10366/2019) se determina lo siguiente:

> «La jurisprudencia viene estableciendo una serie de parámetros o criterios que se deben tomar en consideración para valorar un testimonio cuando sea la única o principal prueba de cargo y son los siguientes: *a)* La comprobación de la credibilidad subjetiva que exige el análisis de las características físicas o psíquicas del testigo (minusvalías sensoriales o síquicas, ceguera, sordera, trastorno o debilidad mental, edad infantil), que sin anular el testimonio lo debilitan y también obliga al análisis de posibles motivaciones espurias, lo que conlleva el examen del entorno personal y social que constituye el contexto en el que se han desarrollado las relaciones entre el acusado y la víctima para constatar si la declaración inculpatoria se ha podido prestar por móviles de resentimiento, venganza o enemistad u otra intención espuria que pueda enturbiar su credibilidad. En este caso no consta ningún tipo de anomalía física o psíquica en la menor y, es más, hay un informe pericial psicológico que excluye que en su testimonio haya componentes de fabulación o fantasía. Tampoco constan relaciones previas entre víctima y acusado que permitan afirmar la existencia de móviles espurios o de malquerencia. *b)* El segundo parámetro de valoración de la declaración de la víctima consiste en el análisis de su credibilidad objetiva, o verosimilitud del testimonio, que según las pautas jurisprudenciales debe estar basada en la lógica de la declaración (coherencia interna) y en el suplementario apoyo de datos objetivos de corroboración de carácter periférico (coherencia externa)».

La revictimización es un problema que puede ocurrir cuando los menores acuden al sistema judicial en defensa de sus derechos legítimos, especialmente su indemnidad y libertad sexual. Este fenómeno se refiere a la experiencia adicional de trauma o daño que una víctima puede sufrir como resultado de su participación en el sistema judicial, donde puede sentirse cuestionada, incomprendida o incluso culpable. Es crucial que el sistema judicial esté consciente de este riesgo y trabaje para minimizarlo, asegurando que el proceso sea lo menos traumático posible para los menores involucrados.

El hecho de que los menores acudan a la justicia en defensa de sus derechos, especialmente en relación con la indemnidad y la libertad sexual, puede generar un estigma indeleble y muy perjudicial. Esto se debe a que el proceso judicial puede exponer a los menores a situaciones traumáticas, revictimización y estigmatización social. La exposición pública de detalles íntimos y personales relacionados con abusos sexuales puede tener un impacto negativo en la salud mental y emocional de los menores, además de afectar su percepción de sí mismos y su integración social. Por lo tanto, es fundamental que el sistema judicial y la sociedad en su conjunto brinden un entorno de apoyo y protección a los menores que buscan defender sus derechos en casos de indemnidad y libertad sexual.

El sistema judicial de menores tiene la responsabilidad de velar por la protección de los derechos e intereses de los menores involucrados en procesos judiciales. Es crucial que este sistema evite la estigmatización de los menores y garantice que no sufran una burocracia excesiva y farragosa que pueda perjudicarlos.

La estigmatización de los menores puede tener consecuencias negativas en su desarrollo y reintegración en la sociedad. Cuando un menor es etiquetado o estigmatizado como delincuente, se le puede discriminar y limitar sus oportunidades futuras. Esto puede llevar a un ciclo de exclusión y marginación, dificultando su rehabilitación y reintegración en la sociedad. Por lo tanto, el sistema judicial de menores debe trabajar para evitar la estigmatización y esto implica tratar a los menores como individuos con derechos y necesidades específicas, en lugar de enfocarse únicamente en su delito o comportamiento problemático. Es importante que se les brinde apoyo y oportunidades para su rehabilitación y reintegración social, en lugar de ser etiquetados de por vida como delincuentes.

La burocracia excesiva puede retrasar los procesos judiciales y dificultar el acceso a la justicia para los menores y esto puede tener un impacto negativo en su bienestar emocional y su confianza en el sistema judicial.

Es importante que el sistema judicial de menores sea ágil, eficiente y centrado en el interés superior del menor. Esto implica simplificar los procedimientos, reducir la carga burocrática y garantizar que los menores tengan acceso a una representación legal adecuada. Además, se deben establecer mecanismos para garantizar la confidencialidad y privacidad de los casos de menores, protegiendo su identidad y evitando la exposición innecesaria.

El principio del superior interés del menor es fundamental en los procedimientos penales que involucran a menores y en el ordenamiento jurídico que los regula. Este principio establece que todas las decisiones y acciones relacionadas con los menores deben tener en cuenta su bienestar y protección como prioridad principal.

El superior interés del menor implica que se deben tomar medidas para garantizar su desarrollo físico, mental, emocional y social. Esto implica considerar factores como su seguridad, educación, salud, entorno familiar y comunitario, y cualquier otra circunstancia relevante para su bienestar. El objetivo es proteger a los menores de cualquier daño o perjuicio y promover su pleno desarrollo.

En el ámbito del sistema judicial de menores, el principio del superior interés del menor se aplica en diversas etapas y decisiones. Por ejemplo, al determinar si un menor debe ser sometido a un proceso penal, se debe evaluar si es en su mejor interés o si existen alternativas más adecuadas, como la mediación o la justicia restaurativa.

En relación con la justicia restaurativa, es necesario acudir a la Disposición final duodécima modifica la Ley 4/2015, de 27 de abril, del Estatuto de la víctima del delito.

Así, el apartado 1 del artículo 3:

> «1. Toda víctima tiene derecho a la protección, información, apoyo, asistencia, atención y reparación, así como a la participación activa en el proceso penal y a recibir un trato respetuoso, profesional, individualizado y no discriminatorio desde su primer contacto con las autoridades o funcionarios, durante la actuación de los servicios de asistencia y apoyo a las víctimas y, en su caso, de justicia restaurativa, a lo largo de todo el proceso penal y por un período de tiempo adecuado después de su conclusión, con independencia de que se conozca o no la identidad del infractor y del resultado del proceso».

En todo caso estará vedada la mediación y la conciliación en supuestos de violencia sexual y de violencia de género.

La justicia restaurativa es una alternativa al sistema de justicia tradicional que se centra en la resolución de los problemas derivados de un delito, buscando la participación activa de las víctimas, los delincuentes y la comunidad en la búsqueda de soluciones y la reparación del daño causado. Una diferencia de la justicia punitiva, que se enfoca en el castigo del delito, la justicia restaurativa busca la reconciliación, la reparación y la reintegración de todas las partes involucradas.

En muchos países, la justicia restaurativa se ha implementado con éxito en casos de delitos menores, así como en situaciones posteriores a conflictos violentos o guerras. Países como Sudáfrica, Colombia y Kosovo han utilizado la justicia restaurativa para abordar los daños causados por la violencia y promover la reconciliación y la reconstrucción de las comunidades.

En el caso de España, la exploración de la justicia restaurativa como una alternativa al sistema tradicional aún no se ha llevado a cabo de manera suficiente. Sin embargo, existen razones por las cuales los poderes públicos de nuestro país deberían considerar seriamente esta posibilidad.

En primer lugar, la justicia restaurativa se alinea con los principios de derechos humanos y busca una respuesta más humana y centrada en las necesidades de las personas involucradas en el delito. Al involucrar a las víctimas, los delincuentes y la comunidad en el proceso de resolución de conflictos, se fomenta la participación activa, la empatía y la responsabilidad personal. Esto puede conducir a una mayor satisfacción de las partes involucradas y a una mayor probabilidad de cumplimiento de los acuerdos alcanzados.

En segundo lugar, la justicia restaurativa puede ayudar a reducir la reincidencia delictiva al abordar las causas subyacentes del comportamiento delictivo y brindar oportunidades para el cambio y la rehabilitación. Al enfocarse en la reparación del daño y la reintegración de los delincuentes en la comunidad, se promueve un enfoque más preventivo y orientado hacia soluciones a largo plazo.

Además, la justicia restaurativa puede ser más eficiente y económica en comparación con el sistema tradicional. Al evitar largos procesos judiciales y la imposición de penas de privación de libertad, se pueden ahorrar recursos y tiempo, permitiendo una respuesta más rápida y efectiva a los conflictos.

Es importante destacar que la implementación de la justicia restaurativa requiere una infraestructura adecuada, capacitación de profesionales y la creación de programas y servicios especializados. Los beneficios potenciales en términos de justicia más efectiva, reparación del daño y prevención de la reincidencia hacen que valga la pena explorar esta posibilidad en España sobre todo en justicia juvenil.

En relación con la mediación, ÁLVAREZ BUJÁN[28] advierte de una importante confusión terminológica:

> «Los operadores jurídicos tienden a confundir la mediación con la mediación penal y también erróneamente suelen equiparar la mediación penal con la disminución del reproche punitivo. Se excluye así todo tipo de mediación (y conciliación) cuando existe violencia de género y violencia sexual sin reparar en la existencia de otros procesos restaurativos que integran a víctimas indirectas y a la comunidad y que pueden resultar constructivos, sanadores (reconfortantes) y aptos para la resocialización y reinserción del delincuente y reforzamiento de la víctima y la comunidad y, por extensión, para la pacificación social. Se aparta la posibilidad de implementar procesos restaurativos post sentencia (como sería el caso de la mediación penitenciaria) y se elude la realidad de episodios de violencia aislada, primeras agresiones o agresiones mutuas donde no tiene por qué existir el patrón característico (de sumisión de la víctima a su agresor)...».

Además, se deben tomar medidas cautelares[29] preventivas para proteger a los menores acusados de infringir leyes penales. Estas deben ser

---

[28] ÁLVAREZ BUJÁN, María Victoria, *op. cit.*, p. 340.

[29] *Vid.* el segundo párrafo del art. 13 LECrim que establece que «En la instrucción de delitos cometidos a través de internet, del teléfono o de cualquier otra tecnología de la información o de la comunicación, el juzgado podrá acordar, como primeras diligencias, de oficio o a instancia de parte, las me didas cautelares consistentes en la retirada provisional de contenidos ilícitos, en la interrupción provisional de los servicios que ofrezcan dichos contenidos o en el bloqueo provisional de unos y otros cuando radiquen en el extranjero». Como asevera MAGRO SERVET, la referida redacción «permite la petición de adopción de medidas cautelares dirigidas de forma específica a la delincuencia sexual *online*, la cual prolifera de forma virtual hoy en día». No obstante, critica el citado autor que «no se ha recogido en la reforma el delito de sextorsión, que ya ha sido reconocido por la jurisprudencia del Tribunal Supremo a raíz de la primera sentencia que lo introdujo, que fue la Sentencia 377/2018, de 23 de julio, Rec. 10036/2018)». *Vid.* MAGRO SERVET, Vicente, «Cuestiones comparativas de modificación del Código Penal y otras leyes con la nueva Ley Orgánica 10/2022, de 6 de septiembre, de Garantía de la Libertad Sexual», *Diario La Ley*, 7 de septiembre de 2022. Texto disponible en:

proporcionales a la edad y etapa de desarrollo del menor, y se debe evitar cualquier ritualidad o formalidad excesiva que pueda dificultar su participación en el proceso.

Durante el proceso penal, se deben tomar medidas para garantizar que el menor comprenda sus derechos y las implicaciones de su participación en este. Esto implica proporcionarle una representación legal adecuada y adaptada a su edad y nivel de desarrollo.

La proporcionalidad es otro principio clave en el proceso penal de menores. Esto implica que cualquier medida judicial aplicada a un menor debe estar relacionada con su edad y etapa de desarrollo, teniendo en cuenta todas las circunstancias que puedan afectar sus derechos.

Al hilo de lo dicho, de la *Memoria* de la Fiscalía General del Estado de 2020[30], se constata que existe un verdadera reticencia a denun-

---

https://diariolaley.laleynext.es/dll/2022/09/13/cuestiones-comparativas-demodificacion-del-codigo-penal-y-otras-leyes-con-la-nueva-ley-organica-10-2022-de-6-de-septiembre-de-garantia-de-la-libertad-sexual [fecha de consulta: 21/01/2024].

[30] *Vid.* Fiscalía General del Estado, *Memoria*, 2020, pp. 1167-1169. Disponible en: https://www.fiscal.es/memorias/memoria2020/FISCALIA_SITE/index.html [fecha de consulta: 03/09/2023]. Las memorias de la Fiscalía General del Estado son una fuente fundamental de información para conocer la evolución delictiva en España, así como la tipología de delitos, sus causas, las posibilidades de prevención y los recursos disponibles. Estas memorias son elaboradas anualmente por la Fiscalía General del Estado y proporcionan una visión detallada de la actividad del Ministerio Fiscal en relación con los delitos cometidos por menores.

En estas memorias, se recopilan datos sobre los procedimientos penales incoados y calificados por los fiscales, así como las sentencias dictadas por provincias y tipos de delito. Estos datos permiten analizar la evolución de la delincuencia juvenil y comprender mejor las tendencias y problemáticas asociadas. Además, las memorias suelen incluir apartados específicos dedicados a temas relevantes relacionados con los menores, como la criminalidad informática o el incremento de delitos sexuales cometidos por adolescentes. Estos apartados proporcionan información detallada sobre estas problemáticas y permiten identificar posibles áreas de intervención y prevención. La información contenida en las memorias de la Fiscalía General del Estado es de gran importancia para los poderes públicos, ya que les permite tener una visión clara y actualizada de la situación delictiva en relación con los menores. Esta información es fundamental para diseñar políticas

ciar este tipo de delitos, si bien se percibía que la puesta en marcha de campañas de sensibilización propiciaba que se principiaran procesos penales sobre hechos que antes permanecían en la impunidad. Esta preocupación queda también reflejada en la *Memoria* de 2021[31].

Coincidimos con SÁINZ-CANTERO CAPARRÓS[32] en el sentido de que nos encontramos ante un delito de carácter común, que puede ser cometido por cualquiera, incluso por menores de dieciséis años. *De facto*, no es nada infrecuente encontrar a menores que cometen este delito simulando tener una edad más avanzada para persuadir a la víctima y, de esta forma, tipos que se crearon para proteger a los menores, pueden llegar a criminalizarlos con un efecto perverso[33]. Señala-

---

públicas efectivas, implementar medidas de prevención y asignar recursos de manera adecuada.

Es importante destacar que las memorias de la Fiscalía General del Estado son una fuente confiable y respaldada por la autoridad competente en materia de justicia penal. Su análisis y estudio permiten obtener una visión integral de la situación delictiva en relación con los menores y contribuyentes a la toma de decisiones informadas y basadas en evidencia.

[31] *Vid.* FISCALÍA GENERAL DEL ESTADO, *Memoria*, 2021, pp. 1180-1182. Disponible en: https://www.fiscal.es/memorias/memoria2021/FISCALIA_SITE/index.html [fecha de consulta: 03/09/2023].

[32] *Vid.* SÁINZ CANTERO-CAPARRÓS, José Eduardo, «Delitos contra la libertad e indemnidad sexuales…», *op. cit.*, p. 295.

[33] Hasta el punto de que, como reza la SAP de Málaga (sec. 8), 268/2017, de 3 de mayo, «podemos encontrarnos ante la paradoja de que unas normas promulgadas para protegerlos pueden acabar produciendo el efecto de criminalizar alguna de sus conductas».

Según puede leerse en la *Memoria* de la Fiscalía General del Estado del año 2021 (pp. 997-998), es preciso efectuar la siguiente distinción casuística: de un lado, aquellos supuestos en los que es el menor quien envía *motu propio* los contenidos gráficos sin saber los riesgos que ello implica (por ejemplo, como respuesta a la confianza generada por aquel usuario que se hace pasar por quien en realidad no es), y de otro, aquellos supuestos en los que es el *child groomer* quien solicita al menor los materiales pornográficos recurriendo, para ello, a engaño, intimidación o violencia, llegando incluso, en los casos más extremos, a atentar contra la libertad e indemnidad sexuales de la víctima (eso fue lo que ocurrió en el caso enjuiciado por la STS 447/2021, de 26 de mayo: un hombre, a través de una

mos este extremo porque cuando un menor es condenado por un delito contra la libertad sexual tendrá el estigma de los antecedentes penales sexuales, en agravio con otros delitos, y esto podrá ser un impedimento para que, por ejemplo, pueda encontrar sus primeros trabajos, que en la juventud suelen estar relacionados con menores, ya sea como entrenadores de deportes, monitores de comedores, monitores de colonias, clases de refuerzo escolar, etc. Y es que, para poder llevar a cabo esta tipología de trabajos, de todos es sabido que se precisará presentar un certificado de antecedentes que en este caso será una verdadera carga que no irá a favor del superior interés del menor ni facilitará precisamente la preceptiva reinserción del menor infractor a tenor de la LORPM, entre prolija normativa concordante nacional e internacional.

Los antecedentes penales sexuales de delitos cometidos por menores pueden constituir un estigma y que vayan en su contra, dificultando su reinserción y reeducación. Esto se debe a que estos antecedentes pueden tener un impacto negativo en la percepción de la sociedad hacia el menor, así como en su propia autoestima y desarrollo personal.

Sobre el derecho a la reinserción como finalidad de la pena, TORTAJADA CHARDI y VÁZQUEZ VILANOVA[34] aseveran que:

> «... abordando que el fin de la pena es la reinserción social, habría que plantarse por parte del legislador y sobre todo de los Tribunales en la aplicación del Código Penal, además de reinsertar al penado con la pena correspondiente, podrá ser la prohibición de utilizar telefonía móvil, o de internet, además de la no comunicación con la víctima durante un tiempo, como ocurre con la penas accesorias, todo ello con el fin de evitar la reincidencia con la víctima, y con otras posibles víctimas, que debe ser defendida, al ser más vulnerables, con la advertencia de un posible delito de quebrantamiento de condena».

---

aplicación de mensajería móvil, intimidó a una niña de doce años con el fin de obtener de ella grabaciones masturbándose). *Vid.* TURIENZO FERNÁNDEZ, Alejandro, «¿Castigar o no castigar? esa es la cuestión. los consumidores de pornografía infantil en el punto de mira», GÓMEZ MARTÍN, Víctor (dir.), *et al.*, *Un modelo integral de Derecho penal. Libro homenaje a la profesora Mirentxu Corcoy Bidasolo*, BOE, Madrid, 2022, p. 1441.

[34] TORTAJADA CHARDI, Pablo, y VÁZQUEZ VILANOVA, José Manuel, *op. cit.*, p. 20.

La Constitución española establece el derecho fundamental a la reinserción y reeducación de los menores infractores. Esto implica que el sistema judicial de menores debe velar por garantizar que los menores tengan la oportunidad de reintegrarse en la sociedad de manera positiva y superar su pasado delictivo.

La estigmatización de los menores con antecedentes penales sexuales puede dificultar su proceso de reintegración, ya que puede generar prejuicios y discriminación por parte de la sociedad. Esto puede llevar a que se les nieguen oportunidades de educación, empleo y participación social, lo que dificulta su rehabilitación y aumenta las posibilidades de reincidencia.

Las posibilidades de reincidencia en menores en conflicto con la ley son bajas, y los poderes públicos y el ordenamiento jurídico deben velar para minimizar esta problemática en aras del superior interés del menor y para lograr su plena reinserción en la sociedad. Las tasas de reincidencia en menores infractores son generalmente más bajas que en adultos, y esto se debe a varios factores, como la capacidad de cambio y desarrollo de los menores, así como a las medidas de intervención y rehabilitación implementadas por el sistema judicial de menores.

Es importante destacar que la reinserción plena de los menores en conflicto con la ley no solo beneficia a los propios menores, sino también a la sociedad en general. Al brindarles las herramientas y oportunidades necesarias para su reintegración, se reduce la probabilidad de que vuelvan a cometer delitos en el futuro.

Las medidas de intervención y rehabilitación del ordenamiento judicial de los menores deben estar basadas en programas respaldados por evidencia empírica. Además, es importante que estos programas sean muy específicos y estén dotados de recursos suficientes para que puedan implementarse de manera homogénea en todas las comunidades autónomas, cumpliendo así con el principio de igualdad constitucional.

El objetivo de basar estas medidas en programas respaldados por evidencia empírica es garantizar que se utilicen enfoques y estrategias que se hayan demostrado efectivos en la rehabilitación de los menores. Esto implica que las intervenciones se basan en investigaciones científicas y estudios rigurosos que respalden su eficacia. Al utilizar programas basados en la evidencia, se maximiza la probabilidad de obtener resultados positivos y se evita el uso de enfoques que no han demostrado ser efectivos.

Además, es fundamental que estos programas sean muy específicos y adaptados a las necesidades individuales de cada menor. Cada joven puede tener circunstancias y desafíos únicos, por lo que es importante que las medidas de intervención y rehabilitación se ajusten a sus necesidades específicas. Esto implica diseñar programas personalizados que aborden las causas subyacentes de su comportamiento delictivo y brinden las herramientas necesarias para su reintegración en la sociedad.

Por último, es esencial que estos programas estén dotados de recursos suficientes para su implementación efectiva. Esto implica contar con personal capacitado y especializado en la ejecución de las intervenciones, así como con los recursos materiales necesarios para llevar a cabo las actividades planificadas. Sin recursos adecuados, los programas pueden no ser efectivos y no lograr los resultados deseados.

La Exposición de Motivos de la Ley Orgánica 5/2010, a la que ya nos hemos referido, y el Convenio de Lanzarote de 2007 exigían de forma expresa que la conducta típica fuera perpetrada por un adulto, sin embargo, el texto del art. 183 CP no hace ninguna referencia explícita sobre la edad del sujeto activo «El que a través de Internet…».

Como bien señala Cuervo Nieto[35], en este punto, la doctrina ha venido a criticar la postura elegida por el legislador español, que sobrepasa en mucho sus compromisos internacionales para punir conductas como la que nos ocupa. Así las cosas, vemos que esto abona que se trate de un delito común, si bien, la precitada autora, de manera muy acertada asevera que los/las menores pueden ocupar el rol de víctimas y/o victimarios, (…) no así en mi opinión en la modalidad

---

[35] *Vid*. Cuervo Nieto, Cecilia, «El delito de *child grooming* en el Derecho penal español. Análisis del tipo penal y breves reflexiones», *Noticias jurídicas*. Disponible en: https://noticias.juridicas.com/conocimiento/articulos-doctrinales/16988-el-delito-de-child-grooming-en-el-derecho-penal-espanol-analisis-del-tipo-penal-y-breves-reflexiones/ [fecha de consulta: 31/08/2023].

agravada cuando el delito se comete empleando coacción, intimidación o engaño, a la excusa absolutoria de la llamada "Cláusula Romeo y Julieta"[36]» *ex* art. 183 bis CP[37, 38].

---

[36] Puede verse sobre el concepto a Ramos Vázquez, José Antonio, «La cláusula Romeo y Julieta (art. 183 quater del Código Penal) cinco años después. Perspectivas teóricas y praxis jurisprudencial», *Estudios penales y criminológicos*, n.º 41, 2021, pp. 307-360. «De este modo se dirigía el señor de Capuleto a París cuando éste le solicitó la mano de Julieta: destacando que aún no tenía los catorce años cumplidos y que era mejor esperar "dos veranos más" para pensar en el matrimonio. Como sabemos, Julieta terminará casándose poco después con Romeo, de quien no sabemos la edad, pero sí que todos los personajes se refieren a él como el joven Romeo». *Ibidem*, p. 1.

La cláusula Romeo y Julieta en Derecho penal se refiere a una disposición legal que establece una excepción en la edad de consentimiento sexual para relaciones entre adolescentes que se encuentran en una franja de edad cercana. Esta cláusula busca evitar que las relaciones sexuales consensuadas entre personas jóvenes y de edades similares sean consideradas delito.

En el antiguo art. 183 quater del Código Penal español, se encontraba la cláusula Romeo y Julieta. Sin embargo, con la modificación de la Ley Orgánica 10/2022, esta cláusula fue reubicada en el nuevo art. 183 bis. La edad mínima legalmente establecida para consentir relaciones sexuales en España es de dieciséis años, según el art. 181.1 del Código Penal. Sin embargo, la cláusula Romeo y Julieta permite que, en ciertos casos, las relaciones sexuales entre adolescentes de dieciséis años no sean consideradas delito.

La finalidad de esta cláusula es evitar interpretaciones estrictas de la ley que impiden contactos sexuales consentidos entre personas jóvenes de edades similares y madurez equiparable. Es importante destacar que esta excepción no se aplica cuando no se cumple con la semejanza en edad y madurez. La cláusula Romeo y Julieta busca evitar que las relaciones consensuadas entre adolescentes sean penalizadas, siempre y cuando se cumplan ciertos criterios establecidos por la ley.

[37] Cuervo Nieto, Cecilia, «El delito de *child grooming...*», *op. cit.*

[38] En relación con la evolución del precepto desde su introducción en el Código Penal en 2015, puede verse López Peregrín, Carmen, «¿Pueden los menores consentir conductas de exhibicionismo, provocación sexual o elaboración de pornografía?», *Cuadernos de RES PÚBLICA en Derecho y Criminología*, n.º 1, 2023, pp. 10 y 11.

Boix Reig[39] entiende que en estos casos el consentimiento emitido es válido, constituyendo, por tanto, una causa de atipicidad.

El legislador se ha inclinado por un sistema mixto de «cláusulas Romero y Julieta» que «exige una concurrencia conjunta», incluyendo un criterio cronológico/biológico (la edad) y un criterio biopsicosocial (el grado de madurez, de tal forma que el núcleo de la cuestión radica en conocer si las diferencias en edad y madurez entre el autor y la víctima «entrañan una explotación de la vulnerabilidad de esta última que implique una clara situación de abuso»[40].

La cláusula se aplica «precisamente cuando, pese a ser uno de los intervinientes en la relación con menor de dieciséis años, hay una decisión libre y una actividad sexual compartida con una persona que, aun siendo mayor de edad, es próxima al menor en edad y madurez»[41].

Por tanto, hay que «tener en cuenta el equilibrio de la pareja atendiendo a las circunstancias legales, es decir, la edad y el espíritu y mentalidad de ambos, debiendo rechazarse los casos de desequilibrio relevantes y notorios desde el punto de vista objetivo, pero también subjetivamente cuando aquél pueda inferirse del contexto en el que

---

[39] Boix Reig, Francisco Javier, «Delitos contra la libertad e indemnidad sexual», en Boix Reig, Francisco Javier (dir.), *Derecho penal. Parte especial*, vol. I, 2.ª ed., Iustel, Madrid, 2016, pp. 402 y 403.

[40] Maza Martin, José Manuel, «Circular 1/2017, sobre la interpretación del art. 183 quater del Código Penal», *Fiscalía General del Estado*, 2017, pp. 7 y 12. Cfr. ATS (Sala de lo Penal, Sección 1.ª), Auto n.º 601/2017, de 23 de marzo de 2017 (FJ 4.º). Ponente: Excmo. Sr. José Ramón Soriano Soriano.

[41] AP de La Rioja (Sección 1.ª). Sentencia 169/2018, de 12 de diciembre (FJ 4.º). Ilma. Sra. Carmen Araujo García. El núcleo del injusto consiste en el hecho de mantener una relación sexual con una persona que se encuentra en una situación madurativa desigual debido a su corta edad. Esa falta de madurez es lo que coloca al menor de dieciséis años en una situación que le impide conocer y elegir libremente mantener una relación sexual, no dándose «en puridad una actividad sexual compartida, dada la diferencia de experiencias y expectativas en la relación sexual». Ana María Galdeano Santamaría, fiscal decana de Violencia sobre la Mujer de Madrid n.º 2/16, publicación «Formación a distancia», CGPJ en AP de La Rioja (Sección 1.ª), Sentencia 169/2018, de 12 de diciembre (FJ 4.º). Ilma. Sra. Carmen Araujo García.

tiene lugar la relación, lo que determina un cuidadoso examen de cada caso»[42]. Es preciso acreditar la ausencia de asimetría, es decir, que existe un consentimiento libre ostentando la capacidad para otorgarlo, siendo la relación sexual «paritaria o entre iguales (...) sin que se haya puesto en peligro o lesionado la libertad sexual del menor de dieciséis años, tratando la relación sexual como si de adultos se tratara»[43].

Díaz Morgado[44] afirma que «con esta cláusula se está reconociendo la relevancia del consentimiento que los menores de 16 años puedan otorgar, pero únicamente en aquellos supuestos en los que exista simetría en términos de edad biológica y madurez o desarrollo entre el sujeto activo y la víctima (STS 337/18, 5-07)».

Sobre la reforma de los delitos contra la libertad e indemnidad sexual y el cambio que esto ha supuesto, surgen ciertas contradicciones como la que plantea Lloria García[45]:

> «Este "cambio" de paradigma que se ha pretendido introducir con la Ley de protección de la libertad sexual, desde luego vuelve a plantear situaciones injustificadas, pues nunca ha supuesto negar libertad a los menores el hecho de proteger su ámbito de desarrollo adecuado en la esfera sexual y, sin embargo, la nueva nomenclatura empaña la consideración de un espacio necesitado y digno de protección, como es el correcto desarrollo de la madurez sexual. Por lo demás, resulta bastante contradictorio negar validez al consentimiento y hablar de libertad sexual,

---

[42] AP de La Rioja (Sección 1.ª). Sentencia 169/2018, de 12 de diciembre (FJ 4.º). Ilma. Sra. Carmen Araujo García. TS (Sala de lo Penal, Sección 1.ª). Sentencia n.º 1001/2016, de 18 de enero (FJ 2.º). Ponente: Excmo. Sr. Juan Saavedra Ruiz.

[43] *Vid.* Sentencia n.º 21/2020, de 15 de julio (FJ 2.º). Ponente: Ilma. Sra. M.ª del Carmen Piqueras Piqueras. TSJ de Castilla-La Mancha (Sala de lo Civil y Penal). El proceso de maduración se desarrolla desde tres puntos: «el biológico, el psicológico y el social. Por tanto, deberá apreciarse el desarrollo de los caracteres sexuales primarios y secundarios de los sujetos (plano biológico); que el menor tenga capacidad de pensamiento abstracto y deductivo (plano psicológico); debiendo prestar especial atención a la capacidad de comprender las emociones ajenas, teniendo en cuenta la volubilidad de la etapa de la adolescencia».

[44] Díaz Morgado, Celia, «III. Abusos y agresiones sexuales a menores de 16 años», en VV.AA., *Manual de Derecho penal. Parte Especial,* tomo 1, *Adaptado a las LLOO 1/2019 y 2/2019 de Reforma del Código Penal. Doctrina y jurisprudencia con casos solucionados*, Tirant lo Blanch, Valencia, 2019, *passim.*

[45] Lloria García, Paz, *op. cit.* p. 217.

estableciendo luego una cláusula de atipicidad cuando el menor realice los actos sexuales con otra persona cercana en "edad" y "grado de madurez", lo que de nuevo nos recuerda la idea de protección del proceso de formación en el ámbito de la sexualidad».

Desde el punto de vista de la proximidad, la cuestión que se plantea es la relativa a la definición del concepto «proximidad»[46], es decir, a las circunstancias que se consideran cercanas, o cuya distancia es mínima en el tiempo (edad, desarrollo y madurez), ya que, *a priori* no se ha establecido un límite o franja de edad que delimite «la proximidad biológica aceptable»[47].

---

[46] Los tribunales se han pronunciado en varias ocasiones formulando aclaración en relación con la aplicabilidad de la cláusula, afirmándose que, en los casos de edades dispares, «la proximidad es insostenible para considerar el consentimiento como prestado libremente por la menor». De los pronunciamientos del Tribunal Supremo, puede afirmarse como regla general la inaplicabilidad del art. 183 quater «cuando la diferencia de edad es significativa»: STS 478/19 (12 años-39 años); STS 67/16 (11 años-46 años) (102); STS 1001/16 (11 casi 12 años-20,5 años, diferencia de ocho años de edad); STS 946/16 (11-19 años, diferencia de nueve años) (104). El TS analiza un caso de relaciones consentidas entre una persona nacida el 18/03/2001 que en el momento de los hechos tenía la edad de once años, y otra persona nacida el 20/07/1992, mayor en ocho años y siete meses, en una situación «de "seudonoviazgo o prenoviazgo", estimando que "la relativamente próxima edad entre los mismos" se encontraba "fuera de los límites señalados, para la exclusión de responsabilidad, por la novedosa figura introducida, por la LO 1/2015, en el art. 183 quater del CP"» (105). La SAP de Burgos (n.º 105/19, del 3 de abril) tampoco aplica la cláusula por la diferencia de seis años de edad «al quedar acreditado pericialmente que la madurez de la menor de quince años se correspondería con la madurez propia de una niña de doce o trece años, mientras que la del joven de veintiún años se corresponde con la propia de su edad». Sobre la cuestión, *Vid*. el interesante artículo: Rodríguez Monserrat, Manuel, y El Mechachti, Sara Fassi, «Análisis jurídico de los aspectos penales y procesales del caso Arandina», *Diario La Ley*, n. º 10305, sección Tribuna, 12 de junio de 2023.

[47] Díaz Morgado, Celia, «III. Abusos y agresiones sexuales a menores de 16 años», en VV.AA., *op. cit*., pp. 297-299. TS (Sala de lo Penal, Sección 1.ª), Sentencia n.º 1001/2016, de 18 de enero (FJ 2.º). Ponente: Excmo. Sr. Juan Saavedra Ruiz.

El TSJ de Castilla-La Mancha[48] recoge que:

«la legislación española no define franjas concretas de edad que hayan de considerarse "próximas", como sí lo hacen otros ordenamientos jurídicos de nuestro entorno (en general de entre dos y cinco años de diferencia entre menor y autor), lo cual dificulta la tarea de determinar en qué casos procede la estimación de esta circunstancia a los efectos de aplicar el artículo 183 quater CP, por ello la inclusión del parámetro del grado de desarrollo y madurez muestra que la edad cronológica es insuficiente en orden a la finalidad que persigue el precepto, y al mismo tiempo permite obtener una respuesta más satisfactoria al poner en juego ambos parámetros. Por ello, el primer problema a resolver es cuál es la diferencia de edad entre las partes para entender que el consentimiento es libre y con qué mecanismos de prueba contamos para llegar a esa conclusión jurídica».

Y, como advirtió la Fiscalía General del Estado en la Circular 1/2017, reproducida por la STS de 14 de octubre de 2019[49]:

«cuando solo parcialmente concurran sus presupuestos exoneradores, incluso como muy cualificada para los supuestos en los que, sin ser admisible la exoneración total, atendidas las circunstancias concurrentes, la relación entre el autor y el menor sea cercana a la simetría en el grado de desarrollo y madurez, concurriendo siempre el consentimiento de la víctima; aunque expresamente refiere que el supuesto deberá "abarcar necesariamente la proximidad por edad dispuesta en el precepto, siendo graduable el grado de desarrollo o madurez al objeto de establecer el alcance de la graduación" (117) . En resumen, ante "situaciones intermedias" fuera de los límites legales "barajarse la posibilidad de apreciar una atenuante analógica (en este sentido, Circ. FGE 1/17 sobre interpretación del art. 183 quáter)"».

Sobre la «proximidad» Tamarit Sumalla[50] lleva a cabo una interesante reflexión:

«Una cuestión de gran trascendencia será el modo en que deba entenderse la "proximidad", teniendo en cuenta que la ley señala como criterios de valoración la edad y el grado de desarrollo y madurez. A tal efecto deberán tenerse en cuenta los criterios establecidos mediante la investigación de la fenomenología del abuso

---

[48] TSJ de Castilla-La Mancha (Sala de lo Civil y Penal), Sentencia n.º 21/2020, de 15 de julio (FJ 2.º). Ponente: Illma. Sra. M.ª del Carmen Piqueras Piqueras.

[49] TSJ de Castilla-La Mancha (Sala de lo Civil y Penal), Sentencia n.º 19/2020, de 22 de junio (FJ 4.º). Ponente: Ilmo. Sr. D. Jesús Martínez-Escribano Gómez.

[50] Tamarit Sumalla, Josep María, «Delitos contra la indemnidad sexual de menores», *op. cit.*, pp. 5 y 6.

sexual infantil, concretamente en lo que respecta al elemento de la asimetría de edad, entendida como desigualdad madurativa que impide el ejercicio de una libre decisión por parte del menor y una actividad sexual compartida, dada la diferencia en las experiencias, madurez y expectativas sobre la relación sexual. Algunos estudios han establecido como diferencia orientativa a partir de la cual una relación puede considerarse asimétrica un mínimo de cinco años, sin olvidar que la propia ley exige tener en cuenta además el grado de desarrollo y madurez. Al encontrarnos ante un prototípico "delito de relación", este criterio debe ser valorado respecto a los intervinientes en la relación, a los efectos de poder establecer si efectivamente en el caso concreto se ha producido una situación en la que uno pueda ser considerado autor y otro víctima de abuso».

El investigador del Grupo de Delitos Telemáticos de la Guardia Civil[51], LORENZANA GONZÁLEZ[52], de consuno con la Universidad de Jaén, llevó a cabo un interesante estudio para conocer el perfil del sujeto activo del delito de *online child grooming* y, entre otras, llegó a la conclusión de que se trata fundamentalmente de personas de mediana

[51] El Grupo de Delitos Telemáticos de la Guardia Civil es una unidad especializada que fue creada para investigar y combatir los delitos que se cometen a través de Internet. Esta unidad forma parte de la Unidad Central Operativa de la Guardia Civil y tiene competencia a nivel nacional. El objetivo principal del Grupo de Delitos Telemáticos es investigar y perseguir los delitos informáticos y cibernéticos que se producen en el ámbito digital. Esto incluye delitos como el fraude en línea, el robo de identidad, el ciberacoso, la pornografía infantil en línea, el *phishing* y otros tipos de estafas y delitos relacionados con el uso de las nuevas tecnologías. El Grupo de Delitos Telemáticos cuenta con personal especializado en el campo de la informática y la tecnología, que se encarga de llevar a cabo las investigaciones y recopilar las pruebas necesarias para la persecución de los delitos. Además, colabora estrechamente con otras unidades de la Guardia Civil, así como con organismos nacionales e internacionales, para combatir de manera efectiva los delitos telemáticos. Es importante destacar que, además del Grupo de Delitos Telemáticos a nivel central, también existen Equipos de Investigación Tecnológica (EDITEs) a nivel provincial en diferentes provincias de España. Estos equipos trabajan en colaboración con el Grupo de Delitos Telemáticos para llevar a cabo investigaciones a nivel local.

[52] LORENZANA GONZÁLEZ, César, Instituto Nacional de Tecnologías de la Comunicación. Ministerio de Industria, Energía y Turismo, *Guía de actuación contra el ciberacoso*, 2014, p. 35. Disponible en https://cutt.ly/gt71xaJ [fecha de consulta: 09/08/2023].

edad con una horquilla de edad de entre treinta y cuarenta años, que procede de familias predominantemente desestructuradas y que suele vivir sin compañía.

El investigador precitado afirmó que, no obstante, se encontró casos de todo tipo, como chicos de entre dieciséis y diecisiete años que, falseando su identidad, consiguen embaucar a niñas de entre diez y catorce años. Se destaca en el trabajo de investigación que es muy complejo el hecho de encontrar una muestra lo suficientemente amplia para llegar a conclusiones fiables. A esto podemos añadir que el estudio de la criminalidad juvenil femenina es escaso, y así lo indica CÁMARA ARROYO[53] en su magna obra *Criminalidad juvenil femenina y perspectiva de género: historia, teoría, factores de riesgo, prevención y tratamiento.*

En 2017, SANTISTEBAN PÉREZ y GÁMEZ GUADIX[54] realizaron un estudio con metodología cualitativa sirviéndose de entrevistas en pro-

---

[53] CÁMARA ARROYO, Sergio, *Criminalidad juvenil femenina y perspectiva de género: historia, teoría, factores de riesgo, prevención y tratamiento,* Dykinson, Madrid, 2022, p. 17, donde señala que la delincuencia tradicionalmente ha sido vista por los criminólogos como un fenómeno principalmente masculino. Si bien es frecuente que en los actuales estudios sobre criminalidad se incluya a la mujer adulta delincuente, con pocos trabajos a nivel cuantitativo y cualitativo que hagan referencia concreta a la menor delincuente, en particular. Además, señala que incluso en aquellos estudios monográficos sobre la criminalidad femenina, hasta hace poco tiempo, tendían a presentar a las niñas y a las mujeres adultas como homogéneas. Esta homogeneidad comporta un sesgo relevante en las investigaciones que no favorece en nada el conocimiento de la auténtica realidad. VÁZQUEZ GONZÁLEZ apunta que: «la diferencia más notable entre los jóvenes delincuentes y los no delincuentes reside en el sexo al que pertenecen. Es un hecho contrastado, con independencia, de cuál sea el método de medición de la delincuencia utilizado, que los hombres (niños, adolescentes, jóvenes y adultos) delinquen, mucho más que las mujeres en todas las etapas de su vida, acrecentándose todavía más esta diferencia, cuando nos referimos a delitos violentos». VÁZQUEZ GONZÁLEZ, Carlos, *Delincuencia juvenil,* Dykinson, Madrid, 2019, p. 16.

[54] SANTISTEBAN PÉREZ, Patricia, y GÁMEZ GUADIX, Manuel, «Estrategias de persuasión en *grooming online* de menores: un análisis cualitativo con agresores en prisión», *Psychosocial Intervention,* n.º 26, pp. 139-146, 2017. Disponible en: https://scielo.isciii.es/pdf/inter/v26n3/1132-0559-inter-26-03-00139.pdf [fecha de consulta: 09/08/2023].

fundidad llevadas a cabo con una muestra de doce hombres condenados por *grooming online* (edades entre veintiuno y cincuenta y un años; M = 38, DT = 10,32)[55]. La muestra incluyó internos provenientes de programas de tratamiento para agresores penados que se negaron abiertamente a colaborar con el sistema penitenciario o a realizar dichos programas, y que no habían recibido tampoco ningún otro tipo de terapia individual. Los datos se recopilaron entre agosto de 2015 y diciembre de 2016.

La finalidad del estudio era conocer las técnicas de persuasión del sujeto activo del delito de *online child grooming* y se llegó a las siguientes conclusiones: había una escasa investigación previa de carácter cualitativo, se detectó una clara necesidad de actuación preventiva y de intervención que se ajustasen a la problemática, se señaló que el estudio era de importancia para el diseño de programas específicos de detección de menores que podrían estar siendo víctimas del delito analizado y se señaló la importancia de la creación de políticas y estrategias de prevención[56] dirigidas tanto a menores como a padres y personal docente.

---

[55] Hay que tener en cuenta que en todos los casos del estudio los agresores habían sido detenidos y condenados. Esto dejó fuera a una importante muestra de agresores no condenados a los que los investigadores no tuvieron acceso y que hubieran podido aportar valiosa información sobre los patrones de interacción en este tipo de abuso de menores. Se indicó que futuros estudios deberían completar la información con las perspectivas de los menores que se habían visto envueltos en un proceso de *grooming online*. Es significativo que no se encontró a ninguna mujer encarcelada por este tipo de delito.

[56] La preocupación por el problema ha llevado al legislador, en la Ley de Protección Jurídica de la Infancia y Adolescencia, a realizar un enfoque preventivo y formativo —*ex* art. 45.1— con campañas de educación y sensibilización destinadas «a los niños, niñas y adolescentes familias, educadores y otros profesionales [...] sobre uso seguro de Internet [...] y los riesgos de un uso inadecuado» con la finalidad de prevenir situaciones de riesgo sexual que puedan generar fenómenos de «*ciberbullying*, el *grooming*, la ciberviolencia de género o el *sexting*, así como el acceso y consumo de pornografía entre la población menor de edad». Se completarán estas campañas —*ex* art. 45.2, 3, 4— con medidas de acompañamiento a las familias, facilitación de un servicio específico de ayuda sobre uso seguro y respon-

Así, DOMINGO MONFORTE[57]:

> «Es una realidad que el desarrollo rápido y creciente de las nuevas tecnologías conlleva un aumento en las posibilidades de cometer delitos a través de las mismas, en concreto, delitos contra la intimidad que pueden realizarse a través de medios tecnológicos, por lo que la ley y la jurisprudencia se han visto en la necesidad de adaptarse para su efectiva prevención».

La necesidad de la actuación preventiva, y sobre todo a nivel del discurso del embaucador se pone de manifiesto, especialmente en el estudio de LORENZO-DUS *et al.*[58]

> «Actuando desde el conocimiento detallado del discurso de manipulación de OG, tanto por parte de los ciberacosadores como de sus víctimas, es posible crear materiales de prevención que se basen en una defensa de los derechos de los menores a no ser abordados con discursos abusivos en entornos digitales. Los menores pueden aprender que es perfectamente normal, y en realidad un derecho natural e inviolable, no ser agredido discursivamente con contenido sexual —implícito o explícito—, con intentos de asilamiento, con falsos cumplidos, etc».

---

sable de Internet, medidas para incentivar la responsabilidad social de las empresas, debiendo las campañas institucionales incluir «la prevención sobre contenidos digitales sexuales y/o violentos que pueden influir y ser perjudiciales para la infancia y adolescencia». Una de las novedades más relevantes de la ley es haber previsto la colaboración del sector privado en la creación de espacios seguros en este ámbito. Al respecto, puede verse: MARTÍNEZ GARCÍA, Clara, «La protección administrativa de la infancia y la adolescencia frente a la violencia. Niveles y ámbitos de actuación prioritarios», MARTÍNEZ GARCÍA, Clara (coord.), *El nuevo marco legal de protección integral de la infancia y la adolescencia frente a la violencia en España,* Thomson Reuters, Pamplona, 2021, edición electrónica, pp. 2225 y 3275.

[57] DOMINGO MONFORTE, Abogados Asociados, «Delitos contra la intimidad. *Sexting* secundario. Tratamiento y problemática», *Diario La Ley*, n.º 10228, sección Tribuna, 14 de febrero de 2023, p. 1.

[58] LORENZO-DUS, Núria; MORENO-SERRANO, Mercè; MARUENDA-BATALLER, Sergio, y PÉREZ-SABATER, Carme, *op. cit.*, p. 183.

CAPÍTULO 6

EL SUJETO PASIVO Y LA SEMPITERNA PROBLEMÁTICA DE LA EDAD

Ab initio, hemos de señalar lo que nos indica la Fiscalía General del Estado en su *Memoria* de 2022[1] sobre las víctimas de este tipo de delitos:

> «… víctimas fáciles de quienes aprovechan esa permanente conectividad para la comisión de actuaciones delictivas como *ciberbullying*, *childgrooming*, así como la delincuencia atentatoria contra su libertad e indemnidad sexual a través de la pornografía infantil».

Desde un punto de vista político criminal Queralt Jiménez[2] afirma que es desacertada la decisión de elevar la edad del consentimiento sexual a los dieciséis años cuando ningún texto legal obligaba a ello, conllevando a una serie de problemas prácticos que desembocarán en el archivo de determinadas actuaciones. Añade que «se parte de un doble apriorismo sin base empírica. Por un lado, que el menor no insta el acto sexual, sino que siempre lo recibe». Por otro lado, «que el menor no puede solicitar sexo con otro menor». Es decir, «se establece una presunción de que los actos realizados con el menor, incluso siendo

---

[1] Fiscalía General del Estado, *Memoria*, 2022, p. 27. Disponible en: https://www.fiscal.es/memorias/memoria2022/FISCALIA_SITE/index.html [fecha de consulta: 07/02/2024].

[2] Queralt Jiménez, Joan Josep, *Derecho penal español. Parte especial. 7.ª Edición revisada y actualizada con las leyes orgánicas 1/2015 y 2/2015, de 30 de marzo*, 1.ª ed. en Tirant lo Blanch, Valencia, 2015, p. 233. Sáinz-Cantero Caparrós, José Eduardo, «Capítulo 11. Delitos contra la libertad e indemnidad sexuales (I). Agresiones y abusos sexuales. Los abusos sexuales y agresiones sexuales a menores de 16 años», en Morillas Cueva, Lorenzo, *op. cit.*, p. 286.

queridos por éste, son actos no consentidos y atentan contra la indemnidad sexual del menor, pasando por ello a constituir objeto de prohibición penal».

De las cifras sobre ciberdelincuencia que nos aporta el Ministerio del Interior, y concretamente extractadas del prolijo informe elaborado por López Gutiérrez *et al.*[3] (2021) dentro del apartado de ciberdelincuencia sexual, se constata que, en el periodo 2015-2021, el 70,4% de los delitos cometidos tienen por víctimas a menores de edad, en las tipologías de pornografía, contactos tecnológicos con menores, y corrupción de menores. Las principales víctimas, son del sexo femenino.

> «si se analiza la distribución global de incidentes conocidos por ámbito y sexo, las mujeres exceden en porcentaje a las víctimas de sexo masculino cuando se trata de hechos relacionados con la falsificación informática (usurpación del estado civil), acceso e interceptación ilícita (descubrimiento y revelación de secretos), contra el honor (injurias) y los delitos sexuales [delito de contacto mediante tecnología con menor de 16 años con fines sexuales (*grooming*)]».

El ciberespacio es un lugar muy propicio para contactar con menores que utilizan diferentes redes sociales de forma intensiva (WhatsApp, Instagram, Facebook, Tik Tok[4], Only fans,

---

[3] Cfr. López Gutiérrez, Javier; Sánchez Jiménez, Francisco; Herrera Sánchez, David; Martínez Moreno, Francisco; Rubio García, Marcos; Gil Pérez, María Victoria; Santiago Orozco, Ana María, y Gómez Martín, Miguel Ángel, Ministerio del Interior. Dirección General de Coordinación y Estudios Secretaría de Estado de Seguridad, «Informe sobre la cibercriminalidad en España, 2021», p. 24. Disponible en: https://www.interior.gob.es/opencms/pdf/prensa/balances-e-informes/2021/Informe_Cibercriminalidad_2021_.pdf [fecha de consulta: 04/09/2023].

[4] En relación con esta red social, encontramos un interesante artículo titulado «El *child grooming*, la cara oscura de Tik Tok» en el que se indica que se trata de la cuarta aplicación social más descargada del año 2019. Se trata de una aplicación de vídeos musicales de quince segundos que los más pequeños de la casa pueden colgar y además, pueden contactar con más personas que les han visto. Esta red tiene un atractivo muy especial, y se ha convertido en un lugar del ciberespacio en el que los menores se sienten libres y sin control parental alguno. Puede verse el citado artículo en https://www.marketingdirecto.com/digital-general/social-media-marketing/la-cara-oscura-de-tik-tok-acoso-sexual-a-menores-censura-de-contenidos-y-sin-politicas-de-privacidad-claras

etc.[5]), con poca reflexión, falta de criterio y, en la mayoría de las ocasiones, con un escaso control parental, en muchos casos por falta de tiempo y/o desconocimiento de este ámbito. De ello se infiere que los/las menores son un colectivo altamente vulnerable[6] frente a los «*groomers*» (embaucadores), que persiguen satisfacer sus apetencias sexuales mediante el engaño paulatino, progresivo, envolvente e incluso sibilino.

Tal y como indica Magro Servet[7]:

> «... nos damos cuenta de que el grupo de los menores de edad es el que más victimización tiene en virtud de lo que hemos denominado como el aprovechamiento de la propia vulnerabilidad del menor y la confianza en que lo que ve en Internet no tiene maldad alguna, y es esa confianza de la que se aprovecha del autor del delito de la ciberdelincuencia para perpetrar su conducta criminal sexual contra los menores de edad, que es el grupo más numeroso de víctimas en este tipo de delincuencia sexual».

El sujeto pasivo, la víctima del *grooming*, es un/a menor de dieciséis años que suele dominar con gran destreza la navegación por Internet, pues se trata de la generación de los «nativos digitales», frente a los

---

[fecha de consulta: 22/08/2023]. RTVE también se hizo eco del fenómeno del *child grooming* a través del Laboratorio de investigación sobre delitos digitales denominado «*Back Up:* Depredadores en red», donde indican literalmente que la pederastia, el *grooming*, es el mayor peligro para los menores en la red. Mediante la narración de casos reales y la voz de los expertos, se muestran cómo actúan los pederastas y cómo hay que defenderse. Se trata de siete capítulos en total sobre siete de los delitos informáticos que se cometen en la red. Lejos de criminalizar a Internet, RTVE trata de concienciar sobre la ciberdelincuencia. Disponible en: https://www.rtve.es/play/audios/todo-noticias-tarde/backup-depredadores-red/5504384/ [fecha de consulta: 22/08/2023].

[5] Sobre la cuestión, puede verse a Gil Antón, Ana M.ª, «El fenómeno de las redes sociales y los cambios en la vigencia de los derechos fundamentales», *RDUNED*, n.º 10, 2012.

[6] Puede verse para mayor profusión Abadías Selma, Alfredo, «Los menores como colectivo vulnerable en la era de la cultura *touch*», en Sanz Delgado, Enrique, y Fernández Bermejo, Daniel (coords.), *Tratado de delincuencia cibernética*, Aranzadi, Pamplona, 2021, pp. 75-118.

[7] Magro Servet, Vicente, *op. cit.* p. 3.

«inmigrantes digitales» (padres, madres, abuelos/as) a los que se refiere PRENSKY[8] de forma muy apropiada.

En este punto, es de interés destacar la Circular de la Fiscalía General del Estado 1/2017, de 6 de junio, sobre la interpretación del art. 183 quater del Código Penal (actual art. 183 CP)[9].

En síntesis, se viene a realizar la siguiente clasificación:

a) «Impúberes. En ellos aún no se ha producido el proceso de cambios físicos en el cual el cuerpo del niño o niña adquiere la capacidad de la reproducción sexual. No puede establecerse una edad fija para delimitar la infancia de la pubertad pues el inicio del proceso de cambios varía de una persona a otra, dependiendo de diversos factores, entre ellos el sexo».

El término «impúber» se refiere a una persona que aún no ha alcanzado la pubertad, es decir, la capacidad de reproducción desde un punto de vista biológico. Sin embargo, desde un punto de vista jurídico, se considera impúber a toda persona que no ha alcanzado una edad predeterminada por la ley, generalmente coincide con la edad en la que se considera que una persona ha dejado de ser impúber.

Es importante tener en cuenta que los impúberes, es decir, las personas menores de edad que aún no han alcanzado la pubertad, suelen tener una capacidad legal limitada para realizar ciertos actos jurídicos, como celebrar contratos. Esto se debe a la presunción legal de la falta de voluntad en sus actos debido a su falta de desarrollo intelectual suficiente.

b) «El segundo nivel de protección abarcaría desde el inicio de la pubertad hasta los 13 años inclusive, siempre que dicho proceso fisiológico haya comenzado antes de dicha edad. En esta franja, la protección del menor es intensa por encontrarse en la primera fase de la adolescencia. El límite de los 14 años es habitualmente empleado por nuestra legislación (así, para la exigencia de la responsabilidad penal de los menores en el art. 1 LORPM o para la capacidad de testar en el art. 663.1.º CC)».

---

[8] PRENSKY, Marc, *Enseñar a nativos digitales. Una propuesta pedagógica para la sociedad del conocimiento*, SM Ediciones, Madrid, 2011.

[9] FISCALÍA GENERAL DEL ESTADO, *Circular 1/2017, de 6 de junio, sobre la interpretación del art. 183 quater del Código Penal.* Disponible en: https://www.boe.es/buscar/doc.php?id=FIS-C-2017-00001 [fecha de consulta: 05/09/2023].

El límite de los catorce años para la exigencia de la responsabilidad penal de los menores es empleado por nuestra legislación. No existe un consenso pacífico entre la doctrina sobre esta edad. La Ley Orgánica 5/2000, reguladora de la responsabilidad penal de los menores, establece que esta ley se aplica a personas mayores de catorce años y menores de dieciocho por la comisión de hechos tipificados como delitos o faltas en el Código Penal o las leyes penales especiales. Por debajo de los catorce años, no se les exige responsabilidad penal, sino que se aplican las normas de protección de menores previstas en el Código Civil y otras disposiciones vigentes.

El límite de los catorce años se establece en cumplimiento de la Convención de los Derechos del Niño, que obliga a los Estados a establecer una edad mínima de responsabilidad penal. Se supone que los menores por debajo de esta edad no tienen la capacidad para infringir la ley y cometer delitos.

c) «Catorce y quince años, ambos inclusive. La protección debe permitir una diferencia de edad que abarque a los jóvenes hasta veinte años inclusive, moderándose en atención al segundo parámetro (grado de desarrollo o madurez).

Excepcionalmente podrían comprenderse los jóvenes de hasta 24 años inclusive, atendiendo al grado de desarrollo o madurez tanto del menor como del joven que mantienen el contacto sexual. Esta pauta debe entenderse de carácter orientador».

La cuestión de la edad siempre ha sido un tema muy controvertido entre la doctrina y en sede parlamentaria, pues podríamos decir que el grado de madurez no se traduce con un simple número, si bien, por razones obvias de seguridad jurídica, es necesario un acotamiento.

La determinación de la edad en la que se considera que un menor tiene la capacidad intelectual y madurez suficiente para ser penalmente responsable es un tema debatido en la doctrina jurídica. La legislación establece un límite de edad, en este caso los catorce años, como punto de referencia para la exigencia de responsabilidad penal de los menores. Sin embargo, es importante tener en cuenta que la capacidad intelectual y madurez de los menores puede variar considerablemente, por lo que cada caso debe ser evaluado individualmente.

La capacidad intelectual y madurez de los menores es un factor que los tribunales tienen en cuenta al determinar la responsabilidad penal de un menor. Se considera que los menores más jóvenes tienen una capacidad limitada para comprender plenamente las consecuencias de sus acciones y para tomar decisiones informadas. Por lo tanto, se aplican medidas de protección y educación en lugar de sanciones penales a los menores que no alcanzan la edad mínima para la responsabilidad penal.

A la edad se le añade otro factor que es determinante, se trata de los incapaces[10], *ad exemplum*, por severa inmadurez psíquica, que no están incluidos de forma directa en el art. 183.1 CP en un craso error del legislador, pues pueden ser un colectivo incluso más vulnerable que el de los menores[11], si bien se hace referencia cuando el tenor del propio artículo nos remite a los arts. 181 y 189 CP.

La severa inmadurez psíquica de los menores se refiere a una falta significativa de desarrollo emocional, cognitivo y social en comparación con lo que se considera normal para su edad. Esta inmadurez puede manifestarse en diferentes aspectos de la vida de un menor, como la dificultad para regular las emociones, la falta de habilidades sociales adecuadas, la baja tolerancia a la frustración y la dificultad para tomar decisiones responsables.

La inmadurez psíquica puede tener diversas causas, como factores genéticos, problemas de desarrollo, experiencias traumáticas o carencias afectivas y emocionales en la crianza. Estas circunstancias pueden afectar el desarrollo integral del menor y su capacidad para funcionar de manera adecuada en diferentes situaciones y entornos.

Es importante tener en cuenta que la inmadurez psíquica no es necesariamente un trastorno o una discapacidad, sino más bien una condi-

---

[10] Sobre esta delicada cuestión puede verse por todas la magna obra de GONZÁLEZ TASCÓN, María Marta (coord.); FRIERA ÁLVAREZ, Marta; CAMPO MON, María de los Ángeles; SUÁREZ LLANOS, Leonor; RODRÍGUEZ PÉREZ, Sara; VILLA SIEIRO, Sonia Victoria; MONGE FERNÁNDEZ, Antonia; BERNAL DEL CASTILLO, Jesús; GARCÍA AMEZ, Javier; VÁZQUEZ RODRÍGUEZ, Beatriz; ROCA DE AGAPITO, Luis; PALACIOS GONZÁLEZ, María Dolores; ROCA MARTÍNEZ, José María, y MORCILLO JIMÉNEZ, Juan Jesús, *Delitos sexuales y personas menores de edad o con discapacidad intelectual: Reflexiones jurídicas y psicoeducativas sobre sus derechos y su protección,* Tirant lo Blanch, Valencia, 2022, *passim.*

[11] *Vid.* ORTS BERENGUER, Enrique, «Delitos contra la libertad e indemnidad sexuales…», *op. cit.*, *passim.*

ción que puede requerir apoyo adicional y una atención especializada para facilitar el desarrollo y la adaptación del menor.

Por su parte, MITCHELL, FINKELHOR y WOLAK[12] demostraron que existe una mayor vulnerabilidad de las víctimas cuando padecen carencias afectivas, o bien sufren un cuadro de depresión.

La depresión es un trastorno mental común que puede afectar a personas de todas las edades, incluidos los menores. Los menores que padecen depresión pueden ser más vulnerables a los posibles ataques de embaucadores a través de las redes sociales debido a su estado emocional ya su posible falta de habilidades para reconocer y manejar situaciones de riesgo. Esta enfermedad puede afectar la capacidad de un menor para tomar decisiones informadas y para evaluar adecuadamente las intenciones de otras personas en línea. Los embaucadores pueden aprovecharse de esta vulnerabilidad emocional y manipular a los menores para obtener información personal, imágenes o videos comprometedores, o incluso para establecer encuentros físicos.

Este problema es silencioso porque muchas veces los menores no comunican sus experiencias o no son conscientes de que están siendo manipulados. Por lo tanto, es fundamental abordar este problema desde diferentes frentes, como las familias, el sistema educativo, el sistema sanitario y las diferentes administraciones.

Al respecto, y sobre el rol que han de tener las diferentes administraciones ante esta problemática, MAGRO SERVET[13] asevera:

> «La principal vía para luchar contra la delincuencia sexual on line es la informativa en la publicidad institucional de la administración competente. Y ello, en razón de que habría que hacer un esfuerzo especial y específico para publicitar a los menores de edad, sobre todo, qué se puede hacer cuando sean víctimas de este tipo de hechos. Porque el principal problema de la ciberdelincuencia sexual es el de la ausencia de información de las víctimas acerca de lo que pueden hacer cuando lo sean, ya que se encuentran en un cerrado túnel del que no pueden salir cuando han entrado en el mismo y se encuentran con la victimización de los autores».

---

[12] MITCHELL, Kimberly J.; FINKELHOR, David, y WOLAK, Janis, «Youth Internet users at risk for the most serious *online* sexual solicitations», *American Journal of Preventive Medicine,* 2007, n.º 32, pp. 532–537. Disponible en: http://dx.doi.org/10.1016/j.amepre.2007.02.001 [fecha de consulta: 14/08/2023].

[13] MAGRO SERVET, Vicente, *op. cit.* pp. 3 y 4.

Así pues, el sistema sanitario debe estar preparado para identificar y tratar la depresión en los menores, brindándoles apoyo psicológico y terapéutico adecuado y los profesionales de la salud deben estar capacitados para reconocer los signos de depresión en los menores y derivarlos a especialistas cuando sea necesario.

En esta línea estudios empíricos nacionales como los de Echeburúa Odriozola y De Corral Gargallo[14] han demostrado que los menores que han sufrido agresiones sexuales en edades tempranas tienen muchas más posibilidades de sufrir enfermedades mentales como la depresión en la edad adulta.

Wolak[15] *et al.* en 2010 y Wolak y Finkelhor[16] en 2013 revelaron que la mayoría de las víctimas del *online child grooming* son chicas, seguidas de menores homosexuales, o bien con la tendencia sexual todavía por definir y con edades que van de los trece a los diecisiete años.

Es cierto que los menores están en una etapa de desarrollo en la que exploran su sexualidad. Durante este proceso, es común que experimenten cambios y curiosidad en relación a su orientación sexual y preferencias. Es importante destacar que la tendencia sexual de los menores aún está en proceso de definición y puede variar a lo largo de su vida.

Sin embargo, es fundamental tener en cuenta que durante esta etapa de descubrimiento, los menores son especialmente vulnerables a los depredadores y embaucadores sexuales. Estos individuos inescrupulosos pueden

---

[14] Echeburúa Odriozola, Enrique, y De Corral Gargallo, Paz, «Secuelas emocionales en víctimas de abuso sexual en la infancia», *Cuadernos de Medicina Forense*, 2006, n.º 43-44, pp. 75-82. En este estudio se hace un análisis sobre las consecuencias del abuso sexual a corto y largo plazo, así como sobre el impacto inmediato de la victimización y de las repercusiones a largo plazo en la salud mental. Se revisan asimismo las situaciones de alto riesgo y los factores protectores que pueden amortiguar el impacto del abuso sexual. Se comentan las implicaciones de este estudio para la investigación clínica y la práctica forense.

[15] Wolak, Janis; Finkelhor, David; Mitchell, Kimberly J., e Ybarra, Michel L., «*Online* "predators" and their victims: Myths, realities, and implications for prevention and treatment», *Psychology of Violence*, 2010, 1(S), pp. 13-35.

[16] Wolak, Janis, y Finkelhor, David, «Are crimes by *online* predators different from crimes by sex offenders who know youth in-person?», *Journal of Adolescent Health,* n.º 53, 2013, pp. 736-741.

aprovecharse de la falta de experiencia, la confusión y la curiosidad de los menores para manipularlos y atacar su integridad sexual.

Es cierto que los menores de edad tienen una curiosidad natural y normal por explorar su sexualidad. Durante esta etapa de desarrollo, es común que sientan interés por las relaciones, el amor y el sexo. Sin embargo, esta curiosidad puede ser aprovechada por embaucadores sexuales que actúan en línea para entrar en sus vidas.

Son sorprendentes los datos que se pueden obtener del *European online Grooming Project*[17], que definen dos perfiles diametralmente opuestos. Por una parte, hay menores vulnerables, con un carácter marcado por la inseguridad y la timidez y con problemas de sociali-

---

[17] *European online Grooming Project*. Disponible en: https://europeanonlinegroomingproject.com/ [fecha de consulta: 23/08/2023].

El «Proyecto europeo sobre el *grooming* de menores en Internet» (European *Online Grooming* Project), financiado a través del «Programa para una Internet más segura 2005-2008» de la Comisión Europea, tiene la finalidad de concienciar a la opinión pública sobre este fenómeno y de orientar a los menores sobre la forma más segura de utilizar Internet. Los responsables del proyecto, que definen tres clases de acosadores que se dedican a esta práctica, recalcan la necesidad de legislación europea que remedie la amenaza que plantean para la población. «Internet carece de fronteras geográficas», señalan. Los investigadores indagaron en esta cuestión entrevistando a individuos condenados por *grooming* de menores en Internet en Bélgica, Italia, Noruega y Reino Unido. Los resultados iniciales del proyecto, coordinado por el «Centro Nacional de Investigaciones Sociales» (NatCen, Reino Unido), indican que no todos los acosadores se comportan de la misma manera. En concreto estos se pueden clasificar en al menos tres categorías: los acosadores con un «cariño distorsionado»; los «acosadores adaptables»; y los «acosadores hipersexuales». «Estas conclusiones deben alertarnos de la urgencia de redoblar los esfuerzos para garantizar la seguridad de los menores en Internet», destacó Stephen Webster, del NatCen. «La inclusión de un botón de alarma por parte de los sitios de redes sociales, y la labor que se está realizando para concienciar a los menores de los riesgos que existen en Internet son dos puntos excelentes, pero este estudio deja a las claras que ya no basta con aplicar un método único y genérico. Confiamos en que la publicación de estas conclusiones supongan el inicio de una nueva etapa en la forma de intervenir contra este fenómeno». Disponible en: https://cordis.europa.eu/article/id/33036-project-reveals-complexity-of-online-grooming-problem/es [fecha de consulta: 21/01/2024].

zación a nivel familiar y escolar y que se dejan agasajar por el embaucador, el *groomer*.

La inseguridad y la timidez, así como los problemas de socialización, pueden ser factores de riesgo que hagan que los menores sean más vulnerables a ser manipulados o engañados a través de las redes sociales. Los niños y adolescentes inseguros o tímidos pueden sentir una necesidad intensificada de validación y aceptación y los depredadores en línea a menudo explotan esta vulnerabilidad al ofrecer atención y afecto falsos para ganarse la confianza de la víctima.

Los problemas de socialización a menudo están relacionados con una falta de habilidades sociales y los menores con estas dificultades pueden tener dificultades para discernir las intenciones de otros en línea, lo que los hace más susceptibles a engaños. La inseguridad y la timidez pueden llevar al aislamiento social y los niños y adolescentes que se sienten solos pueden ser más propensos a buscar conexión en línea, donde pueden ser blanco de personas malintencionadas.

Las personas inseguras pueden ser más susceptibles a este tipo de manipulación, ya que buscan la atención y la aprobación. Esta inseguridad puede estar vinculada a una baja autoestima, y estos menores pueden ser más propensos a creer y confiar en personas en línea que les ofrecen cumplidos o afirmaciones positivas, incluso si estas interacciones son perjudiciales.

La falta de autoestima en los menores introvertidos puede ser un factor de riesgo que los depredadores sexuales en línea pueden aprovechar. La autoestima se refiere a la valoración que una persona tiene de sí misma, y puede ser positiva (alta autoestima) o negativa (baja autoestima). En el caso de los menores introvertidos, que tienden a ser más reservados y a tener una vida social más limitada, es posible que experimenten una menor autoestima debido a la falta de aceptación de su personalidad, y los depredadores sexuales suelen buscar a personas que se sienten inseguras y que buscan validación y atención. Los menores introvertidos con baja autoestima pueden ser más propensos a buscar esta validación en línea, lo que los hace más susceptibles a ser manipulados por los depredadores.

La presión social y de los medios de comunicación también puede ser un factor de riesgo para los menores cuando comienzan a explorar su faceta sexual, y los delincuentes sexuales en línea suelen aprovechar esta situación. Los medios de comunicación a menudo transmiten mensajes y representaciones de la sexualidad que pueden influir en la percepción y las expectativas de los jóvenes en relación con su propia sexualidad. Además, la presión social puede provenir de amigos, compañeros de clase o incluso de la sociedad en general, lo que puede hacer que los menores se sientan presionados para explorar su sexualidad de ciertas maneras o en momentos en los que no se sienten preparados.

La presión social puede manifestarse a través de expectativas culturales o normas sociales que influyen en la percepción de la sexualidad. A su vez, los medios de comunicación, incluidas las plataformas en línea, pueden jugar un papel significativo al presentar imágenes y mensajes relacionados con la sexualidad que pueden impactar en la percepción y comportamiento de los menores.

Los menores no tienen la suficiente preparación para saber dirimir la información que les llega a través de los *mass media*, sobre todo en materia sexual. Los menores están en pleno desarrollo, tanto físico como mental, y su capacidad de discernir la información es todavía limitada.

En materia sexual, los menores son especialmente vulnerables a la información distorsionada que les llega a través de los *mass media* y los medios de comunicación, a menudo, presentan una imagen idealizada y poco realista del sexo, que puede conducir a los menores a tener una visión distorsionada de la sexualidad.

Por ejemplo, los medios de comunicación suelen presentar el sexo como algo que debe ser placentero y satisfactorio para todos los participantes, sin importar la edad o la situación. Esto puede conducir a los menores a creer que deben tener relaciones sexuales, incluso si no se sienten preparados o cómodos. Además, los medios de comunicación suelen presentar el sexo de forma sensacionalista, enfatizando los aspectos más negativos o peligrosos.

Por otra, hay menores extrovertidos y seguros, que lo que persiguen es la experimentación de novedades vitales y disfrutar incluso del riesgo a través de las tecnologías.

Los menores extrovertidos y seguros en demasía pueden exponer su intimidad con excesiva facilidad en las redes sociales, lo cual constituye un factor de riesgo relevante frente a posibles agresores sexuales. La sobreexposición en las redes sociales puede hacer que los menores sean más vulnerables a ser contactados y manipulados por personas malintencionadas.

Un informe de la Universitat Oberta de Catalunya (UOC) advierte sobre la importancia de no compartir imágenes de menores en las redes sociales, ya que incluso las fotos aparentemente inocentes pueden atraer a pederastas y agresores sexuales. Según el estudio, en el 72% de los casos de agresores sexuales duales penados, se encontraron imágenes de menores no sexualizadas obtenidas de las redes sociales.

> «Y es que el 23% de los niños tiene presencia en línea incluso antes de nacer, porque sus padres publican imágenes de las ecografías durante el embarazo. Este porcentaje se dispara rápidamente, hasta el punto de que el 81% está en Internet antes de cumplir los 6 meses, según una encuesta elaborada por la firma de seguridad informática AVG en 10 países, entre ellos, España. Esto es lo que se conoce como *sharenting* en inglés, del verbo "compartir" (*share*) y "paternidad" (*parenting*). Un fenómeno que se resume en compartir informaciones, vídeos y fotos (de cualquier tipo) de nuestros hijos en Internet y redes sociales. "No respetamos la intimidad de nuestros hijos y esto afecta a su identidad digital futura, pero no solo a eso: derivado de esa sobreexposición, pueden darse suplantación de identidad, fraude en línea, victimización por *grooming* o *cyberbullying* o que ese contenido se convierta en material de explotación sexual infantil", advierte Irene Montiel, profesora de los Estudios de Derecho y Ciencia Política de la Universitat Oberta de Catalunya (UOC), experta en victimización infantil *online*»[18].

El *sharenting* puede implicar compartir una amplia variedad de contenidos relacionados con los hijos, como fotos de bebés recién nacidos, momentos especiales en la vida de los niños, logros e hitos importantes, anécdotas divertidas o incluso detalles sobre la vida cotidiana de los niños, como su rutina diaria, su alimentación o su comportamiento. Los padres a menudo comparten estos contenidos en plataformas de redes sociales como Facebook, Instagram, Twitter

[18] *Vid.* BIGAS FORMATJÉ, Núria, «Los peligros del *sharenting*: fraude en línea y material de abuso sexual infantil». Disponible en: https://www.uoc.edu/es/news/2023/138-sharenting-peligros-fraude-online-contenido-abuso-sexual-infantil [fecha de consulta: 21/01/2024].

y YouTube, así como en blogs personales y otras plataformas de medios sociales[19].

---

[19] *Vid.* «¿Qué es el *Sharenting*? Diez ejemplos y características». Disponible en: https://elfeminismo.com/articulos-sobre-feminismo/sharenting-explicacion-y-riesgos/ [fecha de consulta: 21/01/2024]. Riesgos del *Sharenting* que pueden verse en este artículo:

«Violación de la privacidad del niño: Compartir información y fotos de los hijos en redes sociales puede violar su privacidad. Los padres pueden estar compartiendo detalles sobre la vida de sus hijos sin su consentimiento, lo que puede afectar su privacidad y autonomía. A medida que los niños crecen, pueden sentirse incómodos o avergonzados por la información o las fotos que sus padres compartieron de ellos en línea.

Riesgo de seguridad: Compartir información y fotos de los hijos en redes sociales también puede exponerlos a riesgos de seguridad. Las fotos pueden incluir detalles sobre la ubicación, la escuela o las actividades del niño, lo que puede ser utilizado por personas malintencionadas para acosar, estafar o hacer un uso indebido de la información.

Consecuencias emocionales: El *sharenting* también puede tener consecuencias emocionales para los niños. Las fotos o la información compartida en línea pueden afectar la autoestima, la imagen corporal o la privacidad de los niños. Además, cuando los niños se dan cuenta de que sus padres están compartiendo su vida en línea, pueden sentir que están siendo vigilados constantemente o que su intimidad está siendo invadida, lo que puede causarles ansiedad o estrés.

Riesgo de ciberacoso: Compartir información y fotos de los hijos en línea puede aumentar el riesgo de ciberacoso. Los niños pueden ser objeto de burlas, intimidación o acoso por parte de sus compañeros o de personas desconocidas en línea basándose en la información o las fotos compartidas por sus padres. Esto puede tener un impacto negativo en la salud mental y emocional de los niños.

Impacto en la reputación digital: El *sharenting* puede tener un impacto duradero en la reputación digital de los niños. Las fotos o la información compartida en línea pueden seguir siendo accesibles durante muchos años, incluso en la edad adulta de los niños. Esto puede afectar su imagen en el futuro, incluyendo su empleabilidad, relaciones personales o oportunidades educativas.

Las fotos de *sharenting* afectan en la infancia: Hay fotos que parecen inocentes, las suben los propios padres y madres a la red, pero otras pueden perjudicar a los hijos e hijas porque son ridículas o íntimas.

Las fotos de *sharenting* afectan en la adolescencia: Esas fotos, cuando ellos y ellas van al instituto, pueden hacer que los compañeros de clase se rían de ellos.

Las fotos de *sharenting* afectan en la edad adulta: Esas fotos de *sharenting* pueden afectar a la vida personal del adulto o a su vida laboral».

CAPÍTULO 7

ELEMENTO SUBJETIVO

ROXIN[1] afirma que «el dolo suele definirse como el "saber y querer (conocimiento y voluntad)" de todas las circunstancias del tipo penal» y FRISTER[2] que «el ilícito de un delito doloso se caracteriza por la decisión consciente del autor a favor del acontecer descripto en el tipo objetivo y requiere (...) el conocimiento de ese acontecer».

Estamos ante un tipo doloso, pues el engaño —embaucamiento— es intrínseco al tipo básico y se impone realizar un deslinde del que se produce con el tipo agravado, pues si este ha servido de forma totalmente decisiva para que se concrete el acercamiento entre el sujeto activo y la víctima será cuando podrá apreciarse y sancionarse con mayor severidad[3].

El *grooming* se considera un tipo penal doloso porque implica una clara intención o voluntad por parte del agresor de cometer el acto delictivo. La persona que lleva a cabo el *grooming* está conscientemente manipulando y estableciendo una relación con el menor con el fin específico de obtener un contacto sexual inapropiado.

Ha de existir el elemento subjetivo que implica que el sujeto activo debe tener la intención de preparar el terreno para cometer un delito sexual con el menor, ya sea físicamente o a través de medios electrónicos. Esto implica que la interacción no solo debe existir, sino que también debe llevarse a cabo con una intención clara y específica de realizar actos sexuales con el menor en el futuro.

---

[1] ROXIN, Claus, *Derecho penal, Parte General*, tomo I, *Fundamentos. La estructura de la teoría del delito*, Civitas, Madrid, 2015, p. 415.

[2] FRISTER Helmut, *Derecho penal. Parte general*, Hammurabi, Buenos Aires, 2011, p. 219.

[3] RAMOS VÁZQUEZ, José Antonio, «Ciberacoso», en QUINTERO OLIVARES, Gonzalo (coord.), *Comentarios a la reforma penal de 2015*, Aranzadi, Pamplona, 2015, *passim*.

ESQUINAS VALVERDE[4] señala que «los actos materiales que acompañen a la propuesta han de resultar idóneos para obtener un acercamiento sexual (p. e., conversaciones telefónicas)». Igualmente, el autor señala que «el delito precisa un elemento subjetivo del injusto, como es la finalidad de propiciar un futuro acercamiento o encuentro sexual con el menor para cometer alguno de los delitos de los arts. 183 o 189 CP (delito de tendencia).

En este sentido también GUDÍN RODRÍGUEZ-MAGARIÑOS[5], cuando afirma que:

> «Se configura, pues, como un delito de tendencia o de dolo directo (también conceptuado por ciertos sectores doctrinales como de "dolo reduplicado") en cuanto a que se exige esta animo tendencial lo que excluye tanto la posibilidad de imprudencia como el dolo eventual. Punitivamente el *grooming* aparece enfocado como una antesala de un abuso sexual o acto de preparatorio tipificado *ad hoc*».

En este contexto, si no hay evidencia de esta intención específica por parte del sujeto activo y no se ha producido la interacción destinada a menoscabar la integridad sexual del menor, la conducta podría no cumplir con los elementos necesarios para constituir el delito de *grooming* en muchos sistemas legales.

Coincidimos con MENDOZA CALDERÓN[6] en que es preciso comprobar que hay una voluntad indubitada del *groomer* (sujeto activo) para conseguir el encuentro con finalidad sexual con el/la menor mediante Internet, teléfono o cualquier otra tecnología de la información y la comunicación, hecho que implica el dolo.

---

[4] ESQUINAS VALVERDE, Patricia. «IV. Delitos de abusos y agresiones sexuales sobre personas menores de 16 años (Capítulo II bis)», en MARÍN de ESPINOSA CEBALLOS, Elena (dir.), y ESQUINAS VALVERDE, Patricia (coord.), *Lecciones de Derecho penal. Parte Especial,* Tirant lo Blanch, Valencia, 2018, p. 130.

[5] GUDÍN RODRÍGUEZ-MAGARIÑOS, Faustino, «Algunas consideraciones sobre el nuevo delito de *Grooming*», *Actualidad Jurídica Aranzadi,* n.º 842/2012, BIB 2012\898, p. 3.

[6] MENDOZA CALDERÓN, Silvia, *El Derecho Penal frente a las formas de acoso a menores. Bullying, ciberbullying, grooming y sexting,* Tirant lo Blanch, Valencia, 2013, *passim.*

La voluntad de contacto se puede manifestar de diversas maneras, por ejemplo: a través de expresiones verbales o escritas que denoten la intención del *groomer* de tener un contacto físico con el menor; a través de acciones que impliquen un acercamiento físico con el menor, como solicitarle su número de teléfono o su dirección de correo electrónico o mediante la creación de un ambiente propicio para el contacto físico, como invitando al menor a salir o a encontrarse en un lugar privado.

Asimismo, coincidimos con GÓRRIZ ROYO[7] en que el dolo del sujeto activo ha de comprender siempre la edad del/la menor para que no quepa la menor duda de que el *groomer* es conocedor de forma fehaciente de que ha conseguido engañar a un/a menor de dieciséis años con una finalidad sexual. Si se demuestra que hay un desconocimiento de la edad, no procede la aplicación del art. 183.1 CP[8].

Para que se pueda castigar por *online child grooming*, el criminal ha de conocer la edad de la víctima de forma fehaciente. Esto significa que el criminal debe saber que la víctima es menor de edad y que, a pesar de ello, sigue adelante con su plan de establecer una relación de confianza con ella con la finalidad de preparar el terreno para un contacto sexual posterior.

Sin embargo, existen algunas excepciones a esta regla. En particular, si el criminal no conoce la edad de la víctima de forma fehaciente, pero tiene motivos para sospechar que es menor de edad, también puede ser castigado por el delito de *online child grooming*.

En relación con el dolo eventual[9], el ATS 293/2021, de 22 de abril, señala:

---

[7] GÓRRIZ ROYO, Elena, «*On-line child grooming...*», *op. cit.* p. 27.

[8] *Vid.* SAP Valencia, de 24 de octubre de 2013, FD 2.º, MP: L. SANZ DÍAZ, Secc. 3.ª, TOL4.089.375135.

[9] Es tradicional que la jurisprudencia penal de España haya incluido el dolo eventual en la estructura típica de los delitos cualificados por el resultado. De este modo, el dolo de peligro y el «dolo eventual de lesión» se configuraban como momentos subjetivos característicos de los delitos cualificados por el resultado.

A mayor abundamiento, la sentencia del Tribunal Supremo, de 23 de abril de 1992, más conocida como el «caso de la colza», postula por una nueva forma de concebir la íntima relación existente entre una y otra especie de dolo. La razón de la incriminación de los delitos cualificados por el resultado se basa en que el le-

«Del mismo modo, hemos dicho en la Sentencia del Tribunal Supremo 97/2015, de 24 de febrero, que el dolo exigido al agente para la correcta aplicación del artículo 183 bis (actual 183 Ter) del CP puede acomodarse al dolo eventual y, dentro de este concepto, al llamado "dolo de indiferencia", cuando el autor desconoce en detalle uno de los elementos del tipo, puede tener razones para dudar, y además tiene a su alcance la opción entre desvelar su existencia o prescindir de la acción. La pasividad, en este aspecto seguida de la ejecución de la acción, no puede ser valorada como un error de tipo, sino como dolo eventual. Con su actuación pone de relieve que le es indiferente la concurrencia del elemento respecto del que ha dudado, en función de la ejecución de una acción que desea llevar a cabo. Actúa entonces con dolo eventual (SSTS 123/2001, de 5 de febrero, y 159/2005, de 11 de febrero».

Si pudiera demostrarse que el sujeto activo que realizó el contacto y que además hizo la proposición del encuentro con fines sexuales tenía pleno convencimiento de que se trataba de una persona adulta, cabría la apreciación del error de tipo, y a tenor del art. 14.1 CP[10] procedería la impunidad tanto si es vencible[11] como

---

gislador no se limita a castigar la peligrosidad concreta de ciertos comportamientos de peligro abstracto, ni siquiera la amenaza que puede representar para un bien jurídico el peligro concreto, sino que la aplicación de la pena depende de una circunstancia ulterior, es decir, aquella situación de riesgo para los bienes jurídicos generada por el comportamiento típico, que es tributario de una perturbación efectiva de los mismos. En consecuencia, es la producción del resultado de lesión en que se concreta el peligro que representa la conducta básica del autor y que motiva la aplicación de las reglas punitivas especiales de los delitos cualificados por el resultado. *Vid.* Martos Núñez, Juan Antonio, *Delitos cualificados por el resultado en el Derecho penal español*, J. M. Bosch, Barcelona, 2012, p. 91.

[10] En concordancia con los arts. 5, 12, 65.2, 118.2 y 119 CP; 6.1 CC.

[11] El Tribunal Superior de Xustiza de Galicia (TSXG), en su Sentencia 72/2023, de 20 de septiembre, absolvió a un acusado de agresión sexual a un menor por no resultar acreditado que tuviese conocimiento de que la persona con quien contactó era menor de dieciséis años.

Es por lo que, el TSXG consideró que teniendo en cuenta todo lo que rodeó al caso no pudo afirmarse que el acusado debió presuponer que estaba contactando con un menor de dieciséis años y, por consiguiente, fue necesario dictar un pronunciamiento absolutorio en contra de lo resuelto en la instancia. En este sentido señaló: «... la sala se decanta por apreciar la insuficiencia probatoria para la condena, es decir por apreciar, con acogimiento del motivo, la vulneración, por parte de la sentencia impugnada, de la presunción de inocencia, al no tener en

invencible[12], pues la imprudencia[13], *prima facie*, no procede para el delito que comentamos.

---

cuenta que el acusado incurrió en un error de tipo vencible provocado por las circunstancias descritas, lo que, con independencia del acto sexual que se da por acreditado, impide apreciar la concurrencia de una conducta dolosa, pues la prueba conduce a tener por acreditado el desconocimiento por el acusado de ese elemento sustancial del tipo, que genera la exoneración en los términos expuestos».

[12] Podemos decir que un error es invencible, cuando no puede ser vencido por el sujeto, aunque emplee la diligencia debida, mientras que se da error vencible cuando hubiera podido ser vencido por el sujeto, si hubiese empleado diligencia. Por último, se habla por algunos de error craso, al que otros denominan error burdo, cuando no sería necesaria prácticamente ninguna diligencia para poder salir de este. El concepto de diligencia debida es normativo. *Vid.* MOLINA BLÁZQUEZ, Concepción, *Derecho penal. Parte general*, Tecnos, Madrid, 2022, p. 413. A mayor abundamiento, sobre la cuestión, puede verse LAMARCA PÉREZ, cuando hace inciso en la posibilidad de que exista el error de prohibición invencible en relaciones sexuales consentidas con menores, que ya venían siendo admitidas socialmente. *Vid.* LAMARCA PÉREZ, Carmen, «Delitos contra la libertad de indemnidad sexuales», *op. cit.*, p. 203.

[13] Como indicamos, la apreciación de la edad puede ser problemática sobre todo en franjas etarias próximas a la mayoría de edad, y un proceder imprudente podría ser decisivo para apreciar o no la responsabilidad del sujeto activo. Es de interés traer aquí a colación la teoría del *Error iuris nocet*, que significa que el error de derecho perjudica, y responde al planteamiento tradicional sobre esta cuestión que toma raíces en el derecho romano. Se trata de una teoría que fue defendida hasta mediados del siglo XX en Alemania y en España y hoy en día todavía se aplica en ordenamientos jurídicos como el angloamericano. Se trata de distinguir entre el error de hecho y el error de derecho. El error de hecho es relevante si es invencible, excluye la responsabilidad criminal, mientras que, si es vencible, excluye el dolo y podrá dar lugar en su caso a una responsabilidad por imprudencia. Todo y que desde el punto de vista doctrinal la teoría comentada fue muy criticada por gran parte de la doctrina, nuestro Tribunal Supremo la mantuvo hasta bien entrados los años setenta en los que adoptó la teoría del dolo. La tardanza en el reconocimiento de los efectos al error sobre la antijuricidad de la conducta no es exclusiva de nuestros tribunales, pues ha sido apreciada también por otros ordenamientos jurídicos. *Vid.* GIL GIL, Alicia; LACRUZ LÓPEZ, Juan Manuel; MELENDO PARDOS, Mariano, y NÚÑEZ FERNÁNDEZ, José, *Sistema de responsabilidad penal*, Dykinson, Madrid, 2017, pp. 434 y 435.

Por su parte, Núñez Fernández[14] es del parecer que, en el delito de *grooming*, se configurará un error de tipo, en los casos en que se constate que el sujeto activo no tenía conocimiento de que el sujeto pasivo era una persona menor de dieciséis años, entendiendo que en estos casos el delito quedaría impune.

Dicho esto, en muchas ocasiones no será cuestión fácil demostrar si se sabía o no la verdadera edad de la víctima, pues no es nada infrecuente que se mienta en las relaciones que se establecen en las redes, incluso con fotografías muy sencillamente trucadas con programas informáticos que los menores utilizan con gran habilidad para parecer que se tiene mayor edad.

Es relativamente sencillo engañar con la edad en las redes sociales. Los menores pueden hacerlo a través de programas de trucaje de imágenes, con inteligencia artificial o, simplemente, mintiendo en su perfil.

Esto puede constituir un problema a la hora de determinar si ha habido o no *child grooming*. Si el *groomer* no conoce la edad real de la víctima, puede alegar que no sabía que era menor de edad.

La inseguridad en la edad genera problemas de consideración que han de ser analizados con suma cautela:

> «La admisión del error, ya sea calificado como vencible o como invencible, conlleva la atipicidad de la conducta al no estar prevista la imputación a título imprudente. Estaríamos en estos casos ante un error de tipo (art. 14.1 CP) (STS 320/17, 4-05). No obstante, la jurisprudencia ha contrarrestado dicha consecuencia mediante la ampliación del dolo eventual. De tal forma para fundamentar la concurrencia del dolo bastaría con acreditar las dudas del autor sobre este extremo y la ausencia de actuación para resolver esas dudas. En este sentido, resulta ilustrativa la STS 97/15, 24-02 que se refiere: el elemento subjetivo del tipo exige que el dolo del autor abarque el componente de que el menor tenía menos de 13 años, es decir el conocimiento o racional presunción de que se trata de un menor de 13 años. Ahora bien, es indudable que el dolo exigido al agente para la correcta aplicación del tipo penal puede acomodarse al dolo eventual y, dentro de este concepto, al llamado dolo de indiferencia. Más allá de las limitaciones puestas de manifiesto por la dogmática para supuestos fronterizos, lo cierto es que cuando el autor desconoce en detalle uno de los elementos del tipo, puede tener razones para dudar y además tiene a su alcance

---

[14] Núñez Fernández, José, «Presente y futuro del mal llamado delito de ciberacoso a menores: análisis del artículo 183 bis CP y de las versiones del Anteproyecto de Reforma de Código Penal de 2012 y 2013», *Anuario de Derecho Penal y Ciencias Penales,* tomo 65, 2012, p. 195.

la opción entre desvelar su existencia o prescindir de la acción. La pasividad en este aspecto seguida de la ejecución de la acción no puede ser valorada como un error de tipo, sino como dolo eventual. Con su actuación pone de relieve que le es indiferente la concurrencia del elemento respecto del que ha dudado, en función de la ejecución de una acción que desea llevar a cabo. Actúa entonces con dolo eventual (En idéntico sentido, STS 245/19, 13-05: el acusado era consciente de la posibilidad de que la víctima no tuviera dieciséis años y, pese a ello —dolo de indiferencia—, ejecutó la acción típica; SSTS 187/05, 23-02, 123/01, 5-02, 159/05, 11-02)»[15].

En relación con la problemática del posible error con la edad GUDÍN RODRÍGUEZ-MAGARIÑOS[16] afirma que:

> «En cuanto al error especialmente el referido a la edad del sujeto tanto doctrina como jurisprudencia no ha atribuido poca relevancia al eventual error en concreto en la edad del menor, en supuestos como la prostitución y la corrupción de menores acudiendo a la doctrina del dolo eventual o con el argumento de que podía haber acudido a comprobar su duda con la documentación de la víctima».

Ante la duda sobre la edad, es importante que la víctima denuncie los hechos ante la policía lo antes posible. La policía puede investigar el caso y determinar si el *groomer* tenía motivos para sospechar que la víctima era menor de edad.

Además, las redes sociales también pueden ayudar a combatir este problema. Las redes sociales pueden implementar medidas para dificultar que los menores engañen con su edad. Por ejemplo, pueden exigir a los usuarios que proporcionen una copia de su documento de identidad para verificar su edad.

Sin embargo, es importante tener en cuenta que estas medidas no son infalibles. Los menores pueden encontrar formas de burlar estas medidas. Por ello, es importante que los padres y tutores estén atentos a la actividad *online* de sus hijos.

Los menores de edad saben muy bien cómo burlar las protecciones de edad que exigen algunas plataformas para poder acceder. Esto se

---

[15] DÍAZ MORGADO, Celia, «III. Abusos y agresiones sexuales a menores de 16 años», en VV.AA., *op. cit.*, p. 291.

[16] GUDÍN RODRÍGUEZ-MAGARIÑOS, Faustino, «Algunas consideraciones sobre el nuevo delito de *grooming*», *Actualidad Jurídica Aranzadi*, n.º 842/2012, BIB 2012\898, p. 4.

debe a que son nativos digitales y han crecido familiarizados con las tecnologías y las redes sociales.

Los menores pueden simplemente mentir sobre su edad al registrarse en una plataforma, pueden utilizar los datos de un adulto, como su nombre, fecha de nacimiento y documento de identidad, para registrarse en una plataforma, además, los servicios de *proxy* permiten a los usuarios ocultar su dirección IP y su ubicación geográfica. Esto puede ser útil para los menores que quieren acceder a una plataforma desde un país o región en la que no está permitida. Y no podemos obviar que el software de falsificación de edad permite a los usuarios modificar sus datos personales, como su fecha de nacimiento, para que coincidan con los requisitos de una plataforma.

Dicho esto, el Gobierno de España impulsa la protección de menores frente al acceso a pornografía en internet y el Ejecutivo propone un acuerdo de país para proteger a niños, niñas y adolescentes en la red, que incluye la aprobación de un proyecto de ley para la protección integral de los y las menores en Internet.

Desde la Agencia Española de Protección de Datos[17] y la Fábrica Nacional de Moneda y Timbre se trabaja en el desarrollo de un sistema

---

[17] La Agencia Española de Protección de Datos (AEPD) es la institución encargada de proteger los datos de los ciudadanos y velar por su privacidad, actuando con plena independencia de las Administraciones Públicas en el ejercicio de sus funciones. Además, la AEPD también se dedica a proteger a los menores en internet. Esta labor se refleja en iniciativas como la campaña «Cambia el Plan», que tiene como objetivo reducir los riesgos del uso abusivo de las pantallas sobre la salud de los menores. La campaña «Cambia el Plan» es una iniciativa de la Agencia Española de Protección de Datos (AEPD) y la Asociación Española de Pediatría (AEP) que tiene como objetivo promover la salud digital de los menores a través de la concienciación de sus padres y madres, reduciendo los riesgos que supone el uso abusivo de las pantallas sobre la salud de los menores. Esta campaña busca fomentar un uso responsable de la tecnología y proporcionar recursos para menores, familias y educadores.

Los resultados de la campaña «Cambia el Plan» incluyen la promoción de la salud digital de los menores a través de la concienciación de sus padres y madres, con el objetivo de reducir los riesgos que supone el uso abusivo de las pantallas sobre la salud en la infancia y adolescencia. La iniciativa busca abordar los riesgos

piloto de verificación de la edad para el acceso a páginas web de contenido para adultos[18].

Para la apreciación del error en cualquiera de sus formas siempre habrán de tenerse en cuenta las circunstancias objetivas del hecho y subjetivas del autor, como bien señala la Sentencia del Tribunal

---

a nivel físico, mental, sexual y social asociados con el uso intensivo y sin control de las pantallas. La campaña cuenta con la colaboración de la Fundación Atresmedia, Mediaset España y RTVE, quienes difunden la iniciativa a través de sus canales. El *hashtag* de la campaña en redes sociales es #CambiaElPlan. La campaña se lanzó el 23 de octubre de 2023.

La AEPD colabora con UNICEF España en la campaña #Másqueunmóvil, la cual busca fomentar el uso responsable de la tecnología y proporciona recursos para menores, familias y educadores. Además, la AEPD trabaja para que los ciudadanos conozcan sus derechos y las opciones que les ofrece para ejercerlos, así como para ofrecer instrumentos ágiles a quienes tratan datos personales para facilitarles el cumplimiento de la normativa. Esto incluye la protección de datos sensibles, como fotografías o videos de carácter íntimo o violento, que pueden ser difundidos sin consentimiento, representando un riesgo para los menores.

[18] *Vid.* Ministerio de la Presidencia, Justicia y Relaciones con las Cortes, «El Gobierno impulsa la protección de menores frente al acceso a pornografía en Internet». Disponible en: https://www.mjusticia.gob.es/es/institucional/gabinete-comunicacion/noticias-ministerio/Gobierno-impulsa-proteccion-menores-pornografiaograf%C3%ADa-en-internet [fecha de consulta: 21/01/2024]. «Verificación de la edad para acceder a páginas web de contenido para adultos. La Agencia Española de Protección de Datos ya está trabajando en el desarrollo de un sistema piloto de verificación de la edad, de la mano de la Fábrica Nacional de Moneda y Timbre y la Comisión Nacional de los Mercados y la Competencia.

Se trata de una herramienta que ha sido testada en los principales navegadores y que conjuga la protección a la infancia y el interés superior del menor con el derecho a la privacidad y el derecho fundamental y a la protección de datos de carácter personal del conjunto de la ciudadanía. Sus objetivos son proteger a los y las menores del acceso a contenidos para adultos y que, a su vez, esos contenidos puedan ser accesibles para aquellas personas que puedan demostrar su edad sin necesidad de hacer visible su identidad. Se trata de una iniciativa pionera que también están desarrollando países como Reino Unido y Francia».

Supremo 4517/2016[19]. Se refiere a las condiciones y hechos externos que rodean la acción en cuestión. Esto puede incluir factores como el contexto, la presión ambiental, la falta de información, la urgencia o cualquier otro elemento externo que pueda haber contribuido al error[20].

---

[19] Es muy clarificador el FJ 3.º de la STS 4517/2016, de 19 de octubre de 2016 —ECLI:ES:TS:2016:4517— (Ponente: Excmo. Sr. D. Manuel Marchena Gómez): «Hemos dicho también que la apreciación del error, en cualquiera de sus formas, vencible o invencible, vendrá determinada en atención a las circunstancias objetivas del hecho y subjetivas del autor. Son fundamentales para apreciar cualquier tipo de error jurídico en la conducta del infractor, según lo expuesto, las condiciones psicológicas y de cultura del agente, las posibilidades de recibir instrucción y asesoramiento o de acudir a medios que le permitan conocer la trascendencia jurídica de su obra. También la naturaleza del hecho delictivo, sus características y las posibilidades que de él se desprenden para ser conocido el mismo por el sujeto activo (STS 482/2007, 30 de mayo). El análisis debe efectuarse sobre el caso concreto, tomando en consideración las condiciones del sujeto en relación con las del que podría considerarse hombre medio, combinando así los criterios subjetivo y objetivo, y ha de partir necesariamente de la naturaleza del delito que se afirma cometido, pues no cabe invocar el error cuando el delito se comete mediante la ejecución de una conducta cuya ilicitud es de común conocimiento (SSTS 1238/2009, 11 de diciembre y 338/2015, 2 de junio)».

[20] El error en Derecho penal se refiere a una equivocación o desconocimiento que puede producirse sobre alguno de los elementos del tipo delictivo o sobre una circunstancia relevante que afecte la punibilidad de los hechos. El error puede incidir en la valoración jurídica del comportamiento del sujeto y, dependiendo de su naturaleza y de las circunstancias específicas, el error puede producir distintos efectos sobre la responsabilidad penal del individuo. Existen principalmente dos tipos de error en el ámbito penal: 1) Error de tipo: Se trata de un error relacionado con los elementos constitutivos del delito. Puede tratarse de un desconocimiento o equivocación sobre un hecho relevante que, si el sujeto hubiera conocido, su acción no habría sido delictiva. De acuerdo con el principio de culpabilidad, este tipo de error puede excluir la responsabilidad penal si es invencible (es decir, insuperable para el sujeto en las circunstancias dadas), pues anula la conciencia de la ilicitud en la acción del sujeto. 2) Error de prohibición: Ocurre cuando el sujeto actúa desconociendo que su conducta es contraria a la ley penal. Si el error era invencible, se excluye la culpabilidad, pero si era vencible (el sujeto debió o pudo

Hay que tener en cuenta las características personales, la intención y el conocimiento del autor en el momento en que ocurrió el error. Factores como la honestidad, la intención de cometer un acto incorrecto y la capacidad de comprender la naturaleza de la acción son consideraciones relevantes.

No podemos soslayar que el «aparente» anonimato[21] que ofrecen las diferentes redes sociales son un factor clave a la hora de conseguir perpetrar conductas delictivas abusivas en la distancia con una cierta sensación de impunidad que ultrapasan los límites de control social habituales, como bien indican GÁMEZ-GUADIX, GINI y CALVETE ZUMALDE[22] .

Hay varias razones por las que los embaucadores de las redes sociales tienen una sensación de impunidad para cometer delitos. La naturaleza anónima de Internet permite a las personas ocultar su identidad, lo que puede hacer que sea más difícil rastrearlas y responsabilizarlas por sus acciones. Esto es especialmente cierto en las redes sociales, donde los usuarios pueden crear perfiles falsos con nombres y fotos falsos. Las redes sociales a menudo carecen de supervisión, lo que puede también dar lugar a un comportamiento antisocial y delictivo. Ello se debe a que las redes sociales son plataformas masivas con millones de usuarios, lo que hace que sea difícil para los moderadores controlar todo el contenido. Además, muchas personas no son conscientes de los peli-

---

conocer la ilicitud de su conducta), puede conducir a una atenuación de la pena, según lo que establezca la legislación pertinente.

[21] La naturaleza de Internet es un elemento criminógeno, que desde el marco de la llamada Teoría del Autocontrol entre víctima y victimario constituye la desinhibición de conductas reprobables, fomentando el insulto y la ausencia de reflexividad y empatía, llegando a crear un ambiente, que quizás no sea favorable, pero sí que puede fomentar una sensación de impunidad falsa. A tal efecto, pueden verse a GOTTFREDSON y HIRSCHI plasmadas en su obra *A General Theory of Crime*, de 1990. Véase GOTTFREDSON, Michael Ryan, y HIRSCHI, Travis, *A General Theory of Crime*, Stanford University Press, Stanford (California), 1990, *passim*.

[22] GÁMEZ-GUADIX, Manuel; GINI, Gianluca, y CALVETE ZUMALDE, Esther, «Stability of *cyberbullying* victimization among adolescents: Prevalence and association with bully-victim status and psychosocial adjustment», *Computers in Human Behaviors*, n.º 53, 2015, pp. 140-148.

gros del engaño en las redes sociales y esto puede hacer que sean más vulnerables al abuso.

Sobre la cuestión del anonimato CINOSI FERNÁNDEZ[23]:

> «En tanto espacio virtual, la red se ha convertido en un "lugar físico" sumamente propicio para cometer este tipo de delitos. El sujeto activo (en adelante SA), que denominaremos "*groomer*", se vale del anonimato que la virtualidad le ofrece; de la volatilidad que caracteriza a los datos informáticos; y de la posibilidad de actuar de forma transnacional, entre otras, para así acometer su objetivo delictivo con mayor facilidad y menor riesgo de ser descubierto. En definitiva, el espacio virtual ha constituido un entorno propicio a la impunidad en el que los agresores desarrollan con más libertad su depredación criminal».

Es muy ilustradora la reflexión sobre el anonimato y la impunidad que realiza GUDÍN RODRÍGUEZ-MAGARIÑOS[24] cuando relata:

> «Examinado a los ojos de hace tan sólo una década, la realidad del Internet de hoy en día, ésta ha desbordado cualquier posible expectativa. Nadie entonces podría llegar a imaginar de algún modo que el utópico viejo sueño de Tim Berners Lee de crear un abierto espacio virtual intercomunicativo y sin fronteras, pudiera convertirse con el tiempo, en algunas concretas áreas de la red, en una sórdida pesadilla donde todos los abusos y todas las iniquidades parecen encontrarse salvaguardados por un alevoso manto de impunidad y anonimato».

FERNÁNDEZ CANELO[25] habla del anonimato en los siguientes términos: Muchos factores contribuyen a que los menores estén más expuestos a situaciones de riesgo. Las cámaras web, los mensajes de texto, las salas de chat, y los sitios de redes sociales como Facebook, Instagram, Messenger, entre otros, permiten a los niños acceder a comunidades virtuales donde no existe claridad respecto de la identidad de las personas con quienes se relacionan. Es ahí donde conviven, sin restricciones posibles, víctimas y victimarios y se genera un ambiente propicio para el anonimato y el encubrimiento de los abusadores.

---

[23] CINOSI FERNÁNDEZ, María Sol, *op. cit.*, p. 4.

[24] GUDÍN RODRÍGUEZ-MAGARIÑOS, Faustino, «Algunas consideraciones sobre el nuevo delito de *grooming*», *Actualidad Jurídica Aranzadi*, n.º 842/2012, BIB 2012\898, p. 1.

[25] FERNÁNDEZ CANELO, Borja, *Las redes sociales. Lo que hacen sus hijos en Internet*, Club Universitario, Alicante, 2010.

Estos factores crean un entorno en el que los embaucadores de las redes sociales pueden operar con relativa impunidad y esto se ha traducido en un aumento de los delitos relacionados con las redes sociales, como el ciberacoso, el robo de identidad y la explotación sexual infantil.

En este sentido MAGRO SERVET[26] apunta de forma muy acertada:

> «Resulta muy preocupante el incremento de la delincuencia sexual que se está produciendo en la actualidad, no solamente en actuaciones de corte individual, sino en las denominadas violaciones grupales que se están produciendo de forma reiterada en muchos puntos del país. Está claro que el fácil acceso de los jóvenes a temas de pornografía, o a contenidos de tipo sexual en internet y la inexistencia de cortapisas que impidan a menores de edad acceder a internet está produciendo unos efectos preocupantes. Todo ello, aderezado por la pérdida de valores y de contenidos educativos en respeto e igualdad que hacen que se haya perdido el respeto a los demás y la observancia de la igualdad y la exigencia por no atentar contra la libertad e indemnidad sexual de mayores y menores de edad.
>
> Nos encontramos en un período de absoluta ausencia de valores, y, sobre todo, de no respetar al prójimo, y de aprovecharse de los demás sin cerciorarse el autor de si con su conducta hace sufrir a la víctima, y acrecentando los hechos y su gravedad cuando la víctima es un menor de edad.
>
> Sobre todo, hay que tener en cuenta la situación de desinhibición existente y el aprovechamiento de internet para la delincuencia de todo tipo, entre la que no puede quedar fuera la delincuencia sexual on line que se nutre, sobre todo, del aprovechamiento de la situación de vulnerabilidad de las víctimas, por razón de que la mayoría de estas son menores de edad y también del anonimato, que, aparentemente, se desprende para el autor de los delitos sexuales *online*, aunque finalmente será descubierto por la brigada de delitos tecnológicos cuando se investigue la IP del ordenador desde el que se cometió el hecho delictivo sexual *online*».

Es muy importante que las redes sociales sean seguras y que no puedan ser un lugar en el que se pertrechen los embaucadores.

La legislación específica puede ayudar a combatir el engaño en las redes sociales de varias maneras. En primer lugar, puede establecer normas y sanciones claras para los delitos relacionados con las redes sociales. Esto puede disuadir a las personas de cometer estos delitos. En segundo lugar, la legislación específica puede dar a las autoridades más recursos para investigar y procesar estos delitos. En tercer lugar, la legislación específica puede ayudar a educar al público sobre los peligros del engaño en las redes sociales.

---

[26] MAGRO SERVET, Vicente, *op. cit.*, p. 1.

Las autoridades necesitan investigadores especializados que puedan investigar los delitos relacionados con las redes sociales y estos investigadores deben tener conocimientos sobre las redes sociales, la tecnología y la delincuencia. Por otra parte, las plataformas de redes sociales necesitan invertir en tecnología para mejorar la supervisión y la seguridad y esta tecnología puede incluir herramientas para detectar cuentas falsas y contenido dañino.

La implementación de una legislación específica y la creación de recursos potentes son pasos importantes para combatir el engaño en las redes sociales. Sin embargo, también es importante que las personas tomen medidas para protegerse a sí mismas ya desde edades muy tempranas.

CAPÍTULO 8

EL *ITER CRIMINIS*

El concepto de *iter criminis* hace referencia al proceso por el cual un hecho se desarrolla desde la mera idea en la mente del autor hasta su consumación, es decir, hasta que el delito se ha realizado completamente. Según la doctrina y jurisprudencia, podemos enumerar las fases que componen el *iter criminis*, que se desarrolla a lo largo de dos etapas generales, interna y externa: fase interna. Momento en el que surge la idea del delito. Deliberación. El sujeto piensa y valora la posibilidad de llevar a cabo la acción delictiva. Resolución. El sujeto toma la decisión de realizar el acto criminal.

Fase externa: Actos preparatorios: Pasos que prepara el sujeto para llevar a término el delito. Normalmente no son punibles salvo en casos concretos previstos por la ley (conspiración, proposición o provisión de medios considerados como delitos en sí mismos en determinadas circunstancias). Comienzo de ejecución: Se inicia la realización del tipo penal, pero no se llega a completar porque el acto es interrumpido o porque no produce el resultado esperado. Consumación: El delito se ha consumado cuando se han realizado todos los elementos del tipo penal, produciendo el resultado previsto. Agotamiento: Se alcanza cuando el delito ha cumplido todos los propósitos del autor, superando incluso la fase de consumación. El análisis del *iter criminis* es crucial en el Derecho penal para entender en qué momento un acto o serie de actos pueden ser considerados como delito y cómo debe ser juzgado en función de las fases que se han completado.

El análisis del *iter criminis* es fundamental en el Derecho penal para determinar en qué punto una conducta puede ser considerada punible y cómo se gradúa la responsabilidad del autor en función de la etapa en la que se encuentre el desarrollo del delito. El objetivo principal es distinguir entre diferentes etapas de la realización de un hecho delictivo y establecer con precisión a partir de qué momento la ley sanciona la conducta del sujeto activo. La relevancia del *iter criminis* implica varias consideraciones clave en el ámbito penal: Determinar la punibilidad de los actos preparatorios: por regla general, los actos preparatorios no son punibles, salvo cuando alcanzan una entidad propia configurada legalmente como delitos (por ejemplo, la conspiración para delinquir, la tentativa de un delito, etc.). Diferenciar entre tentativa y delito consumado: La tentativa se refiere a situaciones donde el autor ha comenzado la ejecución de un delito, pero, por razones independientes de su voluntad, no se llega a consumar. La tentativa suele ser punible, aunque con una pena menor que la del delito consumado. Ponderar la consecuencia jurídica: En función de si el delito se ha consumado o quedado en tentativa, o incluso si se está ante un delito frustrado, varían las consecuencias jurídicas. La consumación del delito lleva aparejada una pena mayor, mientras que, en la tentativa o los delitos frustrados, se aplican atenuantes en función del grado de desarrollo y peligrosidad de la conducta. Identificar la agresión al bien jurídico protegido: El *iter criminis* también sirve para definir en qué momento se ha producido una agresión efectiva al bien jurídico protegido. Es decir, cuándo el acto compromete de forma relevante el valor que la norma busca proteger (por ejemplo, la vida, la libertad, el patrimonio, etc.). Fundamentar la intervención del Derecho penal: A través del estudio del *iter criminis,* se puede argumentar la necesidad o no de intervención del Derecho penal en un momento dado del proceso de realización del delito. El análisis detallado de esta progresión, junto con las circunstancias específicas de cada caso, determinará finalmente la clasificación del delito y la aplicación de la ley penal.

Es importante destacar que no todos los sistemas jurídicos reconocen todas estas etapas, y algunos pueden subdividirlas o fusionarlas de manera diferente. El análisis del *iter criminis* permite a los juristas evaluar la responsabilidad penal en función de la etapa en la que se detiene la actividad delictiva, ya que algunas etapas pueden llevar consigo consecuencias legales diferentes. Además, este análisis ayuda a prevenir y detectar actividades delictivas antes de que se consumen por completo, lo que puede ser relevante en términos de política criminal y prevención del delito.

El *child grooming*[1] se comete a través de una secuencia de acciones paulatinas que podemos resumir de la siguiente forma: se ha de producir el contacto con un/a menor de dieciséis años (en el anterior articulado trece años). Aquí la mayoría de la doctrina se ha pronunciado en el sentido de que el delito, para que se pueda consumar, requiere la respuesta del/la menor, ya que el envío de mensajes no correspondidos por el/la menor no constituiría el tipo *per se*[2]. El contacto ha de entenderse como la efectiva interacción entre ambos sujetos, y esto determina que serán atípicas[3] todas aquellas conduc-

---

1 *Vid.* a mayor abundamiento Montiel Juan, Irene; Carbonell Vayá, Enrique, y Salom García, Míriam, «Victimización infantil sexual *online: online grooming*, ciberabuso y ciberacoso sexual», *Delitos sexuales contra menores. Abordaje psicológico, jurídico y policial*, en Lameiras Fernández, María, y Orts Berenguer, Enrique (coords.), Tirant lo Blanch, Valencia, 2014.

2 Tamarit Sumalla, Josep María, *et al.*, en Quintero Olivares, Gonzalo (dir.), y Morales Prats, Fermín (coord.), *Comentarios a la parte especial del Derecho penal*, 10.ª ed., Aranzadi, Navarra, 2016, p. 348.

3 La conducta atípica en el Derecho penal se refiere a cualquier acto o comportamiento que no se encuadre dentro de la descripción de un delito tipificado en las leyes penales. En el contexto del Derecho penal, la tipicidad es uno de los elementos esenciales de la teoría del delito y para que una conducta sea considerada delictiva, debe ser típica, es decir, debe ajustarse exactamente a lo que la ley describe como delito. Cuando hablamos de conducta atípica, estamos refiriéndonos a que la acción o inacción del sujeto no cumple con los siguientes criterios: No encuadra con la descripción legal: La conducta no cumple con todos los elementos del tipo penal descrito en la norma. Cada delito tiene una serie de elementos que definen su tipo, y si en la conducta no están presentes todos estos elementos, la conducta no es típica. No hay desvalor de acción ni de resultado: El acto no contiene el desvalor necesario para ser considerado punible. No solo debe encajar formalmente con la descripción legal, sino que también debe representar un desvalor o una ofensa al bien jurídico protegido. No hay lesión o peligro para el bien jurídico protegido: La conducta no lesiona ni pone en peligro el bien jurídico que el tipo penal busca proteger (como la vida, la salud, la libertad, el patrimonio, etc.). El hecho

tas dirigidas a contactar con el/la menor que no supongan ninguna interacción porque no han recibido respuesta, como puede ser: el envío de correos electrónicos, mensajes o invitaciones, a redes sociales, etc.[4]

De acuerdo con MENDOZA CALDERÓN[5], podrán constituir actos tendentes al acercamiento, el seleccionar el lugar para llevar a cabo el encuentro, comprar un pasaje con destino al sitio en que se encuentra el menor o enviarle a este un pasaje para que se traslade al sitio donde se está.

La interacción entre el sujeto activo y el sujeto pasivo son elementos esenciales para que pueda apreciarse el delito de *child grooming.* Si no se ha producido esta interacción, la conducta no cumpliría con los elementos necesarios para constituir el delito de *grooming.* Esto se alinea con el tipo subjetivo del delito de *grooming*, que requiere que el sujeto activo realice la conducta con la finalidad específica de menoscabar la integridad sexual de la víctima, lo cual implica una interacción directa con la víctima para que el delito pueda ser configurado como tal.

Asimismo, se requiere que exista una propuesta clara de encuentro con el/la menor con una finalidad de contenido sexual. Ha de existir un propósito claro de parte del sujeto activo de obtener algún tipo de beneficio o satisfacción de índole sexual a través de la interacción con el menor. Esto puede incluir la obtención de imágenes comprometedoras o intentos de encuentros físicos.

Lo más frecuente es que se llegue a concretar un día, hora y lugar para que pueda materializarse el contacto físico[6], si bien, entende-

---

que una acción sea atípica implica que no puede ser sancionada penalmente, ya que una de las máximas del Derecho Penal es que no hay delito sin tipificación legal previa (*nullum crimen, nulla poena sine praevia lege penal).*

[4] NÚÑEZ CASTAÑO, Elena, «Delitos contra la libertad e indemnidad sexual...», *op. cit.*, p. 318.

[5] MENDOZA CALDERÓN, Silvia, *op. cit., passim.*

[6] *Vid.* FERRANDIS CIPRIÁN, Daniel, «El delito de *online child grooming* (art. 183 bis CP)», en LAMEIRAS FERNÁNDEZ, María, y ORTS BERENGUER, Enrique (coords.), *Delitos sexuales contra menores: abordaje psicológico, jurídico y policial,* Tirant lo Blanch, Valencia, 2013, pp. 185 y ss.

mos que, a estas alturas de utilización intensiva y masiva[7] de las diferentes redes, también ha de castigarse el encuentro virtual efectivo con el *groomer* que ha conseguido embaucar al/la menor a través de diversas argucias.

Nótese que, si acudimos al tenor literal del art. 23 del Convenio del Consejo de Europa para la protección de los niños contra la explotación y el abuso sexual realizado en Lanzarote el 25 de octubre de 2007[8], apreciamos que se habla de «encuentro» y no de «contacto». Así:

> «Artículo 23. Proposiciones a niños con fines sexuales.
>
> Cada Parte adoptará las medidas legislativas o de otro tipo que sean necesarias para tipificar como delito el hecho de que un adulto, mediante las tecnologías de la información y la comunicación, proponga un encuentro a un niño que no haya alcanzado la edad fijada en aplicación del apartado 2 del artículo 18 con el propósito de cometer contra él cualquiera de los delitos tipificados con arreglo al apartado 1.a del artículo 18 o al apartado 1.*a)* del artículo 20, cuando a dicha proposición le hayan seguido actos materiales conducentes a dicho encuentro».

---

[7] Los datos publicados por el Observatorio Nacional de Tecnología y Sociedad (2022) constatan el uso generalizado de Internet por los menores en un 98% y, en concreto, un 95% utiliza el ordenador y un 69% dispone de móvil. En la franja de edad de diez a quince años, un 98% de los niños, niñas y adolescentes de diez a quince años accede a la red, mientras que un 95% emplea el ordenador, siendo las niñas las que en mayor porcentaje que los niños acceden a internet. *Vid.* Observatorio Nacional de Tecnología y Sociedad, *Uso de tecnología en los hogares españoles,* Brújula, 2022, pp. 6, 25, 32 y 33. Disponible en: Brújula https://www.ontsi.es/sites/ontsi/files/2022-02/usotecnologiahogares_2022_1.pdf [fecha de consulta: 03/09/2023]. El INE también constata que el uso de Internet en la franja de dieciséis a veinticuatro años asciende al 99,7% en los tres últimos meses, *Vid.* INE, *Encuesta sobre equipamiento y Uso de Tecnologías de la Información y Comunicación en los Hogares,* 2021, pp. 1-20. Disponible: https://www.ine.es/prensa/tich_2021.pdf [fecha de consulta: 03/09/2023].

[8] Con Instrumento de Ratificación del Convenio del Consejo de Europa para la protección de los niños contra la explotación y el abuso sexual, hecho en Lanzarote el 25 de octubre de 2007.

Sucede lo mismo en cuanto al término «encuentro»[9] en la Directiva 2011/93/UE[10] relativa a la lucha contra los abusos sexuales y la

---

[9] Podemos comprobar que los dos instrumentos jurídicos internacionales inciden en el «encuentro» y no en el «contacto», como sí se recoge en el art. 183.1 CP. Todo y así, somos del parecer que ambos instrumentos jurídicos que están incorporados a nuestra legislación no deben entrar en colisión por cuanto lo más lógico es que el embaucador busque la forma de conseguir un encuentro para después llegar al contacto con fines sexuales con el/la menor. A mayor abundamiento, estamos de acuerdo con CUGAT MAURI, quien es del parecer que no puede haber propuesta sin contacto. Cfr. CUGAT MAURI, Míriam, «La tutela penal de los menores ante el *online grooming*: entre la necesidad y el exceso», *La Ley Penal*, n.º 107, sección Estudios, marzo-abril de 2014, Wolters Kluwer, La Ley 1256/2014, *passim*. Por su parte, FERRANDIS CIPRIÁN, entiende que, si no se persigue el contacto personal, la exigencia de la realización de los actos que conducen al acercamiento, quedaría sin contenido. *Vid*. FERRANDIS CIPRIÁN, Daniel, «El delito de *online child grooming...*», *op. cit.*

[10] La Directiva 2011/93/UE, en el art. 6, reguló el embaucamiento de menores con fines sexuales por medios tecnológicos, ampliando el delito subsiguiente que debía de cometerse, tras la propuesta, al delito de pornografía infantil, debiendo de tipificarse la tentativa. TAMARIT SUMALLA destaca sobre la Directiva «la Directiva es ambiciosa en lo que concierne a la protección de menores víctimas en las investigaciones y procesos penales, siendo éste el aspecto que exige una reforma más profunda del Derecho español, lo cual afecta al ámbito procesal. Asimismo, dada la relevancia que la Directiva otorga a la asistencia y apoyo a las víctimas de estos delitos, que debe basarse en una evaluación individual de las circunstancias de cada menor, la legalidad y especialmente la práctica de las instituciones en España deberán introducir significativas mejoras para que pueda alcanzarse el estándar de extensión y calidad de los servicios especializados existente en otros países europeos». *Vid*. TAMARIT SUMALLA, Josep María, «Delitos contra la indemnidad sexual de menores», *op. cit.*, pp. 1 y 2.

En pos de la protección de las víctimas, no podemos olvidar aquí el apartado 3 del art. 681 LECrim, que ahora dispone: «Queda prohibida, en todo caso, la divulgación o publicación de información relativa a la identidad de víctimas menores de edad, de víctimas con discapacidad necesitadas de especial protección y de las víctimas de los delitos de violencia sexual referidos en el artículo 3 de esta ley, así como de datos que puedan facilitar su identificación de forma direc-

explotación sexual de los menores y la pornografía infantil por la que se sustituye la Decisión marco 2004/68/JAI del Consejo[11], que en su art. 6 indica que:

> «... 1. Los Estados miembros adoptarán las medidas necesarias para garantizar la punibilidad de las conductas dolosas siguientes:
>
> La propuesta por parte de un adulto, por medio de las tecnologías de la información y la comunicación, de encontrarse con un menor que no ha alcanzado la edad de consentimiento sexual, con el fin de cometer una infracción contemplada en el artículo 3, apartado 4, y en el artículo 5, apartado 6, cuando tal propuesta haya ido acompañada de actos materiales encaminados al encuentro, se castigará con penas privativas de libertad de una duración máxima de al menos un año».

---

ta o indirecta, o de aquellas circunstancias personales que hubieran sido valoradas para resolver sobre sus necesidades de protección, así como la obtención, divulgación o publicación de imágenes suyas o de sus familiares». Con esta prohibición, que se valora positivamente, se procura reforzar la protección de las víctimas menores de edad y discapacitadas necesitadas de especial protección, preservando su derecho a la intimidad y a la autodeterminación informativa, en atención al espíritu de la Ley 4/2015, de 27 de abril, del Estatuto de la víctima del delito. En palabras de Magro Servet, este precepto «añade a la relación de víctimas respecto de las que no se puede difundir su identidad a las víctimas de los delitos contra la libertad sexual, de mutilación genital, matrimonio forzado y trata con fines de explotación sexual, lo que era una exigencia de adición para completar más su protección en base a la filosofía del texto de la Ley. Y se añade, como hemos dicho, la lucha contra la delincuencia sexual *online* que tanto daño está haciendo en la actualidad, sobre todo en el caso de víctimas menores por conductas de quienes se hacen pasar *online* por un menor de edad también para conseguir sus fines perversos». Magro Servet, Vicente, «Cuestiones comparativas de modificación del Código Penal y otras leyes con la nueva Ley Orgánica 10/2022...», *op. cit., passim.*

[11] Es de destacar el Considerando n.º 12 que hace alusión expresa al «embaucamiento» así: «Las formas graves de abusos sexuales y explotación sexual de los menores han de ser objeto de penas efectivas, proporcionadas y disuasorias. Entre ellas se incluyen las diversas formas de abusos sexuales y explotación sexual de los menores que se sirven de las tecnologías de la información y la comunicación, como el embaucamiento de menores con fines sexuales por medio de las redes sociales y salas de chat en línea. También es preciso aclarar la definición de pornografía infantil y aproximarla a la contenida en los instrumentos internacionales».

Y, por último, se han de llevar a cabo una serie de actos que tengan una finalidad muy clara, que es el acercamiento al/la menor de dieciséis años. Esto constituye una serie de actos preparatorios.

Los actos preparatorios son cruciales en el Derecho penal porque, aunque no constituyen el delito real, pueden ser indicativos de la intención del individuo de cometer el delito. La legislación penal y la jurisprudencia suelen variar en términos de cómo se consideran y tratan los actos preparatorios, pero algunos principios comunes incluyen:

1. Indicadores de culpabilidad: Los actos preparatorios pueden ser considerados como indicadores de la intención del individuo de cometer un delito. Pueden ser utilizados como evidencia para demostrar la culpabilidad del acusado.
2. Legitimidad del control estatal: En algunos casos, la intervención del Estado puede estar justificada en la etapa de actos preparatorios para prevenir la consumación del delito. Por ejemplo, las autoridades pueden intervenir para evitar la compra de materiales peligrosos para la comisión de un crimen.
3. Punibilidad: Dependiendo de la jurisdicción, algunos actos preparatorios pueden ser punibles por sí mismos. Por ejemplo, la posesión de herramientas específicas con la intención de cometer un robo podría considerarse un delito independiente.
4. Interrupción de la ejecución del delito: La intervención policial o de otra índole puede interrumpir la ejecución del delito en la etapa de actos preparatorios, evitando así daños mayores.
5. Cambio de intención: En algunos casos, los actos preparatorios pueden indicar un cambio en la intención del individuo.

En relación con el número de actos[12] que se han de materializar para que se dé el tipo penal, bastaría uno solo si cumple con el *iter* comentado *ut supra* y, sobre todo, con el engaño.

---

[12] Aquí podemos ver una clara diferencia con el acoso, delito que requiere una durabilidad en el tiempo. Sobre el acoso puede verse De la Cuesta Arzamendi, José Luis, y Mayordomo Rodrigo, Virginia, «Acoso y Derecho penal», *Eguzkilore: Cuaderno del Instituto Vasco de Criminología*, n.º 25, 2011.

Entendemos que ha de tratarse de un engaño bastante, como aquel que se refiere a un engaño que es suficiente y proporcionado para la consecución de los fines perseguidos en el delito. Este engaño debe ser capaz de producir un error en la persona afectada, induciéndola a realizar un acto en perjuicio propio o ajeno. Para que el engaño sea considerado «bastante», debe ser idóneo, relevante y adecuado para producir el error que busca la comisión del delito, y su idoneidad debe evaluarse teniendo en cuenta tanto aspectos objetivos como las condiciones del sujeto pasivo.

CANCIO MELIÁ[13] definió el *child grooming* como un delito de «preparación»[14] por cuanto hay una tendencia a cometer una serie de

---

[13] CANCIO MELIÁ, Manuel, «Una nueva reforma de los delitos contra la libertad sexual», *La Ley Penal: Revista de Derecho Penal, Procesal y Penitenciario*, n.º 80, 2011, p. 1.

[14] Son una categoría de delitos donde aún no se ha llevado a cabo ninguna acción directa para realizar efectivamente el delito principal, pero se ha llegado a una etapa importante en la planificación y decisión de cometerlo. La legislación y jurisprudencia españolas identifican claramente estos delitos e imponen penas a quienes se involucren en actos preparatorios, como la conspiración, que podrían conducir finalmente a la comisión de un delito.

Características: Carácter híbrido: Aunque la conspiración a veces es considerada como un delito con dinámica propia, no puede desligarse del delito principal al que está destinado. Es subsidiario y depende del delito matriz, al cual está dirigido.

Progresión en un grado de ideación: A diferencia de la tentativa, donde hay un comienzo de ejecución del delito, la conspiración es un avance en el grado de ideación del crimen. Requiere una resolución manifestada y seria de voluntad para ejecutar un delito de manera conjunta, aunque aún no se haya determinado de manera detallada cómo se llevará a cabo.

Penalización: La penalización para estos actos de preparación como la conspiración es inferior en uno o dos grados a la del delito consumado, debido al peligro que representan para el bien jurídico protegido. En la definición de estos delitos de preparación se destaca la relevancia de la intención y la planificación, antes de cualquier acción concreta para cometer el delito, mostrando así la seriedad de la resolución criminal y justificando su penalización. Las sentencias y resoluciones judiciales que interpretan y aplican la ley penal proporcionan claridad y orientación sobre cómo se tratan estos delitos dentro del marco jurídico español.

delitos «... a fin de cometer...», que, con la última reforma del CP de 7 de octubre de 2022, son los de los arts. 181 y 189.

En esta línea coincide también en 2016, SAÑUDO UGARTE[15], que considera que estamos ante la sanción de actos que preparan la comisión de otros delitos sexuales. En este sentido también puede verse en el fundamento jurídico primero de la Sentencia del Tribunal Supremo de 10 de diciembre de 2015 donde se concreta que «... es un delito de riesgo[16] que quedará absorbido cuando el resul-

---

[15] SAÑUDO UGARTE, María Inmaculada, *El grooming (art. 183 ter 1 y 2 CP): análisis típico y propuesta interpretativa*, tesis doctoral dirigida por DE LA MATA BARRANCO, Norberto Javier, UPV, Leioa (Bizkaia), 2016. El objetivo del presente trabajo es el estudio del *grooming*, figura delictiva que se introdujo por primera vez en el CP mediante LO 5/2010, de 22 de junio, vigente a partir del 23 de diciembre de 2010. La reforma operada por la citada ley también dio lugar a la creación dentro del Título VIII del Libro II del CP, del Capítulo II denominado «De los abusos y agresiones sexuales a menores de trece años», dentro del cual se integraba el art. 183 bis, regulador del *grooming*.

Con posterioridad, a consecuencia de la reforma introducida recientemente por LO 1/2015, de 30 de marzo, que entró en vigor el 1 de julio de 2015, el citado artículo, que pasó a numerarse como 183 ter, sufrió algunas modificaciones entre las cuales se encuentra la inclusión de un nuevo párrafo que regula la figura que la doctrina viene denominando embaucamiento. Dicho precepto sigue encuadrándose en un Capítulo específico dedicado a los abusos y agresiones sexuales a menores de dieciséis años, numerado como II bis.

El art. 183 bis CP castigaba los contactos que se realizaran con un menor de trece años a través de las nuevas tecnologías, proponiéndole concertar un encuentro y realizando actos materiales tendentes al acercamiento, a fin de perpetrar contra él un delito de carácter sexual.

[16] El concepto de «delito de riesgo» se refiere a aquellos delitos que castigan no solo la realización del resultado dañoso, sino también la creación de un riesgo injusto o peligro para la sociedad. Estos delitos se centran en el peligro creado por la conducta del infractor, independientemente de si el daño real se ha producido.

En lugar de castigar únicamente el resultado dañoso de una acción delictiva, los delitos de riesgo buscan prevenir y sancionar situaciones en las que se ha creado un peligro o riesgo inaceptable para la sociedad. Estos delitos a menudo están relacionados con actividades que, por su naturaleza, pueden tener consecuencias graves, incluso si no se materializa un daño real.

tado que se pretende prevenir se alcanza efectivamente: es un caso de progresión delictiva»[17].

Sin embargo, parte de la doctrina afirma que el conjunto de acciones que hemos comentado se han de demostrar de forma cumulativa y que constituyen lo que se denomina un «delito de tipo mixto cumulativo»[18].

La consumación del delito del art. 183.1 CP se producirá una vez que se haya probado la existencia clara de una serie de actos materiales que tienden al acercamiento con una finalidad sexual. La consumación del delito en casos de *child grooming* puede ser un tema complejo y multi-

---

En el contexto de delitos contra la indemnidad y libertad sexual, el concepto de «delito de riesgo» podría aplicarse a acciones que, aunque no resulten en un daño físico directo, crean un peligro o riesgo para la integridad y libertad sexual de las personas. Aquí hay algunos ejemplos, amén del *grooming*:

Acoso sexual: El acoso sexual, como el acoso verbal no deseado o el envío de mensajes inapropiados, puede ser considerado un delito de riesgo, ya que crea un ambiente hostil y puede contribuir a un riesgo de agresión sexual.

Voyeurismo: Observar a personas sin su consentimiento en situaciones íntimas o privadas, incluso si no hay contacto físico directo, puede considerarse un delito de riesgo en el ámbito de la libertad sexual.

Exhibicionismo: Mostrar los genitales u otras partes del cuerpo de manera indecente en público, aunque no haya contacto físico directo, puede representar un delito de riesgo.

Intento de agresión sexual: Aunque la agresión sexual en sí misma conlleva un daño directo, el intento de llevar a cabo una agresión sexual también puede ser considerado un delito de riesgo, ya que implica la planificación y la creación de un peligro inminente.

[17] STS 5809/2015-ECLI:ES:TS:2015:5809, de 10 de diciembre de 2015. Ponente: Excmo. Sr. D. Antonio Del Moral García.

[18] Así, Ramos Vázquez, José Antonio, en Quintero Olivares, Gonzalo (coord.), *Comentarios a la reforma penal de 2015…, op. cit., passim.*

Un delito de tipo mixto acumulativo es aquel en el que se describen diversas conductas que se acumulan para configurar el delito. En este caso, se considera que la adición de cada conducta añade un mayor desvalor al hecho, lo que resulta en tantos delitos como conductas se realizan. Un ejemplo de esto es el delito de malversación, en el cual se considera que tanto la sustracción como el dejar sustraer caudales públicos añaden un mayor desvalor al hecho, por lo que cada una de estas acciones constituiría un delito independiente.

dimensional que requiere una comprensión profunda de la tecnología, la legislación y las dinámicas de abuso en línea.

El *child grooming* a menudo implica un proceso a lo largo del tiempo, donde el agresor trabaja para ganarse la confianza del menor antes de que se lleve a cabo cualquier acto sexual o explotación. Esto puede hacer que la consumación del delito sea más difícil de determinar, ya que los actos delictivos pueden estar en curso durante un período prolongado. En este contexto, los actos preparatorios y de tentativa quedan subsumidos por la consumación, porque cada etapa anterior es absorbida por la etapa superior, lo que implica que una vez que se ha consumado el delito, ya no se consideran por separado las fases que lo antecedieron.

Además, los actos que tienden al acercamiento han de ser posibles, ya que no es cuestión baladí que se trata de un avance de las barreras de la protección penal[19] con un delito de peligro[20] o de

---

[19] Ana Pérez Cepeda defiende que estamos ante un delito de peligro y un tipo mixto alternativo, adelantando las barreras de punición. Citada en Polaino Navarrete, Miguel (dir.); Martos Núñez, Juan Antonio; Herrera Moreno, Myriam; Monge Fernández, Antonia; Requejo Conde, Carmen; Polaino-Orts, Miguel; y Colina Ramírez, Édgar Iván, y Monge Fernández, Antonia, «Abusos sexuales y agresiones sexuales a menores de 16 años (art. 183 CP)», en *Lecciones de Derecho penal. Parte especial*, Tecnos, Madrid, 2019, p. 268.

Lloria García hace referencia a este adelanto de las barreras de protección penal en estos términos: «En el caso de los delitos introducidos por la LO 8/2021, parece innegable su parentesco con el que ahora se expone: adelanto de las barreras de punición con la finalidad de proteger de manera mediata un bien jurídico concreto (vida, salud, indemnidad sexual) mediante la técnica de lesión de un bien jurídico colectivo (la seguridad de los menores en el uso de la tecnología) que supone, a su vez, la puesta en peligro de aquel bien jurídico mediato vinculado a la acción de promoción». *Vid.* Lloria García, Paz, *op. cit.*, p. 213.

[20] Cuestión distinta se plantea en relación con el delito de *stalking*, que tiene una naturaleza mixta, ya que puede haberse cometido en el mundo físico (*offline*) y en el entorno digital (*online*). Sobre el delito de *stalking ex* art. 172. ter CP, véase el interesante artículo de Agustina Sanllehí, José Ramón; Fernández-Cruz, Victoria, y T. Ngo, Fawn, «An Exploratory Investigation of Traditional Stalking and Cyberstalking Victimization among University Students in Spain and the United States: A Comparative Analysis», *IDP Revista de Internet, Derecho y Polí-*

peligro abstracto[21], siguiendo la postura de DOLZ LAGO[22] y PÉREZ FERRER[23].

VILLACAMPA ESTIARTE[24] entiende que el *grooming* es un delito de «peligro hipotético» (terminología que la autora asimila al concepto de

---

tica, 2021. *Vid.* La STS 527/2015, de 22 de septiembre. Ponente: Excmo. Sr. D. Andrés Martínez Arrieta, donde se indica que se trata de un delito de peligro que castiga las acciones deliberadamente orientadas a «establecer una relación y un control emocional sobre un menor con el fin de preparar el terreno para el abuso sexual del menor».

[21] Los delitos de peligro abstracto son aquellos delitos que criminalizan conductas peligrosas independientemente de si causan daño real o concreto. Estos delitos se centran en el riesgo inherente asociado con ciertas acciones, incluso si no hay un resultado perjudicial tangible. La criminalización se basa en el peligro potencial que la conducta representa para la sociedad o para ciertos intereses protegidos por la ley.

Algunos ejemplos de delitos de peligro abstracto incluyen:

Conducción bajo la influencia (DUI): En muchos lugares, la conducción bajo la influencia de alcohol o drogas es considerada un delito de peligro abstracto. Aunque no haya causado un accidente o daño real, se penaliza la conducción en un estado que representa un peligro para la seguridad vial.

Posesión de ciertas sustancias controladas: La posesión de sustancias controladas puede considerarse un delito de peligro abstracto, ya que se criminaliza la mera posesión de sustancias que se considera pueden representar un riesgo para la salud pública.

Tenencia de armas sin licencia o en lugares prohibidos: Algunas jurisdicciones penalizan la posesión de armas de fuego en ciertos lugares o sin la debida licencia, independientemente de si se ha utilizado el arma para cometer un delito.

Violación de órdenes de restricción: El incumplimiento de órdenes de restricción destinadas a prevenir situaciones de violencia doméstica puede considerarse un delito de peligro abstracto, ya que implica la creación de un riesgo potencial.

Incitación al odio: La incitación al odio es otro ejemplo de un delito que criminaliza la expresión que se percibe como un riesgo para la seguridad o la cohesión social.

[22] Cfr. DOLZ LAGO, Manuel Jesús, «Un acercamiento…», *op. cit.*

[23] Cfr. PÉREZ FERRER, Fátima, «El nuevo delito de ciberacoso o *child grooming* en el Código Penal español (artículo 183 bis)», *Diario La Ley*, n.º 7915, 2012.

[24] VILLACAMPA ESTIARTE, Carolina, *op. cit.*, p. 677.

peligro abstracto), al considerar que mediante su penalización se ha intentado «adelantar las barreras de protección penal a un momento anterior al de la realización —e incluso al inicio de ejecución— de conductas directamente lesivas contra la indemnidad sexual de los menores», quienes aún no tienen la edad requerida para poder autodeterminarse sexualmente.

Dicho esto, coincidimos con De la Mata Barranco[25] que afirma que el/la menor, cuando es víctima del delito de *child grooming*, además de estar en una situación de peligro, también puede estar sufriendo una lesión porque no tiene libertad de elección sobre su conducta sexual —al menos suficientemente formada mediante la razón— hasta que no entra en el período de la madurez[26]. En este contexto, la falta de libertad de elección sobre la conducta sexual, especialmente en el caso de menores, los hace más vulnerables a ser manipulados y victimizados por los perpetradores de *grooming*.

> «En el caso de los menores cuando el proceso que le permite poder llegar a ejercer esa libertad en madurez quiebra y entiendo que no podemos hablar de peligro sino de lesión. Y eso no quiere decir que no quepa plantear supuestos de únicamente peligro, sino de entender que (aun no siempre) esa relación asimétrica menor-adulto de contenido sexual (cuando el mismo esté presente) facilitada tecnológicamente excede la frontera del mero peligro».

El mismo autor asevera que no existe pluriofensividad en las conductas de *child grooming*, refiriéndose en los siguientes términos:

---

[25] De la Mata Barranco, Norberto Javier, «El contacto tecnológico con menores del art. 183 ter 1 CP como delito contra su correcto proceso de formación y desarrollo personal sexual», *Revista Electrónica de Ciencia Penal y Criminología*, 2017, p. 19.

[26] En el fundamento jurídico 1.º de la STS 5809/2015 —ECLI:ES:TS:2015:5809—, de 10 de diciembre de 2015: Ponente: Excmo. Sr. D. Antonio Del Moral García se concreta: «Asimismo parte de la doctrina ha expresado sus críticas a esta regulación por entender que carece de sentido castigar un delito de peligro si también se comete el delito de lesión. Por el contrario, otro sector doctrinal precisa que son perfectamente compatibles la punición de un delito de peligro y el correspondiente delito de resultado o lesión».

> «Es lo que garantiza que, llegado el momento, a pesar de la situación de riesgo en que el mismo se encuentra (por el simple hecho de su edad, que le impide conocer y comprender, como luego lo hará, todo lo que le rodea), y con independencia de la discusión sobre el límite de edad que permite entender finalizado dicho proceso, no se produzca daño alguno que le impida la normalidad que permitirá dar expresión libre a su condición, preferencia y actividad sexual. No hay pluriofensividad alguna, sino concreción de lo que significa la idea de indemnidad, en el ámbito sexual y en el caso de los menores»[27].

Resaltamos del autor precitado que se señala que puede suceder que a pesar del riesgo, finalmente puede acaecer que no se produzca daño alguno[28], y así coincidiría con ROVIRA DEL CANTO[29], quien señala que nos encontramos frente a un delito compuesto por varios actos y mutilado[30] en relación con el elemento subjetivo del dolo, que tendrá que

---

[27] DE LA MATA BARRANCO, Norberto Javier, «El contacto tecnológico con menores...», *op. cit.*

[28] VILLACAMPA ESTIARTE y GÓMEZ ADILLÓN extrajeron de un importante estudio que llevaron a cabo que: «La solicitud de contacto *offline* del *groomer* con el solicitado se produjo solamente en el 13% de los supuestos, con lo que no puede sostenerse que la mayor parte de solicitudes sexuales *online* acaben escalando a atentados más graves contra la libertad o indemnidad sexual». *Vid.* VILLACAMPA ESTIARTE, Carolina, y GÓMEZ ADILLÓN, María Jesús, *op. cit.*, p. 20, y también *ibidem*, p. 23: «A la reducida prevalencia de estas conductas cuando las emprenden adultos, que no permitiría justificar por si sola la necesaria incriminación de las conductas de *grooming* como antesala a un eventual atentado más acabado contra la indemnidad sexual de los menores, se añade la escasa gravedad de las que se producen, al no constatarse que la mayor parte de estos supuestos escalen a encuentros *offline*. La escasa gravedad de estas conductas desde el punto de vista de su virtualidad lesiva de la indemnidad sexual de los menores se confirma con la débil afectación emocional que los encuestados afirman sufrir al recibir este tipo de solicitudes».

[29] ROVIRA DEL CANTO, Enrique, «Nuevas formas de ciberdelincuencia intrusiva: el *hacking* y el *grooming*», *Iuris: Actualidad y Práctica del Derecho*, n.º 160, 2011, pp. 36-44.

[30] También en este sentido, *Vid.* NÚÑEZ FERNÁNDEZ, José, «Presente y futuro del mal llamado delito de ciberacoso a menores: análisis del artículo 183 bis CP y de las versiones del Anteproyecto de Reforma de Código Penal de 2012 y 2013», *op. cit.*, p. 195.

probarse para conocer si existe una finalidad de contacto sexual y si se persiguen actos ulteriores, que no han de llegarse a consumar de forma necesaria lesionando al/la menor.

De forma más amplia en el sentido de escorar hacia el ámbito de un delito de peligro y además de lesión, encontramos a LLORIA GARCÍA[31]:

> «… entiendo que se trata de un delito pluriofensivo de lesión en el que, además, se pone en peligro la indemnidad/libertad sexual de los menores de 16 años al proponer el encuentro y que incluso se puede ver lesionada por las acciones del acosador, si consigue el contacto sexual virtual (cibersexo), lo que llevaría a dotar de validez a la cláusula concursal en relación de concurrencia real, en algunos casos.

Los delitos mutilados de dos actos son aquellos que se consuman con la realización de dos actos distintos, pero que están íntimamente relacionados. El primer acto, denominado antecedente, es un acto preparatorio o una tentativa inacabada del delito. El segundo acto, denominado consecuente, es el acto que consuma el delito.

Para que un delito sea considerado mutilado de dos actos, es necesario que se cumplan los siguientes requisitos:

Los dos actos deben estar íntimamente relacionados, de modo que el segundo acto sea la continuación lógica del primero.

El primer acto debe ser un acto preparatorio o una tentativa inacabada del delito.

El segundo acto debe ser el acto que consuma el delito.

Algunos ejemplos de delitos mutilados de dos actos son los siguientes:

Delito de tráfico de drogas: La posesión de drogas para traficar es un delito mutilado de dos actos. El primer acto es la posesión de las drogas, que es un acto preparatorio del delito. El segundo acto es la venta o distribución de las drogas, que es el acto que consuma el delito.

Delito de robo: La entrada en morada con ánimo de hurto o robo es un delito mutilado de dos actos. El primer acto es la entrada en morada, que es un acto preparatorio del delito. El segundo acto es el hurto o robo, que es el acto que consuma el delito.

Delito de homicidio: La conspiración para cometer homicidio es un delito mutilado de dos actos. El primer acto es la conspiración, que es un acto preparatorio del delito. El segundo acto es el homicidio, que es el acto que consuma el delito.

[31] LLORIA GARCÍA, Paz, *op. cit.*, pp. 214 y 215.

Junto a ello, una interpretación sistemática de todos estos delitos que se cometen en el espacio virtual sobre sujetos especialmente vulnerables no permite otra conclusión, salvo que dotemos de carta de naturaleza bastante para integrar el contenido de injusto a las técnicas de peligro abstracto, aun hipotético, y que el principio de vigencia obliga a repensar».

CAPÍTULO 9
CUESTIONES EN TORNO AL CONCURSO

El legislador considera que las conductas de ciberacoso sexual son actos ejecutivos de un nuevo delito que trasciende al acto preparatorio, y ello a tenor de la Sentencia del Tribunal Supremo 912/15, de octubre de 2012, que comenta DOLZ LAGO[1].

GUDÍN RODRÍGUEZ-MAGARIÑOS[2] es muy crítico con la redacción de la cláusula concursal en estos términos:

> «De otro lado, la cláusula concursal "sin perjuicio de las penas correspondientes a los delitos en su caso cometidos" debe ser reputada de mala técnica jurídica legislativa pues, parece obvio, que es inadecuado castigar el acto preparatorio juntamente con el acto finalizado dado que constituye un inadmisible atentado contra el principio de *non bis in idem*. De otro lado, podría suponer un agravio comparativo (contrario al art. 14 de la CE) con aquellos supuestos igualmente reprobables en los que se consigue este fin pero cuyo *modus operandi* o sus actos preparatorios no se encuentran igualmente a tipificados por la ley».

NÚÑEZ CASTAÑO[3] plantea qué puede suceder si los delitos que se persiguen pepetrar finalmente llegan a cometerse, es decir, si el sujeto

---

[1] Puede verse al respecto DOLZ LAGO, Manuel Jesús, «Ciberacoso sexual a menores o *child grooming* del artículo 183 bis CP/2010 o artículo 183 ter CP/2015: en caso de abuso o agresión sexual posterior rige el concurso de normas quedando absorbido por éste: Problemática del acceso por parte de los representantes legales del menor a su cuenta abierta en una red social», *Diario La Ley*, n.º 8797, 2016.

[2] GUDÍN RODRÍGUEZ-MAGARIÑOS, Faustino, «Algunas consideraciones sobre el nuevo delito de *grooming*», *Actualidad Jurídica Aranzadi*, n.º 842/2012, BIB 2012\898, p. 5.

[3] NÚÑEZ CASTAÑO, Elena, «Delitos contra la libertad e indemnidad sexual…», *op. cit.*, p. 319.

que ha llevado a cabo el contacto con el menor se encuentra finalmente con este y comete otros. Este precepto recoge una cláusula concursal relativa a la obligatoriedad de que se aprecie un concurso real de delitos que comportará imponer las penas que correspondan a cada uno de estos.

Parte de la jurisprudencia[4] entendió que, si bien respecto de delitos que afecten a bienes jurídicos distintos, como las coacciones o las amenazas, podría apreciarse un concurso real[5], si en algún momento se llega a ejecutar alguno de estos comportamientos previstos en los arts. 181 y 189 CP, y se debería tratar como un concurso de leyes ya que este artículo que analizamos tiene la naturaleza de delito de peligro contra la indemnidad sexual, y que, por lo tanto, debería quedar consumido cuando se produce un resultado de lesión con la concreción de alguno de los comportamientos que se han intentado prevenir con el adelantamiento de la barrera punitiva.

No podemos soslayar que cuando se hace referencia a la «intimidación»[6] en el art. 183 CP, se puede plantear una problemática

---

[4] SSTS de 2 de febrero de 2017 y 10 de diciembre de 2015 en aras del respeto del principio del *ne bis in idem*.

[5] El Acuerdo del Pleno no jurisdiccional de la Sala Segunda de 8 de noviembre de 2017, establece que cuando el contacto con el menor va seguido de una elección efectiva de su identidad sexual, la conducta del art. 183 puede conformar un concurso real con las conductas contempladas en los arts. 183 y 189 CP (actualmente 181 y 189 CP).

[6] La intimidación se refiere a la acción de causar o infundir miedo con el propósito de amedrentar o atemorizar a una persona. Este concepto está relacionado con la presión moral o psicológica, y es una modalidad de comisión propia de algunos delitos, como las amenazas, las agresiones sexuales y el robo, entre otros. La intimidación puede implicar el uso de fuerza moral o vis compulsiva, y su presencia puede ser determinante en la configuración de ciertos delitos, así como en la valoración de la validez de ciertos actos jurídicos. Es importante destacar que la intimidación puede tener implicaciones significativas en el ámbito del Derecho penal, especialmente en casos que involucren la vulneración de derechos fundamentales, la integridad personal y la seguridad de las personas.

En el contexto del *grooming*, la intimidación puede referirse a tácticas utilizadas por un perpetrador para ejercer presión emocional, psicológica o incluso fí-

acerca del concurso con el correspondiente delito de amenazas, que tiene una apreciación autónoma y que comportará normalmente un resultado punitivo superior. En esta situación debe recurrirse al principio de alternatividad *ex* art. 8.4 CP[7].

Más compleja resulta la apuesta de Pérez González y De la Mata Barranco[8] cuando afirman que, a pesar de entender que se protege el mismo bien jurídico tanto en el caso del art. 183 como en los arts. 181 y 189, la relación que existe entre ellos no es de progresión (peligro-lesión) sino que en el caso de llegar a consumarse el delito-fin, se pro-

---

sica sobre un menor con el objetivo de manipularlo y prepararlo para el abuso sexual o la explotación. El perpetrador puede utilizar amenazas destinadas a asustar o manipular emocionalmente al menor. Estas amenazas pueden incluir la revelación de secretos, la difamación, o la manipulación de la percepción que el menor tiene sobre sí mismo. Asimismo, el sujeto activo podría hacer amenazas directas o insinuaciones sobre daño físico a la víctima o a personas cercanas a ella, creando un ambiente de miedo que facilita la manipulación y amenazar con difundir información falsa o comprometedora sobre la víctima si no coopera. Esto puede ser particularmente efectivo para intimidar a un menor que teme la vergüenza o el rechazo social.

[7] El principio de alternatividad es uno de los principios que se aplican para resolver un concurso de leyes en Derecho penal. Según el art. 8 del Código Penal español, se establecen una serie de criterios para determinar qué precepto deberá aplicarse cuando varias normas parecen ser aplicables para un mismo hecho. El principio de alternatividad juega un papel importante cuando los otros criterios, como la especialidad, subsidiariedad y la consunción, no son aplicables. Según este principio, en caso de que estos criterios anteriores no puedan resolver la situación, el precepto penal más grave excluirá a los que castiguen el mismo hecho con una pena menor (art. 8, regla 4.ª del Código Penal). Este principio se aplica como último recurso y generalmente se entiende que su aplicación ocurre en situaciones excepcionales, como cuando hay un error o un descuido del legislador, y dos o más preceptos parecen sancionar idénticamente el mismo hecho. Es importante mencionar que la interpretación y aplicación del principio de alternatividad debe realizarse teniendo en cuenta la jurisprudencia y la doctrina para cada caso concreto.

[8] Pérez González, Sergio, y De la Mata Barranco, Norberto, «El delito de *child grooming*: algo más que un acto preparatorio de otro delito sexual», en *Personas vulnerables y tutela penal,* Aranzadi, Pamplona, 2023, p. 326.

duce un incremento de afectación al bien jurídico que obliga a la acumulación de penas para que no quede ninguna parte del desvalor de resultado, que es distinto en uno y otro caso, por lo que no se vulnera el principio *ne bis indem*, ya que no existe identidad de hecho ni de fundamento.

En cuanto al «engaño», corremos el riesgo de dejar sin contenido al tipo básico, ya que lo más habitual es que el sujeto se sirva de alguna clase de treta como pretexto para iniciar el contacto final de contenido sexual[9].

En relación con las personas que resulten condenadas por varias infracciones penales, el art. 73 del Código Penal establece que «al responsable de dos o más delitos o faltas se les impondrán las penas correspondientes a las diversas infracciones para su cumplimiento simultáneo, si fuere posible, por la naturaleza y efectos de las mismas». Dado que el cumplimiento coetáneo de las penas privativas de libertad, vacía de contenido material a las distintas sanciones impuestas, el art. 75 del Código Penal contempla para ellas una regla general que recoge la observancia íntegra y sucesiva de las mismas, disponiendo expresamente que: «cuando todas o algunas de las penas correspondientes a las diversas infracciones no puedan ser cumplidas simultáneamente por el condenado, se seguirá el orden de su respectiva gravedad para su cumplimiento sucesivo, en cuanto sea posible». Una previsión básica que, sin embargo, encuentra su moderación en el apartado 1.º del art. 76[10] del

[9] *Vid*. Gómez Tomillo, Manuel, «Delitos contra la libertad e indemnidad sexual (I)», Gómez Rivero, Carmen (dir.); Nieto Martín, Adán; Cortés Bechiarelli, Emilio, y Abel Souto, Miguel, *Fundamentos de Derecho penal. Parte especial*, vol. I, Tecnos, Madrid, 2022, p. 230.

[10] Pleno no jurisdiccional de la Sala 2.ª del Tribunal Supremo: Acuerdo de 27 de junio de 2018.

1. Las resoluciones sobre acumulación de condena solo serán revisables en caso de una nueva condena (o anterior no tenida en cuenta).

2. La nulidad como solución al recurso casacional, debe evitarse cuando sea dable conocer la solución adecuada, sin generar indefensión.

3. Cuando la sentencia inicial es absolutoria y la condena se produce *ex novo* en apelación o casación entonces, solo entonces, esta segunda fecha será la relevante a efectos de acumulación.

mismo texto legal, al fijar como límite que el máximo de cumplimiento efectivo no podrá exceder del triple del tiempo por el que se haya impuesto al condenado la más grave de las penas por los delitos en que hubiera incurrido, declarándose extinguidas las penas que resulte procedente desde que las ya impuestas cubran dicho máximo (STS 617/2017, de 15 de septiembre).

En materia de concurso destacamos que la jurisprudencia dictada inicialmente entendió —de manera unánime— que la relación existente entre el delito de ciberacoso sexual infantil y el delito de naturaleza sexual que, en su caso, se cometiera posteriormente se debía

---

4. En la conciliación de la interpretación favorable del art. 76.2 con el art. 76.1 CP, cabe elegir la sentencia inicial, base de la acumulación, también la última, siempre que todo el bloque cumpla el requisito cronológico exigido; pero no es dable excluir una condena intermedia del bloque que cumpla el requisito cronológico elegido.

5. Las condenas con la suspensión de la ejecución reconocida, deben incluirse en la acumulación si ello favoreciere al condenado y se considerarán las menos graves, para el sucesivo cumplimiento, de modo que resultarán extinguidas cuando se alcance el periodo máximo de cumplimiento. Favorece al condenado, cuando la conclusión es que se extinguen, sin necesidad de estar sometidas al periodo de prueba.

6. No cabe incluir en la acumulación, el periodo de prisión sustituido por expulsión; salvo si la expulsión se frustra y se inicia o continúa a la ejecución de la pena de prisión inicial, que dará lugar a una nueva liquidación.

7. La pena de multa solo se acumula una vez que ha sido transformada en responsabilidad personal subsidiaria. Ello no obsta a la acumulación condicionada cuando sea evidente el impago de la multa.

8. La pena de localización permanente, como pena privativa de libertad que es, es susceptible de acumulación con cualquier otra pena de esta naturaleza.

9. A efectos de acumulación los meses son de 30 días y los años de 365 días.

10. La competencia para el incidente de acumulación, la otorga la norma al Juez o Tribunal que hubiera dictado la última sentencia; sin excepción alguna, por tanto, aunque fuere Juez de Instrucción (salvo en el caso del art. 801 LECr), aunque la pena que se imponga no sea susceptible de acumulación e incluso cuando no fuere privativa de libertad.

11. Contra los autos que resuelven los incidentes de acumulación, solo cabe recurso de casación.

considerar como un concurso (aparente)[11] de normas. Así, cabe citar la STS 97/2015, de 27 de febrero; STS 527/2015, de 22 de septiembre; STS 864/2015, de 10 de diciembre; STS 109/2017, de 2 de febrero; o STS 199/2017, de 27 de marzo.

Sin embargo, el Acuerdo del Pleno No Jurisdiccional[12] de 8 de noviembre de 2017 alcanzó una solución distinta, al establecer que: «El delito de ciberacoso sexual infantil previsto en el artículo 183 ter.1 del Código Penal, puede conformar un concurso real de delitos con las conductas contempladas en los artículos 183 y 189».

Este Acuerdo se aplicó en la STS 777/2017, de 30 de noviembre, que señala:

> «3. Ello nos lleva a analizar el posible juego de la cláusula concursal, en relación con el principio de, y sobre este punto cabe hacernos las siguientes preguntas: ¿existirá concurso real, ideal o de normas entre el tipo del art. 187 bis (ahora ter) y los delitos allí reseñados (arts. 183 y 189 CP)? y ¿puede aplicarse y tener juego la cláusula concursal refiriéndola a otras figuras delictivas que no sea el art. 183 y 189 CP.
>
> El Pleno no jurisdiccional de la Sala celebrado con ocasión de esta sentencia el día 8 de noviembre de 2017, entendió que el delito del art. 183 ter y los delitos de los arts. 183 y 189 CP eran plenamente compatibles al añadir a las conductas de agresión, abuso sexual, o creación de pornografía infantil, un indudable grado de desvalor, precisamente por servirse de ese medio comisivo (*child grooming*).
>
> Ello hace que la relación entre el art. 183 ter, considerando acto preparatorio, se halle, en conexión a los delitos fin allí descritos (art. 183 y 189) en una relación de concurso de delitos, que deberán merecer cada uno de ellos las condenas procedentes (concurso real de delitos)».

---

[11] Así también, Villacampa Estiarte, Carolina, *op. cit.*, p. 166. Para esta autora, cuando el *grooming* supere «... el umbral de la preparación delictiva para entrar ya en la fase ejecutiva del correspondiente tipo delictivo, habría que calificar los hechos preferentemente conforme al correspondiente delito fin, como dispone el principio de subsidiariedad tácita». En este sentido, indica que, a su juicio, el delito de *grooming* no ha sido legislado para ser aplicado cuando concurre con otro delito posterior, cuya calificación es más grave, y protege al mismo bien jurídico, como sucede con los arts. 183 y 189 CP.

[12] De acuerdo con la STS 28 de junio de 2007, si bien un PNJ no crea jurisprudencia, estos «... constituyen su normal y lógico antecedente y sus criterios interpretativos se van convirtiendo, sucesivamente, en doctrina jurisprudencial», de conformidad con el art. 264 de la Ley Orgánica del Poder Judicial. STS 28 de junio de 2000 (ECLI:ES:TS:2000:5284).

También recoge la solución del concurso real la STS 158/2019, de 26 de marzo, que señala que el delito del art. 183 ter.1 CP requiere el contacto con el menor a través de las nuevas tecnologías, la proposición de un encuentro con el mismo para cometer cualquiera de los delitos de los arts. 183 y 189, y que la propuesta venga acompañada de actos materiales encaminados al acercamiento, «sin que exija la ejecución de actos de naturaleza sexual que afecten a la indemnidad sexual del menor, que, en caso de existir, serían sancionados de forma independiente».

Autores como Quintero Olivares[13] consideran que debería aplicarse el principio de consunción propia del art. 8. 3.º CP que prevé que «El precepto penal más amplio o complejo absorberá a los que castiguen las infracciones consumidas en aquel». Principio este que explica el citado autor sosteniendo que si un mismo autor lleva a cabo «… sucesivamente varias acciones, que serían por sí mismas punibles, pueden ser absorbidas, considerando su contenido de antijuricidad por un acto anterior o posterior, sólo habrá que castigar al autor por aquella acción que haya absorbido la totalidad del contenido injusto».

---

13 Quintero Olivares, Gonzalo, *Parte General del Derecho penal*, Aranzandi, Navarra, 2015, p. RB. 16-3.

CAPÍTULO 10

LA PROBLEMÁTICA CUESTIÓN DE LA PENALIDAD *VERSUS* EDUCACIÓN Y REINSERCIÓN

Cuando la finalidad sea cometer los delitos *ex* arts. 181 y 189 CP, el delito de *child grooming* se castiga con una pena de uno a tres años de prisión o multa[1] de doce a veinticuatro meses, sin perjuicio de las penas correspondientes a las demás infracciones en su caso cometidas.

Como supuesto agravado, vemos el inciso último del art. 183.1 CP: «Las penas se impondrán en su mitad superior cuando el acercamiento se obtenga mediante coacción, intimidación o engaño». La coacción[2],

[1] La multa en los delitos sexuales cumple con varios propósitos, incluyendo aspectos punitivos y disuasorios. En primer lugar, la imposición de una multa puede servir como una forma adicional de castigo para el delincuente, además de otras posibles sanciones como la prisión. Esta medida busca reforzar la responsabilidad del infractor y contribuir a la reparación del daño causado. Por otro lado, la multa puede tener un efecto disuasorio, tanto para el delincuente como para otros posibles infractores, al establecer consecuencias económicas significativas asociadas a la comisión de delitos sexuales.

[2] Se refiere a la acción de forzar o persuadir a alguien para que realice o deje de realizar ciertas acciones mediante el uso de amenazas, violencia, intimidación u otras formas de presión. La coacción puede ser un elemento clave en varios delitos, y su gravedad puede variar según la jurisdicción y la legislación específica. Algunas formas comunes de coacción en el Derecho penal incluyen:

Coacción física: Implica el uso de la fuerza física o la amenaza inminente de violencia para obligar a alguien a realizar o abstenerse de realizar ciertas acciones.

Coacción psicológica: Involucra el uso de amenazas, intimidación o manipulación emocional para influir en el comportamiento de una persona. Esto puede

la intimidación[3] y el engaño son clave a la hora del merecimiento de un mayor desvalor de la conducta que comporta un mayor castigo, si bien, en este punto, puede existir una mayor dificultad en sede probatoria[4]. Al respecto, estamos con Núñez Castaño[5] en relación con el engaño, pues sorprende que aparezca como una circunstancia que agrava la pena, ya que este factor es consustancial de la conducta típica, ya sea con perfiles falsos[6], o bien otras argucias que permitan llevar a

---

incluir la amenaza de daño emocional, la difamación o la manipulación de la percepción de la víctima.

Coacción económica: Se refiere al uso de amenazas relacionadas con cuestiones financieras o económicas para obligar a alguien a actuar de cierta manera. Esto podría incluir la amenaza de destruir la propiedad de alguien, privar a alguien de su sustento o causar daño económico.

Coacción moral: Implica el uso de amenazas basadas en principios éticos o morales para influir en el comportamiento de una persona. Esto podría incluir la amenaza de revelar información comprometedora o difamatoria.

Extorsión: La extorsión es un delito que implica la obtención de algo de valor (dinero, bienes, servicios) mediante amenazas, coacción o intimidación. Puede involucrar amenazas de violencia, daño a la propiedad o revelación de información perjudicial.

[3] Como afirmaba González Rus, la intimidación se había convertido en una «fuente inagotable de complicaciones» por la diferenciación de las situaciones típicas y sus calificaciones penales». *Vid.* González Rus, Juan José, «La reforma de las agresiones sexuales», *Diario La Ley*, n.º 9790, Sección Doctrina, 12 de febrero de 2021, Wolters Kluwer, *passim*.

[4] La dificultad probatoria de los delitos sexuales sobre menores es reconocida por el TS en la Sentencia 365/2022, de 8 de abril, FJ 2, donde dice: «Y respecto a la declaración de la víctima, la jurisprudencia de este Tribunal y la doctrina del Tribunal Constitucional, entienden que puede ser considerada prueba de cargo suficiente para enervar la presunción de inocencia, aun cuando fuera la única prueba disponible, como es frecuente que acaezca en casos de delitos contra la libertad sexual, porque al producirse generalmente con absoluta clandestinidad, se dificulta la concurrencia de otra prueba diferenciada».

[5] Núñez Castaño, Elena, «Delitos contra la libertad e indemnidad sexual...», *op. cit.*, p. 320.

[6] Es importante destacar que la creación de perfiles falsos en sí misma no es un delito específico relacionado con la indemnidad y libertad sexual, pero puede

cabo un contacto a través de una relación de confianza ganada de forma paulatina.

La creación de perfiles falsos en línea representa un riesgo significativo para los menores y puede facilitar diversos delitos, incluidos los relacionados con la libertad e indemnidad sexual. La suplantación de identidad en entornos virtuales puede permitir a los emabucadores interactuar con menores de manera engañosa, ganándose su confianza y estableciendo relaciones falsas que pueden tener consecuencias perjudiciales.

Los perfiles falsos en redes sociales pueden ser un factor crucial que permite a los embaucadores actuar con impunidad. La utilización de perfiles falsos, especialmente en el contexto de delitos contra la indemnidad y libertad sexual, puede estar vinculada al acoso, la humillación y el hostigamiento a través de las redes sociales.

Los menores deben comprender la importancia de conocer en persona a las personas con las que interactúan en línea. Evitar conexiones con extraños y no compartir información sensible es fundamental.

El proceso de embaucamiento puede implicar el establecimiento de una conexión emocional con el menor, ganarse su amistad o establecer una relación de confianza. Los delincuentes sexuales pueden utilizar técnicas de manipulación psicológica, para ganarse la confianza del menor y lograr que este participe en actividades sexuales o envíe material de contenido sexual.

La confianza es un elemento crucial en los casos de embaucamiento de menores, especialmente cuando se utilizan medios tecnológicos. El embaucador busca ganarse la confianza del menor para poder manipularlo y llevar a cabo sus fines sexuales.

El embaucador utiliza diversas estrategias para conseguir la confianza del menor. Puede simular ser alguien que no es, mostrarse amable y comprensivo, ofrecerle consejos y apoyo emocional, y hacer regalos. Estas acciones buscan generar un vínculo emocional con el menor y hacer que confíe en el embaucador de manera incondicional.

---

ser una herramienta utilizada por aquellos que buscan cometer delitos en línea. La creación de perfiles falsos en línea puede ser un comportamiento problemático y, en algunos casos, puede estar relacionada con delitos contra la indemnidad y libertad sexual, especialmente cuando se utiliza como parte del *grooming* o para facilitar actividades delictivas.

La confianza es importante porque permite al embaucador establecer una relación de poder y control sobre el menor. Cuando el menor confía en el embaucador, es más probable que siga sus instrucciones, comparta información personal y se involucre en actividades inapropiadas. El embaucador utiliza esta confianza para manipular al menor y llevar a cabo sus objetivos sexuales.

Es importante destacar que los menores son especialmente vulnerables a ser embaucados debido a su falta de experiencia y conocimiento sobre los peligros en línea. Pueden tener una confianza excesiva en su capacidad para manejar las herramientas tecnológicas y pueden no ser conscientes de los riesgos que existen. Esto hace que sean más susceptibles a caer en las trampas de los embaucadores.

Además, la confianza también puede ser utilizada por el embaucador para aislar al menor de su red de apoyo, como familiares y amigos. El embaucador puede insistir en mantener las interacciones en secreto y desalentar al menor de buscar ayuda o contar lo que está sucediendo. Esto aumenta la dependencia emocional del menor hacia el embaucador y dificulta que busque ayuda o escape de la situación[7].

Por otra parte, salvo en los casos en que concurra alguna de las circunstancias previstas en el apartado segundo del art. 178 CP[8], el art. 183 bis CP prevé la posibilidad de excluir la responsabilidad penal cuando

---

[7] Para prevenir el embaucamiento de menores, es fundamental que los padres, educadores y la sociedad en general estén informados sobre los riesgos y tomen medidas para proteger a los menores. Algunas medidas de prevención incluyen:

Controlar y supervisar el acceso de los menores a Internet.

Concienciar a los menores sobre los peligros que existen en línea.

Mantener un diálogo abierto y de confianza con los menores para que se sientan cómodos compartiendo sus preocupaciones.

Enseñar a los menores a reconocer las señales de peligro y a gestionar sus instintos.

No proporcionar información personal o imágenes a extraños en línea.

Mantener la seguridad y confidencialidad de contraseñas y dispositivos tecnológicos.

[8] Art. 178.2 CP. «Se consideran en todo caso agresión sexual los actos de contenido sexual que se realicen empleando violencia, intimidación o abuso de una situación de superioridad o de vulnerabilidad de la víctima, así como los que se ejecuten sobre personas que se hallen privadas de sentido o de cuya situación mental se abusare y los que se realicen cuando la víctima tenga anulada por cualquier causa su voluntad».

existe un libre consentimiento del menor de dieciséis años, siempre y cuando el autor —sujeto activo— sea una persona próxima al menor por edad y grado de desarrollo o madurez física y psicológica.

Y aquí se impone precisar que en relación con el «consentimiento», a tenor del art. 178 CP: «Sólo se entenderá que hay consentimiento cuando se haya manifestado libremente mediante actos que, en atención a las circunstancias del caso, expresen de manera clara la voluntad de la persona».

El consentimiento ha sido el verdadero núcleo que ha generado un gran cambio en la reforma de los delitos contra la libertad e indemnidad sexual, la polémica ley del «solo sí es sí»[9] que eliminó la distinción entre el abuso y la agresión sexual[10]. Sin embargo, esto no significa que con anterioridad

---

[9] Así, Álvarez Buján cuando indica: «Con la Ley Orgánica 10/2022, de 6 de septiembre, de garantía de la libertad sexual se ha sembrado una más que notoria polémica en nuestro ordenamiento jurídico. La norma que pretendía procurar una mejor y más efectiva tutela para las víctimas de violencia sexual coadyuvando a la prevención, detección, represión y erradicación de todas las violencias sexuales, parece haber generado, en algunos extremos, una suerte de efectos perversos, que han dado lugar a la revisión de sentencias firmes de condena por delitos sexuales y han puesto sobre la mesa la apurada modificación de la citada norma acometida mediante la LO 4/2023, de 27 de abril». *Vid.* Álvarez Buján, María Victoria, *op. cit.*, pp. 307 y 308.

[10] Ley Orgánica 10/2022, de 6 de septiembre, de Garantía Integral de la Libertad Sexual. En el apartado III del Preámbulo de la precitada Ley se indica al respecto: «Como medida más relevante, elimina la distinción entre agresión y abuso sexual, considerándose agresiones sexuales todas aquellas conductas que atenten contra la libertad sexual sin el consentimiento de la otra persona, cumpliendo así España con las obligaciones asumidas desde que ratificó en 2014 el Convenio de Estambul. Este cambio de perspectiva contribuye a evitar los riesgos de revictimización o victimización secundaria».

Al hilo de lo dicho, en nuestro país, la Ley Orgánica 3/2021, de 24 de marzo, de protección integral a la infancia y la adolescencia frente a la violencia incorporó un elenco de reformas en materia de delitos contra la indemnidad sexual que pretenden conseguir una mejor protección de los menores de edad frente a los embates de la violencia y el abuso sexual, delito este último, derogado por la Ley Orgánica 10/2022 de 6 de septiembre de garantía integral de la libertad sexual.

La Ley de reforma de los delitos contra la libertad e indemnidad sexuales en el párrafo II del Preámbulo hace referencia a la necesidad de implementación en Es-

a la reforma no se tuviese en cuenta el consentimiento, y así se desprende de la STS 196/2023, de 21 de marzo, fundamento de derecho quinto:

---

paña del modelo «*Children's house*» anglosajón o Barnahus escandinavo (Casa de niños y niñas). El objetivo de la Casa de los Niños o Barnahus es evitar que el niño o niña tenga que revivir el abuso sexual a través de múltiples declaraciones y, a su vez, ofrece un entorno amigable y respetuoso con sus necesidades, situando al menor en el centro de la intervención y teniendo todos los recursos bajo el mismo techo.

El Modelo Barnahus es un modelo de atención integral para niños y niñas que han sufrido violencia sexual. Este modelo se originó en Islandia y se ha extendido a otros países escandinavos y europeos. El objetivo principal del modelo es proporcionar un entorno seguro y amigable para los niños y niñas víctimas de abuso sexual, donde puedan recibir atención médica, psicológica y legal en un solo lugar.

Las principales características del Modelo Barnahus son las siguientes:

Atención integral: Todos los departamentos que intervienen en un caso de abuso sexual infantil se coordinan y trabajan bajo el mismo techo para atender al niño o niña víctima. Se trata de una casa, lejos de comisarías y hospitales, que cuenta con un entorno amigable para los niños: decoración adaptada a su edad y profesionales especializados en victimología infantil.

Enfoque centrado en el niño: El modelo pone al niño en el centro para que este no tenga que desplazarse en los diferentes servicios implicados en el caso, ni repetir tantas veces su historia. En lugar de ir a comisaría a prestar declaración, el niño acude a la Barnahus donde se le hace directamente una entrevista forense que es grabada y todos los actores involucrados en el caso la ven por circuito cerrado. La grabación de la entrevista forense permite recoger el testimonio del niño lo antes posible, lo cual facilita su recuperación y evita que tenga que ir al juicio oral.

Marco regulador formal multidisciplinario e interdepartamental: El modelo se basa en un marco regulador formal que involucra a todos los departamentos implicados en la atención a los niños y niñas víctimas de abuso sexual. Esto permite una mayor coordinación y eficacia en la atención a las víctimas.

Inclusión de todos los niños y niñas como posibles usuarios del centro: El modelo se enfoca en la prevención y atención de la violencia sexual infantil en general, no solo en los casos que ya han sido denunciados. Todos los niños y niñas que hayan sufrido algún tipo de violencia sexual pueden acudir a la Barnahus para recibir atención y apoyo.

Efectividad basada en la evidencia: Son múltiples los estudios empíricos que han demostrado que este modelo ayuda a reducir la victimización secundaria y mejora el trato hacia el niño y su familia. Además, en Islandia, por ejemplo, desde su implementación el número de casos en los que el agresor ha sido acusado se han triplicado.

«Aunque no se definiera el consentimiento, no significaba que, desde siempre, la jurisprudencia no entendiese que tal consentimiento era sustancial, como un elemento, en este caso negativo del tipo, que el agente actuara sin consentimiento de la persona agredida sexualmente, o bien bajo un consentimiento viciado por las circunstancias concurrentes».

Sobre el consentimiento, consideramos clave la aseveración de GUDÍN RODRÍGUEZ-MAGARIÑOS[11]:

«En esta ocasión como en otras, la reforma demuestra ciertos déficits por no abordar como se debiera los vicios del consentimiento. La reforma parte de una dicotomía entre dos posiciones extremas consentimiento y no consentimiento, el problema es que los vicios del consentimiento es una realidad que admite siempre una graduación».

Y *a fortiori* en relación con el «engaño» y el consentimiento», el mismo autor señala que[12]:

«La supresión de la única referencia al engaño plantea con mayor crudeza si cabe el problema no resuelto por la jurisprudencia con relación a si es equiparable el engaño con la falta de consentimiento. Conforme a la nueva redacción "sólo se entenderá que hay consentimiento cuando se haya manifestado libremente mediante actos que, en atención a las circunstancias del caso, expresen de manera clara la voluntad de la persona". Sin embargo, la redacción no atiende aquellos supuestos en el que el consentimiento es condicionado o en el que es tenida en cuenta una motivación subjetiva específica.

Entendemos, sin embargo, que la cuestión es más compleja que todo esto. Como es sabido el artículo 1262 del CC señala que el consentimiento se manifiesta por el concurso de la oferta y la aceptación sobre la cosa y la causa que han de constituir el contrato, y ciertamente respecto del objeto no parece que pueda haber excesivos problemas sobre de qué cosa están tratando las partes, la cuestión se centra en distinguir la esencialidad de la causa y los móviles subjetivos del sujeto para la construcción de esta relación jurídica. Por otra parte, aun admitiendo la virtualidad del engaño para suprimir el consentimiento, como es conocido también existe un margen para apreciar la incredulidad subjetiva del sujeto en orden a ser engañado, aspecto ya tenido presente en el delito de estafa».

Sobre el consentimiento LLORIA GARCÍA[13] señala que:

---

[11] GUDÍN RODRÍGUEZ-MAGARIÑOS, Antonio Evaristo, *op. cit.*, p. 11.

[12] *Ibidem*, p. 30.

[13] LLORIA GARCÍA, Paz, *op. cit.*, pp. 215 y 216.

> «Ese carácter de disponibilidad y el reconocimiento del derecho a elegir y por lo tanto, consentir, cuándo, cómo y con quién se quiere o no se quiere mantener relacio nes sexuales (y de qué clase), es lo que hace que el consentimiento haya sido considerado, tradicionalmente, como el eje sobre el que gira la tipicidad o no de las conductas, puesto que si el mismo está viciado por cualquier causa (intimidación, violencia, superioridad, incapacidad para prestarlo, etc.) o resulta inexistente, la conducta sexual se entiende no autorizada y por lo tanto, prohibida».

Se podrá inferir que ha habido consentimiento, por ejemplo, cuando en la relación de «flirteo» producido a través de las nuevas tecnologías se pueda apreciar una connivencia, una aceptación clara entre las partes.

El flirteo[14], también conocido como coqueteo, es una forma de relación interpersonal que expresa un interés romántico o sexual, sin la intención de formalizar ni establecer un compromiso. Se trata de un juego amoroso que puede manifestarse a través de mensajes sutiles, conversaciones, contacto físico breve, lenguaje corporal o incluso a través de la vestimenta. El objetivo del flirteo puede variar dependiendo de si se busca una relación a corto o largo plazo, y las tácticas de flirteo pueden diferir en función de los resultados deseados. Según investigadores, el humor suele ser una de las tácticas más efectivas para flirtear, aunque la eficacia puede depender del sexo y de los objetivos del flirteo, ya sea una relación a largo o corto plazo.

Esta realidad precisará en la mayoría de las ocasiones una investigación[15] pormenorizada de la relación que ha habido entre el sujeto activo y pasivo, y además, se tendrá que aquilatar con el máximo tino la proxi-

---

[14] Algunos ejemplos de comportamientos de flirteo pueden incluir: contacto visual sugestivo: mantener contacto visual de una manera sugerente puede ser una señal de interés romántico; sonrisas y risas: el uso de sonrisas coquetas y risas juguetonas puede expresar interés y crear un ambiente ligero; toques suaves: toques suaves y sutiles, como rozar el brazo o la mano, pueden ser señales de flirteo; lenguaje corporal: posturas corporales abiertas, movimientos lentos y gestos expresivos pueden contribuir al flirteo; cumplidos y elogios: elogiar la apariencia o personalidad de la otra persona de manera halagadora puede ser una forma de flirteo; juegos de palabras: utilizar juegos de palabras, doble sentido o insinuaciones de manera divertida y respetuosa puede formar parte del flirteo.

[15] *Vid.* Dolz Lago, Manuel Jesús, «*Child grooming* y *sexting*: anglicismos, sexo y menores en el Código Penal tras la reforma del 2015», *Diario La Ley*, n.º 8758, 2016.

midad[16] por edad y grado de desarrollo o madurez física y psicológica, tarea que se presenta harto compleja, pues en muchas ocasiones veremos que el sujeto activo también es un menor que embauca simulando ser mayor para conseguir el contacto con alguien de menor edad.

En algunos casos de *grooming*, el embaucamiento o engaño puede tener la finalidad específica de obtener material pornográfico de menores. Los perpetradores de *grooming* pueden utilizar diversas tácticas manipuladoras para convencer a los menores de que compartan imágenes o videos íntimos de sí mismos.

Es muy importante que los menores no compartan su imagen en las redes sociales, ya que pueden convertirse en víctimas de delitos contra la indemnidad y libertad sexual. La exposición de menores en redes sociales puede llevar a situaciones de acoso, *sexting*, *grooming*, *ciberbullying*, ciberexplotación, pornografía infantil, entre otros riesgos, como el montaje. Un montaje falso de imágenes en las redes sociales es la manipulación de fotografías o imágenes con el propósito de crear contenido engañoso o falso. Este tipo de manipulación puede variar en complejidad, desde ajustes menores para distorsionar la realidad hasta creaciones más elaboradas que involucran la combinación de elementos de diferentes imágenes. Los montajes[17] falsos pueden ser utilizados

---

[16] Son los tribunales los que han de determinar qué se entiende con el término «proximidad», en un silogismo jurídico complejo y multifactorial. En este sentido, en el Auto del Tribunal Supremo 67/2016 (Ponente: Marchena Gómez) se afirma que tal circunstancia no concurre en casos como el resuelto, en los que «el adulto tiene en el momento de cometer los hechos 46 años y la menor 11 años. La diferencia de edad entre ambos es de tal magnitud que no se puede sostener la existencia de un consentimiento libremente prestado por la menor —cuya edad, se aleja tanto del actual límite del consentimiento sexual, como del anterior fijado en los 13 años—, y menos que exista una proximidad entre él y la menor, por razones de edad o de desarrollo». La Sentencia del Tribunal Supremo 699/2020 (Ponente: Excmo. Sr. D. Hurtado Adrián) se aplica la atenuante analógica muy cualificada a un caso en el que el acusado tenía dieciocho años y la víctima trece.

[17] Aquí hay algunas formas comunes en las que se realizan montajes falsos de imágenes en las redes sociales:

Fotos manipuladas: Modificación de detalles en una imagen, como colores, expresiones faciales, o elementos de fondo, para alterar la percepción de la realidad.

con diversos fines, como difamar a una persona, crear noticias falsas, o engañar al público.

PANIZO GALENCE[18] afirma de forma muy acertada que:

> «Es muy importante que se haga un uso responsable y seguro del ordenador y de la web-cam, teniendo en cuenta que lo que el menor ve a través de su cámara web puede tratarse de un montaje y no ser en realidad su interlocutor la persona atractiva que dice y parece ser. Debe utilizarse la web-cam únicamente con personas de máxima confianza y no hacer delante de ella nada que no se hiciera en público. Se debe tener el equipo libre de software malicioso para evitar activaciones remotas de la cámara web, siendo una medida preventiva girarla hacía un ángulo muerto cuando no la estemos utilizando o taparla, si va integrada en el equipo».

La pena será de prisión de seis meses a dos años cuando la finalidad del contacto tenga relación con el embaucamiento para obtener material pornográfico o le muestre imágenes pornográficas, en las que se represente o aparezca un menor.

En relación con la reforma de la penalidad en la ley del solo sí es sí GUDÍN RODRÍGUEZ-MAGARIÑOS[19] algo que hemos de tener muy en cuenta sobre el derecho transitorio:

Edición de contexto: Cambio del contexto de una imagen para darle un significado diferente al original. Esto puede incluir la adición de textos falsos, recortes o inclusiones de elementos que no estaban presentes inicialmente.

Creación de imágenes compuestas: Combinación de elementos de varias imágenes para formar una nueva imagen que puede ser engañosa o falsa.

Deepfakes: Uso de tecnología avanzada para crear videos o imágenes realistas que presentan a personas realizando acciones o expresando palabras que nunca ocurrieron en realidad. Las técnicas de *deepfake* implican el uso de algoritmos de aprendizaje profundo, específicamente de redes neuronales, para analizar, sintetizar y generar contenido multimedia falso que puede ser extremadamente convincente. Estas tecnologías han avanzado significativamente en los últimos años, permitiendo la creación de vídeos que parecen mostrar a personas reales haciendo o diciendo cosas que nunca hicieron o dijeron.

Fotos fuera de contexto: Publicación de imágenes auténticas, pero fuera de su contexto original, lo que puede llevar a malentendidos o interpretaciones erróneas.

[18] PANIZO GALENCE, Victoriano, *op. cit.*, p. 30.

[19] GUDÍN RODRÍGUEZ-MAGARIÑOS, Antonio Evaristo, *op. cit.*, p. 3.

«En cuanto al derecho transitorio, debemos recordar que la LO 10/2022 no contiene disposiciones transitorias sobre legislación aplicable, como sí lo hizo el Código Penal aprobado por la LO 10/1995, de 23 de noviembre, del Código Penal o la Ley 5/2010, de 22 de junio. La DT 5.ª de la Ley Orgánica 5/2010 disponía expresamente que en las penas privativas de libertad no se consideraría más favorable la nueva Ley cuando la duración de la pena anterior impuesta al hecho con sus circunstancias fuera también imponible con arreglo a la reforma del Código. Asimismo, disponía que se aplicaría la norma más favorable considerada taxativamente y no por el ejercicio del arbitrio judicial, excluyendo la posibilidad de una revisión general de la pena. El Tribunal Supremo en las SSTS 930/2022, de 29 de noviembre de 2022, y 967/2022, de 15 de diciembre, siguiendo el criterio que era ya mayoritario en las Audiencias, ha negado que pudiesen hacerse extensivos estos criterios a la nueva ordenación mediante una aplicación analógica contraria al reo, debiéndose estar a lo dispuesto en el art. 2.2 del CP y el art. 9.3 de la CE. De nada vale como señala Dolz Lago (2022:2) que el legislador haya pretendido enmendar el error cometido mediante una supuesta interpretación auténtica en la exposición de motivos de la Ley Orgánica 14/2022, la cual dice en su apartado X "aun cuando no se estableciera régimen transitorio en esta ley, se llegaría a las mismas conclusiones por aplicación del art. 2.2 del Código Penal y de la disposición transitoria quinta de la Ley Orgánica 10/1995, de 23 noviembre», no es el caso de la reforma de 2022, al tratarse de una norma que no se encuentra ya vigente y que no es posible resucitar al amparo de la levedad de la respuesta penal"».

Relacionado con la tuición penal del delito de *child grooming* VILLACAMPA ESTIARTE[20] es de parecer que:

«... la presión político-criminal tendente al endurecimiento gradual de la sanción de estas conductas y a la limitación de su relevancia penal a los supuestos de solicitud *online* no se compadece bien ni con la fenomenología de este tipo de comportamientos —que como fase del proceso de abuso sexual se producen fundamentalmente en el círculo de conocidos del menor y además de forma presencial— ni con el descenso que los estudios empíricos existentes demuestran que ha sufrido en los últimos años la prevalencia de solicitudes sexuales telemáticas a menores. Además, la mera incriminación de conductas delictivas tampoco es suiciente para alcanzar el estándar de protección de las víctimas que imponen los instrumentos normativos supranacionales aprobados en el marco regional europeo ya mencionados».

[20] VILLACAMPA ESTIARTE, Carolina, *op. cit.*, p. 8.

CONCLUSIONES Y PROPUESTAS

En la actualidad estamos experimentando cambios geopolíticos significativos y avances tecnológicos que tienen un impacto profundo en nuestras vidas. Aquí hay algunos aspectos clave de estos cambios:

Reconfiguración de Poder: Se han observado cambios en la distribución del poder a nivel global, con el surgimiento de nuevas potencias económicas y políticas, así como cambios en las alianzas tradicionales.

Desafíos Transnacionales: Problemas como el cambio climático, la pandemia de covid-19, y la ciberseguridad requieren respuestas y cooperación a nivel internacional.

Avances Tecnológicos: Inteligencia Artificial (IA): La IA está transformando la forma en que trabajamos, nos comunicamos y tomamos decisiones. Desde asistentes virtuales hasta sistemas de aprendizaje automático, la IA está omnipresente en muchos aspectos de la vida cotidiana.

Internet de las Cosas (IoT): La interconexión de dispositivos y objetos cotidianos a través de la IoT está generando cambios en la forma en que interactuamos con nuestro entorno, desde hogares inteligentes hasta ciudades conectadas.

Biomedicina y Genómica: Avances en biotecnología, medicina genómica y terapias personalizadas están cambiando la forma en que abordamos la salud y el tratamiento de enfermedades.

Impacto en la Sociedad: Transformación Digital: La digitalización de la sociedad está alterando las estructuras económicas y sociales, afectando sectores como la educación, el comercio y el empleo.

Desafíos Éticos y de Privacidad: El rápido avance tecnológico plantea desafíos éticos, como la privacidad de datos, la seguridad cibernética y la toma de decisiones algorítmica.

Cambio Cultural: Conectividad Global: La facilidad de comunicación e intercambio de información a nivel global está dando forma a una cultura más interconectada y globalizada.

Nuevas Formas de Comunicación: Plataformas de redes sociales, mensajería instantánea y contenido digital están influyendo en cómo nos relacionamos y compartimos información.

En este contexto, el delito de *child grooming* fue introducido en España en 2010 y se modificó en 2015 como consecuencia de compromisos internacionales que España tenía que cumplir (realizado incluso *extra petitum)*, sobre todo en el marco de la Unión Europea y el Consejo de Europa[1].

En el contexto de la Unión Europea y el Consejo de Europa, España ha experimentado cambios legislativos significativos que han repercutido en la política criminal del país. Estas transformaciones se han producido en respuesta a las directrices y normativas establecidas por las instituciones europeas, buscando una mayor armonización y cooperación en asuntos legales y de seguridad.

En el ámbito de la Unión Europea, se ha observado una tendencia hacia la estandarización de normas legales y la promoción de una cooperación más estrecha entre los Estados miembros en materia de justicia penal. Esto ha llevado a ajustes en la legislación española para alinearse con los estándares europeos, con el objetivo de facilitar la colaboración transfronteriza y garantizar una aplicación más coherente de las leyes.

El Consejo de Europa, por su parte, ha influido en la evolución de la política criminal en España a través de la promoción de los derechos humanos y la adopción de instrumentos legales que buscan garantizar la protección de los ciudadanos. Las decisiones y recomendaciones emanadas de este organismo han llevado a ajustes normativos que buscan fortalecer las salvaguardias legales y los principios fundamentales en el sistema de justicia penal español.

Estos cambios legislativos han abordado diversas áreas de la política criminal, desde la lucha contra la delincuencia transnacional hasta la protección de los derechos individuales. A medida que España se adapta a las dinámicas europeas, la política criminal continúa evolucionando

---

[1] Un análisis detallado de la normativa europea en materia de tutela de la indemnidad sexual de los menores se puede ver en CUERDA ARNAU, María Luisa, «Menores y redes sociales: protección penal de los menores en el entorno digital», *CPC*, n.º 112, 2014, pp. 9-13.

para afrontar los desafíos contemporáneos en consonancia con las directrices y valores compartidos en el ámbito europeo.

España, en consonancia con la política de la Unión Europea, ha llevado a cabo ajustes legislativos y acciones con el propósito de hacer frente a la criminalidad sexual perpetrada mediante medios informáticos. Estos cambios buscan alinear la legislación española con las directrices europeas, promoviendo una respuesta más efectiva y coordinada en la lucha contra este tipo de delitos.

La Unión Europea ha abordado la cuestión de la criminalidad sexual en el ámbito digital mediante la implementación de estrategias y marcos normativos comunes. En este contexto, España ha adaptado su marco legal para garantizar una armonización con las medidas adoptadas a nivel europeo, facilitando así la cooperación transfronteriza y la persecución efectiva de los delincuentes.

La adopción de medidas específicas en el ámbito de la ciberseguridad y la protección de menores en línea ha sido un componente clave de estos ajustes. Se han fortalecido las disposiciones legales relacionadas con la persecución y sanción de la explotación sexual en entornos digitales, así como la protección de las víctimas y la prevención de estos delitos.

Además, la colaboración internacional y la compartición de información entre los Estados miembros de la Unión Europea se han convertido en elementos esenciales en la estrategia de España para abordar la criminalidad sexual en el ámbito digital. Esto refleja el compromiso de España en trabajar de manera coordinada con otros países europeos para combatir eficazmente este tipo de delitos y proteger a sus ciudadanos.

Panizo Galence[2] remarca la necesidad de la cooperación:

> «... en este tipo de investigaciones es que, en numerosas ocasiones, la víctima y el agresor se encuentran en diferentes países e incluso los servidores, donde se almacenan los datos técnicos necesarios para la investigación tecnológica, se pueden encontrar en un tercer país, por lo que es necesario utilizar los mecanismos de cooperación policial internacional (a través de Sirene en el marco del Tratado de Schengen, Europol en el ámbito de la Unión Europea e Interpol en el resto del mundo) y Judicial (Eurojust, Comisiones Rogatorias Internacionales...) para culminar dichas

[2] Panizo Galence, Victoriano, *op. cit.*, p. 29.

investigaciones, siendo deseable que se agilicen los trámites lo máximo posible, estableciéndose protocolos al efecto y que todos los países cuenten con policía especializada en investigación Tecnológica».

La cooperación policial también es muy necesaria entre las diferentes policías de España y así lo prevé el art. 46 de la Ley Orgánica 10/2022, de 6 de septiembre, de garantía integral de la libertad sexual.

> «Colaboración policial. El Gobierno, a través de acuerdos con las comunidades autónomas y las Entidades Locales, promoverá la formación y la colaboración de las policías autonómicas y locales con la finalidad de mejorar la respuesta policial frente a las distintas formas de violencia sexual, especialmente en lo relativo a la primera atención y a la protección de víctimas en situación de riesgo. Para ello, revisará y actualizará los acuerdos y protocolos en materia de colaboración entre los diferentes Cuerpos y Fuerzas de Seguridad».

En el mismo cuerpo legal y en relación con las investigaciones policiales el art. 44 señala que:

> «Las administraciones públicas competentes arbitrarán todos los medios disponibles, incluidas las técnicas más avanzadas, para garantizar la eficacia de las investigaciones realizadas por las Fuerzas y Cuerpos de Seguridad a fin de verificar y acreditar los hechos que puedan constituir violencia sexual, siempre preservando la integridad e intimidad de las víctimas.
>
> Las distintas Fuerzas y Cuerpos de Seguridad que actúen en un mismo territorio colaborarán, dentro de su ámbito competencial, para lograr un eficaz desarrollo de sus funciones en el ámbito de la lucha contra la violencia sexual, en los términos previstos en la Ley Orgánica 2/1986, de 13 de marzo, de Fuerzas y Cuerpos de Seguridad.
>
> Las administraciones públicas, en el ámbito de sus competencias, potenciarán la labor de las Fuerzas y Cuerpos de Seguridad mediante el desarrollo de herramientas tecnológicas interoperables que faciliten la investigación de los delitos».

La especialización policíal se recoge expresamente en el apartado 3 del art. 48 de la Ley Orgánica 10/2022, de 6 de septiembre, de Garantía Integral de la Libertad Sexual:

> «3. Se garantizará la especialización adecuada del personal del Cuerpo Nacional de Médicos Forenses que intervenga en los casos de violencias sexuales con el fin de asegurar la calidad de su intervención y la no victimización secundaria, especialmente en los casos de víctimas menores de edad».

Asimismo, se contemplan especificaciones destinadas a proteger a las víctimas menores de edad, haciendo la precisa remisión al art. 50 de la Ley Orgánica 8/2021, de 4 de junio, de protección integral a la infancia y a la adolescencia frente a la violencia.

> «Criterios de actuación.
>
> 1. La actuación de los miembros de las Fuerzas y Cuerpos de Seguridad en los casos de violencia sobre la infancia y la adolescencia, se regirá por el respeto a los derechos de los niños, niñas y adolescentes y la consideración de su interés superior.
>
> 2. Los miembros de las Fuerzas y Cuerpos de Seguridad actuarán de conformidad con los protocolos de actuación policial con personas menores de edad, así como cualesquiera otros protocolos aplicables. En este sentido, las Fuerzas y Cuerpos de Seguridad estatales, autonómicas y locales contarán con los protocolos necesarios para la prevención, sensibilización, detección precoz, investigación e intervención en situaciones de violencia sobre la infancia y la adolescencia, a fin de procurar una correcta y adecuada intervención ante tales casos.
>
> En todo caso, procederán conforme a los siguientes criterios:
>
> *a)* Se adoptarán de forma inmediata todas las medidas provisionales de protección que resulten adecuadas a la situación de la persona menor de edad.
>
> *b)* Solo se practicarán diligencias con intervención de la persona menor de edad que sean estrictamente necesarias. Por regla general la declaración del menor se realizará en una sola ocasión y, siempre, a través de profesionales específicamente formados.
>
> *c)* Se practicarán sin dilación todas las diligencias imprescindibles que impliquen la intervención de la persona menor de edad, una vez comprobado que se encuentra en disposición de someterse a dichas intervenciones.
>
> *d)* Se impedirá cualquier tipo de contacto directo o indirecto en dependencias policiales entre la persona investigada y el niño, niña o adolescente.
>
> *e)* Se permitirá a las personas menores de edad, que así lo soliciten, formular denuncia por sí mismas y sin necesidad de estar acompañadas de una persona adulta.
>
> *f)* Se informará sin demora al niño, niña o adolescente de su derecho a la asistencia jurídica gratuita y, si así lo desea, se requerirá al Colegio de Abogados competente la designación inmediata de abogado o abogada del turno de oficio específico para su personación en dependencias policiales.
>
> *g)* Se dispensará un buen trato al niño, niña o adolescente, con adaptación del lenguaje y las formas a su edad, grado de madurez y resto de circunstancias personales.
>
> *h)* Se procurará que el niño, niña o adolescente se encuentre en todo momento en compañía de una persona de su confianza designada libremente por él o ella misma en un entorno seguro, salvo que se observe el riesgo de que dicha persona podría actuar en contra de su interés superior, de lo cual deberá dejarse constancia mediante declaración oficial».

Podemos comprobar que a nivel internacional el crimen organizado también es protagonista de la delincuencia sexual[3]:

---

[3] *Vid.* Bocij, Paul, y McFarlane, Leroy, «The internet: a discussion of some new and emerging threats to Young people», *The Police Journal*, n.º 76, 2003, p. 9.

> «Internet ha supuesto un factor determinante para el desarrollo de bandas internacionales de delincuentes sexuales, como ha sugerido la *Metropolitan Police High Tech Crime Unit* en el Reino Unido60. Uno de estos grupos criminales desmantelado en dicho país por una operación policial denominada "*Operation Cathedral*" a principios de los años 2000 es el que se conoció como "*Wonderland Club*", para cuyo acceso como miembro era necesario contar con al menos 10.000 imágenes pornográficas de menores, y que llegaron a intercambiar más de 750.000 imágenes de este tipo durante el período en que estuvieron activos, habiéndose identificado 1.236 niños como víctimas».

Sin embargo, hemos podido comprobar que, en la última reforma de los delitos contra la libertad e indemnidad sexuales, de la Ley Orgánica 10/2022, de 6 de septiembre, de garantía integral de la libertad sexual, más conocida como «Ley del solo sí es sí», «Ley del sí es sí» o también «Ley Montero», el delito de *online child grooming* ha pasado «desapercibido», quizás de forma deliberada, pues lo que se ha modificado es solamente su ubicación en el CP y sus remisiones a los arts. 181 y 189 y no el contenido.

La Ley del «solo sí es sí» ha generado intensos debates y controversias tanto a nivel social como político. Esta legislación, que busca abordar y prevenir la violencia de género, ha sido objeto de discusiones acaloradas en la sociedad y entre los distintos actores políticos.

La iniciativa, que tiene como objetivo fundamental establecer el consentimiento explícito como requisito indispensable en las relaciones sexuales, ha suscitado opiniones divergentes. Por un lado, defensores de la ley argumentan que refuerza la protección de las víctimas y promueve una cultura de respeto hacia la autonomía sexual de las personas. Consideran que la claridad en la comunicación del consentimiento es esencial para prevenir situaciones de abuso.

Sin embargo, críticos de la ley expresan preocupaciones sobre posibles efectos colaterales, como la judicialización de ciertos casos y la dificultad de establecer pruebas concretas en situaciones donde el consentimiento puede ser demasiado subjetivo. También se ha debatido sobre la necesidad de abordar más ampliamente las causas profundas de la violencia de género, y algunos cuestionan si esta legislación aborda efectivamente el problema.

La polarización en torno a la Ley del «solo sí es sí» ha llevado a un diálogo continuo entre quienes buscan fortalecer las protecciones legales para las víctimas de violencia de género y aquellos que abogan por un enfoque más equilibrado que considere diferentes perspectivas y desafíos asociados con su implementación. Este debate refleja la complejidad y sensibilidad de los temas relacionados con la violencia de género y las medidas legislativas destinadas a abordarlos.

Quizás hubiera sido deseable una modificación del texto del delito de *online child grooming* que aquí estudiamos, en relación con lo que ha sido el polémico «núcleo duro» de la reforma que hemos señalado, y que es el consentimiento, que no aparece.

Sobre la necesidad de una reforma del tipo Gudín Rodríguez-Magariños[4] afirma de forma clara que:

> «Tan graves lagunas se advierten en esta defectuosa configuración de la norma que *lege ferenda* recomendaríamos una nueva dicción del tipo, construyendo un nuevo supuesto de hecho en el mismo, más técnico y estructurado, pues la descripción del *factum* típico, tal como aparece configurado *lege data,* viene a constituirse de imposible aplicación práctica. Uno de los problemas a los que se enfrenta el Derecho penal moderno, de varias velocidades, es la "motorización legislativa" (reubicando en el campo penal la gráfica expresión del administrativista Carl Schmitt) que repercute en una acusada tendencia a prescindir de las exigencias técnico-jurídicas buscando alcanzar más el impacto social derivado de la publicación de la norma, que un pormenorizado análisis del tipo redactado y sus consecuencias».

Asimismo, cuestiones tan relevantes como la autoría (el sujeto activo puede ser un/a menor o un adulto), el grado de ejecución y la penalidad tampoco han sido revisadas al albur de los tiempos tan cambiantes y convulsos que estamos viviendo en materia de agresiones sexuales que alteran los ánimos de la ciudadanía. Ello ha comportado que se trate de un delito con un amplio margen de interpretación que traslada esta tarea a la jurisprudencia en detrimento, de la seguridad jurídica.

La jurisprudencia tiene una ardua tarea a la hora de interpretar la Ley del «solo sí es sí». La ley es ambiciosa y redefine el concepto de consentimiento sexual, por lo que requiere una interpretación cuidadosa.

---

[4] Gudín Rodríguez-Magariños, Faustino, «Algunas consideraciones sobre el nuevo delito de *grooming*», *Actualidad Jurídica Aranzadi,* n.º 842/2012, BIB 2012\898, p. 6.

Sobre la interpretación jurisprudencial de la reforma de los delitos contra la indemnidad y libertad sexual, GUDÍN RODRÍGUEZ-MAGARIÑOS GUDÍN RODRÍGUEZ-MAGARIÑOS[5] señala con gran tino que:

> «Desde luego, su texto no cabe encuadrarse dentro de una política represiva de endurecimiento de la penalidad sino más bien la de conferir un mayor margen de apreciación al intérprete. El desencuentro entre el legislador y los tribunales, sin embargo, ha venido dado por la ampliación de este margen de apreciación judicial que permite recorrer toda la escala de lo que anteriormente venían constituyendo dos delitos distintos, sin resultar claros cuales son los criterios de agravación que efectivamente deban ser tenidos presentes. La tendencia a fijar la pena en el mínimo legalmente establecido ha dado lugar a una reducción de las penas que en algunos de los casos ha resultado realmente alarmante y ha chocado con la sensibilidad de los valores imperantes en nuestra sociedad. La pretendida marcha atrás se presenta compleja por cuanto la progresión penológica de los tipos penales es bastante rígida y no permite en este momento restructurar los tipos delictivos sin una modificación substancial de todo el sistema. Quizás el endurecimiento por el que supuestamente se aboga se centra, en la pretensión del restringir la definición de los elementos psicológicos del consentimiento. Como hemos podido constatar los logros en este punto son muy relativos y muchos de ellos van a depender del desarrollo jurisprudencial».

Uno de los principales desafíos para la jurisprudencia es definir qué constituye consentimiento expreso. La ley establece que el consentimiento debe ser «libre, consciente y voluntario», pero no especifica qué significa esto en la práctica.

Por ejemplo, ¿es necesario que el consentimiento sea verbal? ¿O puede ser implícito, por ejemplo, a través del lenguaje corporal? ¿Y qué ocurre si el consentimiento se da en un contexto de desigualdad de poder, como en una relación laboral o de pareja?

La jurisprudencia tendrá que responder a estas preguntas en los próximos años. Sus decisiones tendrán un impacto significativo en la forma en que se interprete y aplique la ley.

Otra dificultad para la jurisprudencia es determinar la prueba del consentimiento. La ley establece que la carga de la prueba recae en la persona acusada de agresión sexual. Esto significa que la persona acusada debe demostrar que el consentimiento existía, incluso si la víctima no lo recuerda o no puede proporcionar pruebas.

---

[5] GUDÍN RODRÍGUEZ-MAGARIÑOS, Antonio Evaristo, *op. cit.*, p. 32.

La jurisprudencia tendrá que desarrollar criterios para evaluar la prueba del consentimiento. ¿Qué peso se dará a las declaraciones de la víctima? ¿Y qué importancia se le dará a las circunstancias de la relación sexual?:

> «El proceso penal tiene como finalidad la reconstrucción, así como la constatación de unos hechos sobre los que se discute su veracidad. Debe estar presidido por el Principio de, esto es, debe regirse por el conflicto entre la prueba que acusa (de cargo) y los argumentos de defensa o descargo a través de los medios de prueba objetivos y subjetivos permitidos por la Ley de Enjuiciamiento Criminal, como son las confesiones, las declaraciones de testigos, los informes periciales la prueba documental o las inspecciones oculares. Con las pruebas se intenta reconstruir por vía indirecta unos hechos del pasado»[6].

Las decisiones de la jurisprudencia en torno a la Ley del «solo sí es sí» tendrán un impacto significativo en la lucha contra la violencia sexual. Si la jurisprudencia interpreta la Ley de forma restrictiva, podría dificultar que las víctimas de agresión sexual obtengan justicia. Por el contrario, si la jurisprudencia interpreta la Ley de forma amplia, podría ayudar a proteger a las víctimas y disuadir a los agresores sexuales.

La jurisprudencia desempeña un papel crucial en la interpretación de la tipología de agresiones contra la libertad e indemnidad sexual, especialmente en el contexto de delitos cometidos tanto offline como *online*. La evolución de la tecnología y su impacto en las interacciones humanas ha llevado a la necesidad de adaptar y aplicar la ley de manera dinámica, y es en este proceso donde la jurisprudencia desempeña un papel fundamental.

En el ámbito de los delitos sexuales *offline*, la jurisprudencia aborda casos que involucran agresiones físicas, acosos o abusos sexuales perpetrados en entornos no virtuales. La interpretación precisa de los elementos legales, como la falta de consentimiento, la intimidación o la coerción, es esencial para garantizar una aplicación justa de la ley y la protección de las víctimas.

En paralelo, la jurisprudencia se enfrenta al reto de abordar las agresiones sexuales *online*, que incluyen conductas como el acoso sexual

---

[6] GIMÉNEZ GARCÍA, Joaquín, «La prueba indiciaria en el proceso penal», *Jueces para la democracia*, n.º 56, 2006, p. 75.

virtual, la difusión no consensuada de material íntimo y otras formas de violencia sexual digital. La adaptación de las definiciones legales a estos escenarios requiere una comprensión profunda de la tecnología, la comunicación digital y las dinámicas específicas de los delitos *online.*

La jurisprudencia también desempeña un papel clave al establecer precedentes en casos donde la línea entre lo *offline* y lo *online* se difumina. Por ejemplo, situaciones en las que la planificación de un delito sexual comienza en línea, pero se lleva a cabo fuera de la red plantean desafíos únicos que requieren una interpretación legal coherente y equitativa.

En relación con el bien jurídico que se protege por los tipos que tutelan la «libertad sexual» (rúbrica del título modificada por la LO 10/2022, de 6 de septiembre, de garantía integral de la libertad sexual) del Título VIII del CP, hemos podido comprobar que se ha investigado, debatido y escrito de forma copiosa al respecto, y se ha pasado en pocas décadas de proteger acciones delictivas que atentaban la honra, a la actual libertad e indemnidad sexual.

A lo largo de la historia, la concepción del bien jurídico a proteger en los delitos contra la libertad e indemnidad sexual ha experimentado una transformación significativa. En tiempos pasados, la protección se centraba predominantemente en la «honra», entendida como la reputación y el decoro de la persona, especialmente vinculada a nociones culturales de la virtud y el pudor.

Los conceptos de virtud y pudor han experimentado una notable evolución a lo largo del tiempo, y su reinterpretación por parte de la jurisprudencia ha sido esencial para adecuarlos a las transformaciones sociales, culturales y legales. Estos términos, que alguna vez fueron fundamentales en la conceptualización de delitos contra la libertad e indemnidad sexual, han sido objeto de reevaluación a medida que las sociedades han avanzado hacia perspectivas más inclusivas y respetuosas de los derechos individuales.

En épocas pasadas, la virtud estaba asociada a ideales morales y éticos específicos, a menudo centrados en normas tradicionales que dictaban la conducta «apropiada» para cada género. El pudor, por su parte, se refería comúnmente a la modestia y la reserva en relación con la sexualidad, con una preocupación particular por preservar la reputación y la imagen pública, especialmente de las mujeres.

La redefinición de estos conceptos ha implicado reconocer que la virtud no puede estar ligada exclusivamente a normas de comportamiento tradicionales y que el pudor no puede ser utilizado como un mecanismo para imponer restricciones injustas sobre la libertad sexual. La jurisprudencia ha contribuido a desmontar estereotipos y prejuicios arraigados en nociones obsoletas de virtud y pudor, promoviendo una interpretación más alineada con los principios de igualdad, autonomía y dignidad individual.

La jurisprudencia ha desafiado y superado visiones restrictivas del pasado, reconociendo la importancia de proteger a las personas contra la violencia sexual y garantizar la igualdad de derechos en el ámbito de la libertad e indemnidad sexual. La reinterpretación de la virtud y el pudor por parte de los tribunales refleja un compromiso con la justicia y la equidad en el marco legal contemporáneo.

En sistemas legales tradicionales, los delitos sexuales eran considerados principalmente como una afrenta a la honra de la víctima y, en muchos casos, se centraba en la protección de la «pureza» de las mujeres. Las normativas reflejaban una perspectiva socialmente arraigada que situaba la dignidad en la preservación de la reputación, especialmente en el contexto de la sexualidad.

La noción de reputación en el contexto de los delitos contra la indemnidad y libertad sexual ha experimentado una transformación significativa que refleja la evolución de la interpretación jurisprudencial a lo largo del tiempo. En el pasado, la reputación de las víctimas, particularmente en casos de delitos sexuales, a menudo ocupaba un lugar destacado en el análisis judicial, conectándose con nociones tradicionales de honra y pudor. Sin embargo, esta perspectiva ha sido cuestionada y superada por interpretaciones más contemporáneas y alineadas con los derechos fundamentales.

La jurisprudencia ha evolucionado para reconocer que el enfoque en la reputación de la víctima puede llevar a la victimización secundaria y a la perpetuación de estereotipos perjudiciales. En lugar de centrarse en la preservación de la imagen pública, los tribunales modernos se han orientado hacia la protección de la libertad, la integridad y la dignidad individual de las personas.

Esta evolución jurisprudencial ha sido particularmente notable en la comprensión de casos de agresiones sexuales, donde se ha buscado alejar la atención de la reputación de la víctima como factor determinante y, en cambio, enfocarse en la cuestión fundamental del consentimiento y la violación de la libertad sexual. La jurisprudencia contemporánea reconoce que los delitos sexuales no afectan únicamente la reputación de las víctimas, sino que comprometen su bienestar psicológico, emocional y físico.

La jurisprudencia ha desempeñado un papel fundamental al reinterpretar estos conceptos en el contexto de los delitos sexuales. A medida que la sociedad ha avanzado hacia una comprensión más amplia de la diversidad humana y la igualdad de género, los tribunales han tenido que adaptar su interpretación de la virtud y el pudor para reflejar valores contemporáneos.

La reinterpretación de la reputación por parte de la jurisprudencia refleja un cambio hacia una visión más holística de la víctima, reconociendo la importancia de abordar la violencia sexual desde una perspectiva de derechos humanos. Este cambio refleja una mayor sensibilidad hacia las experiencias de las víctimas y la necesidad de proteger sus derechos fundamentales sin contribuir a la estigmatización injusta o a la perpetuación de prejuicios basados en la reputación social.

Con el avance de los derechos humanos y la evolución de las concepciones jurídicas modernas, el enfoque sobre el bien jurídico ha cambiado de manera significativa. En la actualidad se reconoce que la dignidad de las personas, su libertad y su indemnidad sexual son los elementos centrales que deben ser protegidos. La perspectiva actual busca salvaguardar el derecho fundamental de cada individuo a la autonomía sobre su propio cuerpo y a la protección contra cualquier forma de violencia o coerción sexual.

Este cambio en la concepción del bien jurídico a proteger ha sido impulsado por un mayor reconocimiento de la igualdad de género, así como por el entendimiento de que los delitos sexuales afectan a personas de todas las identidades de género y orientaciones sexuales.

La igualdad de género se erige como un pilar fundamental en la lucha contra los delitos que atentan contra la libertad e indemnidad sexual. A lo largo del tiempo, la percepción y abordaje de estos delitos han evolucionado, reconociendo la importancia de garantizar que las leyes y prácticas reflejen la equidad entre géneros y promuevan la protección de los derechos fundamentales de todas las personas.

La igualdad de género desempeña un papel crucial en la prevención y respuesta a los delitos sexuales al desafiar estereotipos perjudiciales y abordar las desigualdades estructurales que contribuyen a la violencia de género. La legislación y la jurisprudencia contemporáneas buscan superar enfoques tradicionales que han perpetuado normas discriminatorias y han colocado la responsabilidad de la protección en la víctima, especialmente en situaciones relacionadas con la libertad e indemnidad sexual.

La perspectiva de género se ha convertido en un componente esencial en la interpretación de la ley y la toma de decisiones judiciales. Esto implica reconocer las dinámicas de poder desiguales que pueden estar presentes en casos de delitos sexuales y abordar las raíces culturales y estructurales de la violencia de género. La igualdad de género exige una revisión crítica de normas y prácticas que han perpetuado la discriminación, así como la promoción de medidas proactivas para prevenir y sancionar los delitos que atentan contra la libertad e indemnidad sexual.

Además, la igualdad de género se vincula intrínsecamente a la idea de consentimiento informado y respetado en las relaciones sexuales. La erradicación de estereotipos de género contribuye a la construcción de una cultura que valora la autonomía y dignidad de todas las personas, lo que resulta fundamental para la prevención de los delitos sexuales.

La orientación actual busca eliminar estereotipos perjudiciales y construcciones culturales que tradicionalmente han perpetuado desigualdades de género y discriminación en el ámbito de la libertad e indemnidad sexual.

En consecuencia, la legislación y la jurisprudencia contemporáneas tienden a abordar estos delitos desde una perspectiva más inclusiva y orientada a proteger la libertad, la integridad y la dignidad de todas las personas, reconociendo la evolución social y la importancia de salvaguardar los derechos fundamentales en la interpretación y aplicación de la ley.

La perspectiva inclusiva se revela como una clave fundamental en la lucha contra los delitos que atentan contra la libertad e indemnidad sexual. Enfocarse en una perspectiva inclusiva implica reconocer y abordar la diversidad de experiencias y circunstancias que pueden rodear estos delitos, y garantizar que las respuestas legales y sociales sean adecuadas y equitativas para todas las personas, independientemente de su identidad de género, orientación sexual, origen étnico u otras características.

Esta perspectiva incluyente se opone a enfoques tradicionales que podrían haber marginado o estigmatizado a ciertos grupos de personas, como víctimas de delitos sexuales. Aborda la necesidad de considerar las diversas formas en que estos delitos pueden manifestarse y afectar a individuos de manera diferente. Por ejemplo, las experiencias de victimización pueden variar según el género, orientación sexual, edad, discapacidad o cualquier otra característica que pueda influir en las dinámicas de poder y la vulnerabilidad.

Además, la perspectiva inclusiva reconoce la importancia de superar barreras que puedan impedir el acceso a la justicia y el apoyo a todas las víctimas. Esto puede incluir barreras lingüísticas, culturales, económicas o relacionadas con la orientación sexual e identidad de género. Un enfoque inclusivo implica la creación de entornos seguros y de apoyo que respeten y comprendan la diversidad de experiencias y necesidades de las víctimas.

En el ámbito legal, la perspectiva inclusiva también se refleja en la adaptación de las leyes y políticas para abordar adecuadamente los delitos que atentan contra la libertad e indemnidad sexual en todos sus matices. Esto puede incluir la incorporación de definiciones más amplias de delitos sexuales, la eliminación de estereotipos de género perjudiciales y el fortalecimiento de las protecciones para comunidades históricamente marginadas.

Como hemos indicado anteriormente, el eje sobre el que gravita la última reforma es el consentimiento, pues se ha dejado atrás el hecho de tener que demostrar la violencia y la intimidación, no sin que hayamos tenido que presenciar debates políticos muy crispados, enconados y a nuestro parecer, lejos del rigor criminológico y tino que se requiere para legislar sobre una cuestión tan delicada y compleja.

La reforma de los delitos sexuales ha sido objeto de debates políticos intensos, generando tensiones que han influido negativamente en la percepción que la sociedad tiene de la clase política. Estos debates, a menudo, han revelado desacuerdos profundos en torno a la legislación, la interpretación de derechos, y la forma en que la sociedad aborda la protección de las víctimas y la persecución de los agresores.

La intensidad de los debates puede deberse a diferentes visiones sobre cómo abordar los delitos sexuales, con posiciones que varían en cuanto a la protección de las víctimas, la definición de consentimiento, y la proporcionalidad de las penas, entre otros aspectos. Estas diferencias de opinión, en lugar de conducir a un diálogo constructivo, a veces han exacerbado las divisiones políticas y sociales, generando desconfianza en la efectividad y el compromiso de la clase política en abordar de manera adecuada estos problemas.

Además, la sensibilidad inherente a los delitos sexuales y la importancia de equilibrar la presunción de inocencia[7] con la protección de las víctimas han contribuido a la polarización de estos debates. La falta de consenso en torno a cuestiones fundamentales puede dar lugar a narrativas contradictorias y a la percepción de que la política no logra proporcionar soluciones efectivas a problemas críticos que afectan a la sociedad.

Esta polarización y los debates enconados también pueden tener un impacto negativo sobre la confianza de la sociedad en la integridad de la clase política. La percepción de que los políticos están más preocupados por la lucha partidista que por abordar problemas cruciales puede minar la confianza en las instituciones gubernamentales y en la capacidad de los líderes políticos para abordar de manera efectiva los desafíos sociales.

---

[7] *Vid.* la STS 930/2022, de 30 de noviembre, que analiza en extenso las peculiaridades de la declaración de la víctima en los delitos sexuales, donde se indica que: «este tipo de supuestos deben analizarse con miras de género, lo que no implica en ningún caso que se alteren, por ello, las reglas de la valoración de la prueba y deba tener que probar su inocencia el acusado y/o que no concurre la intimidación», añadiendo que «contando también con el enfoque de esta perspectiva de género, es cierto que los parámetros de la valoración de la prueba en el proceso penal deben hacerse respetando siempre la presunción de inocencia y una valoración probatoria racional coherente y lógica que mantenga siempre la perspectiva de que las dudas deben siempre favorecer al reo. Y aquí una cosa es que se contemple la perspectiva de género en el marco de la justicia penal y otra que el análisis de la valoración probatoria tenga que llevarse a cabo bajo la preeminencia de las reglas de la presunción de inocencia y que en el marco de la duda el beneficio es del reo».

Para reconstruir la valoración que la sociedad tiene de la clase política en el contexto de la reforma de los delitos sexuales, podría ser esencial fomentar un diálogo más constructivo, promover la transparencia en el proceso legislativo y destacar los esfuerzos para encontrar soluciones equilibradas que reflejen las necesidades y preocupaciones de la sociedad en su conjunto.

Una vez más, ha sobrevolado el fenómeno del populismo punitivo alimentado[8] por casos muy mediáticos y utilizado por parte de la clase política para conseguir réditos electorales cortoplacistas, desnortados y bajo la espada de Damocles de una oposición que promete una nueva reforma, hecho que volvería a situarnos supuestamente en el escenario penal anterior.

Así, estamos de acuerdo con Rodríguez Monserrat, y El Mechachti cuando afirman que[9]:

> «Existen determinados casos que tienen una gran repercusión social no solo por el acto reprochable e inmoral que constituyen, sino por el "vaivén" en las posiciones judiciales. Es cierto que el legislador, a la hora de elaborar la política criminal que se plasma en el Código Penal, no deja suficientemente clara la frontera entre diversos tipos delictivos de la misma naturaleza, lo que provoca problemas de determinación. Pero también es cierto, que muchas veces puede apreciarse la presión social a la hora de alcanzar una decisión sobre un asunto».

En el contexto de la política punitiva, el populismo punitivo se refiere a una postura política que utiliza medidas y discursos punitivos como una estrategia para ganar apoyo popular. Esto implica adoptar políticas y posturas más duras en relación con la seguridad y el control social, enfocándose en la aplicación de penas más severas y en la represión de la delincuencia. El populismo punitivo puede estar motivado por la percepción de inseguridad en la sociedad y la demanda de una respuesta más enérgica por parte de los líderes políticos. Sin embargo, esta postura puede tener implicaciones negativas, como el aumento de la pobla-

---

[8] Y es que todo proceso de creación legislativa debe embeberse en la más absoluta racionalidad. *Vid.* Díez Ripollés, José Luis, *La racionalidad de las leyes penales. Práctica y teoría*, 2.ª ed. ampliada, Trotta, Madrid, 2013.

[9] Rodríguez Monserrat, Manuel, y El Mechachti, Sara Fassi, *op. cit.*, p. 18.

ción carcelaria, la violación de derechos humanos y la falta de enfoque en soluciones más integrales y preventivas.

Ya comentando en sede de los delitos que dañan la libertad y/o indemnidad sexual de los menores, como el *child grooming*, vemos que el quid de la cuestión estriba en dirimir sin son capaces de gestionar esta esfera de la vida tan relevante. Pues bien, pensamos que por razones de seguridad jurídica se ha estipulado una edad para determinar cuando tienen capacidad para comprender y gestionar su sexualidad. Estamos ante una edad de dieciséis años sobre la que se ha discutido y se podría discutir con plétora y muy posiblemente, no se trataría solamente de indicar un tiempo, un número, sino más bien una capacidad intelectiva con criterios técnicos adoptados desde diversas disciplinas como la psiquiatría, la psicología, la educación, la sociología, etc. Y hete aquí que hay que preguntarse no solamente sobre la capacidad de decisión y gestión de los menores, sino que deberíamos preguntarnos si realmente conocen que existe el bien jurídico de la sexualidad.

No sabemos con certeza si los menores conocen el alcance real y la importancia del bien jurídico de la indemnidad y libertad sexual. Sin embargo, existen algunas evidencias que sugieren que los menores no tienen un conocimiento completo de estos conceptos.

Por ejemplo, un estudio realizado por el Ministerio de Igualdad en 2022 reveló que el 30% de las niñas y adolescentes no saben qué es el consentimiento sexual. Además, el 60% de las niñas y adolescentes no saben que pueden decir no a cualquier relación sexual, incluso si la otra persona es un familiar o una persona de confianza.

Estos datos sugieren que los menores necesitan más información y sensibilización sobre la violencia sexual. La educación sexual es fundamental para ayudar a los menores a comprender su cuerpo, sus derechos y las relaciones saludables.

Algo tan simple y complejo a la vez es lo que planteamos, pues los/las menores si son desposeídos de forma temporal de su teléfono móvil para que atiendan mínimamente a una clase de secundaria, *ad exemplum*, durante escasamente una hora, lo más frecuente es que monten en cólera y vindiquen su derecho a la propiedad como bien jurídico a proteger porque tienen una conciencia muy clara de qué se trata. Sin embargo, no tienen nada claro que hay una parte de su vida, que es la sexualidad, que hay que conocer, cuidar, sobre la que hay respetar y hacerse respetar porque una lesión de esta naturaleza puede comportar secuelas indeseables y duraderas, cuando no perennes. Afirmamos esto remitiéndonos a la realidad, pues la sobreexposición que hacen los menores, y no tan «menores», de su intimidad a través de las redes es hoy en día abrumadora, cuando no insoportable, y ello con la permisividad o el «mirar hacia otra parte» de padres y madres o quienes ocupan su lugar, que en la mayoría de las ocasiones no atisban los peligros que existen en las nutridas y transitadas redes sociales.

Pensamos que se precisa una formación a lo largo del tiempo para las familias y para los/las menores para que conozcan muy bien qué es la libertad sexual, su fundamento y sus límites, ya desde temprana edad, y solo de esta forma podrán ser capaces de prevenir y gestionar. Tarea harto compleja, sí, pero a la vez muy necesaria, pues pensamos que lo que se protege no es solo la libertad e indemnidad sexuales de los/las menores, sino la infancia, como bien supraindividual, como parte de una ciudadanía que ha de crecer y formarse de una forma saludable con miras no solo en el presente, en la inmediatez, sino también en un futuro no tan lejano.

Sí, estamos de acuerdo con la afirmación de que una infancia sana es un bien jurídico supraindividual que hay que preservar como valor de una sociedad avanzada.

La infancia es un periodo de la vida fundamental para el desarrollo de la persona. En la infancia, las personas aprenden y crecen, y forman sus bases para el futuro. Por ello, es importante que las niñas y los niños tengan un entorno seguro y saludable para desarrollarse.

Una infancia sana es aquella en la que las niñas y los niños tienen cubiertas sus necesidades básicas, como la alimentación, la salud, la educación y el cariño. También es importante que las niñas y los niños tengan oportunidades para desarrollarse física, intelectual, emocional y socialmente.

La preservación de una infancia sana emerge como un imperativo legal y social, constituyendo un bien de alcance supraindividual que resuena en el corazón de una sociedad avanzada. Este concepto va más allá de la responsabilidad individual, abarcando el compromiso colectivo de salvaguardar el bienestar integral de los niños.

En esta perspectiva, se reconoce que la salud y el desarrollo pleno de la infancia son fundamentales para el progreso de la sociedad en su conjunto. Este bien jurídico supraindividual implica una interconexión entre diversos actores, desde autoridades gubernamentales y profesionales de la salud hasta la comunidad en general.

Preservar una infancia sana implica una inversión estratégica en el futuro de la sociedad. La atención integral a la salud física y mental de los niños, así como la garantía de un entorno seguro y propicio para su desarrollo, se erigen como pilares esenciales. Esta visión refleja el compromiso de construir una sociedad avanzada que reconoce la importancia de cultivar ciudadanos resilientes.

En el marco legal, este bien jurídico supraindividual encuentra su respaldo en normativas que amparan los derechos de la infancia. La protección contra el maltrato, el acceso a una educación de calidad y la atención a la salud forman parte de un entramado legal que busca resguardar la integridad y el bienestar de los niños.

Así, la preservación de una infancia sana no solo se convierte en un objetivo moral, sino en un indicador de la madurez y el progreso de una sociedad avanzada. La atención y el cuidado dedicados a la infancia no solo aseguran el presente, sino que también sientan las bases para un futuro vigoroso y equitativo.

Entrando en el análisis de la acción típica, podemos afirmar que existe una imprecisión en el redactado del art. 183 CP, pues se señalan medios de comunicación para cometer el delito que quedan totalmente abiertos, así: «El que a través de Internet, del teléfono o de cualquier otra tecnología de la información y la comunicación...». Muy posiblemente se trata de un texto escrito de forma deliberada para que no se caiga en un encorsetamiento e incluso en una obsolescencia nada deseable que podrían provocar los raudos avances tecnológicos a los que ya nos tienen acostumbrados quienes los crean, modifican, se reproducen y mutan con intereses económicos insaciables.

La importancia de la precisión en el redactado de las normas legales no puede subestimarse, ya que cualquier imprecisión puede convertirse en una cuestión significativa que abre la puerta a la inseguridad jurídica, un fenómeno que resulta indeseable en cualquier sistema legal.

La claridad y la precisión en la redacción de las normas son esenciales para garantizar una interpretación coherente y uniforme por parte de los ciudadanos, abogados y operadores jurídicos. Cuando las normas son ambiguas o imprecisas, pueden surgir interpretaciones dispares, lo que lleva a una incertidumbre sobre cómo deben aplicarse y entenderse.

La inseguridad jurídica puede tener diversas consecuencias negativas. En primer lugar, puede dar lugar a litigios y disputas legales prolongadas, ya que diferentes partes pueden tener interpretaciones conflictivas de la norma en cuestión. Además, puede afectar a la confianza en el sistema legal, ya que la falta de claridad puede generar dudas sobre la equidad y la previsibilidad de la aplicación de la ley.

Para evitar la inseguridad jurídica, es esencial que los redactores de normas sean precisos, coherentes y específicos en la formulación de las disposiciones legales. Esto implica una atención cuidadosa a los términos utilizados, la estructura de la norma y la consideración de posibles escenarios y situaciones que la norma pretende abordar.

Además, es beneficioso contar con mecanismos de revisión y actualización periódica de las normas para adaptarlas a los cambios en la sociedad y evitar que se vuelvan obsoletas o sujetas a interpretaciones erróneas con el tiempo.

La obsolescencia de las normas jurídicas es, sin duda, un desafío importante que el legislador debe abordar, especialmente en el contexto de cuestiones relacionadas con la tecnología. La velocidad con la que avanza la tecnología puede hacer que las leyes existentes se vuelvan obsoletas rápidamente, lo que puede dar lugar a lagunas legales, inseguridad jurídica y dificultades para la aplicación efectiva de la ley.

El legislador debe ser consciente de la necesidad de revisar y actualizar regularmente las normas jurídicas para mantenerlas alineadas con los avances tecnológicos y los cambios en la sociedad. Esto implica no solo la creación de nuevas leyes cuando sea necesario, sino también la modificación de las leyes existentes para asegurar su relevancia y eficacia.

Además, la obsolescencia de las normas puede limitar la capacidad del sistema legal para abordar y resolver problemas emergentes, lo que afecta a la capacidad del Estado para garantizar la justicia y la equidad en un entorno en constante cambio.

Sigue el articulado del art. 183 CP con «(…) y proponga concertar un encuentro con el mismo fin de cualesquiera de los delitos descritos en los arts. 181 y 189…». Comprobamos que hay aquí un adelantamiento de la barrera de la protección penal, que como hemos visto, algunos autores critican, pues afirman que quizás ni tan solo debería existir este delito, sino que bastaría con la tuición en grado de tentativa[10] de los artículos que acabamos de mencionar.

El adelantamiento de la barrera en la tutela penal es una medida que debe llevarse a cabo con suma cautela, ya que el Derecho penal debe actuar siempre bajo el principio de ultima ratio. Este principio establece que el uso del Derecho penal debe ser el último recurso, reservado para situaciones en las que otras formas de intervención resultan ineficaces o insuficientes para la protección de bienes jurídicos fundamentales.

La tutela penal implica la imposición de sanciones y restricciones significativas a la libertad individual, por lo que su aplicación debe ser proporcionada y justificada. Adelantar la barrera en la tutela penal implica expandir su ámbito de aplicación, y esto debe ser considerado cuidadosamente para evitar excesos o criminalización innecesaria.

Antes de recurrir al Derecho penal, se deben explorar y agotar otras alternativas, como medidas administrativas, civiles o sociales, que puedan ser igualmente eficaces sin recurrir a la imposición de sanciones penales. Esto es especialmente relevante en situaciones donde la prevención, la educación o la corrección pueden abordar de manera adecuada la conducta sin recurrir al castigo penal.

La cautela en el adelantamiento de la barrera en la tutela penal también se relaciona con la necesidad de evitar la «hípercriminalización», que es el proceso mediante el cual se amplía el ámbito del Derecho penal de manera desproporcionada, abarcando conductas que podrían ser tratadas de manera más adecuada por otras ramas del Derecho.

Sobre esta cuestión, pensamos que este delito sí ha de existir en la medida en que la voracidad de los *groomers*, los embaucadores, no tiene

---

[10] Sobre esta cuestión, nos viene muy bien para el delito objeto de nuestro estudio CUELLO CONTRERAS, cuando nos habla de la tentativa de la tentativa, y nos ilustra indicando que «en los casos de conductas de tentativa elevadas a la categoría de delito autónomo, no cabe la tentativa. En los casos de tipificación de delitos de emprendimiento, en principio cabe la tentativa, pero el hecho de contemplar ya una conducta alejada del bien jurídico aconseja una interpretación desfavorable, en principio, a la estimación de las formas imperfectas». CUELLO CONTRERAS, Joaquín, *El Derecho penal español. Parte general*, vol. II, Dykinson, Madrid, 2009, pp. 96 y 97.

límite, y es necesario punir acciones encaminadas a la consumación de otros delitos que merecen un mayor desvalor y castigo penales.

En algunos casos, es posible prever que una conducta va a producir un daño, incluso si ese daño no se ha producido todavía. En estos casos, el Derecho penal puede intervenir para castigar la conducta, incluso si el daño no se ha producido todavía.

Esta intervención del Derecho penal se basa en el principio de prevención general, que busca disuadir a las personas de cometer delitos. La idea es que, si las personas saben que su conducta será castigada, incluso si no se produce el daño, estarán menos dispuestas a cometerla.

La prevención general es un elemento crucial en la política criminal de un país y desempeña un papel fundamental en la búsqueda de un sistema legal justo, seguro y eficaz. La prevención general se refiere a las medidas y estrategias destinadas a influir en la sociedad en su conjunto para evitar la comisión de delitos.

La prevención general busca disuadir a los potenciales infractores al mostrar las consecuencias negativas y las sanciones asociadas con la comisión de delitos. La idea es crear un ambiente en el cual los individuos perciban que la transgresión de la ley conlleva riesgos y consecuencias desfavorables.

Al fomentar el respeto por las normas legales, la prevención general contribuye a promover el cumplimiento de la ley en la sociedad. Esto no solo reduce la incidencia de delitos, sino que también fortalece la confianza en el sistema legal.

La prevención general puede desempeñar un papel en la formación de una cultura que valora la legalidad y el respeto mutuo. Al influir en las actitudes y comportamientos de la sociedad, se busca construir un entorno donde las normas legales sean respetadas y seguidas de manera natural.

La prevención general puede aliviar la carga sobre el sistema de justicia penal al reducir la incidencia de delitos. En lugar de simplemente reaccionar ante los delitos cometidos, se busca prevenir su ocurrencia en primer lugar. Esta prevención no se limita a la aplicación de sanciones, sino que también involucra medidas educativas, programas de concienciación y enfoques de intervención comunitaria. Este enfoque más amplio aborda las causas subyacentes de los delitos y trabaja hacia soluciones a largo plazo.

Llegados aquí, el texto reza «(...) siempre que tal propuesta se acompañe de actos materiales encaminados al acercamiento...». Entramos de nuevo en el terreno de la interpretación jurisprudencial que tiene amplio margen y que ya se ha manifestado en el sentido de entender que el sujeto activo ha de buscar el encuentro con una finalidad sexual. De nuevo, aquí se impone la realización de una minuciosa investigación que analice el contenido de contactos entre el sujeto activo y la víctima y demuestre la «finalidad sexual» de una forma evidente, sin ambages, para que si procede se sancione una vez agotadas otras vías posibles, como podrían ser las medidas educativas.

Demostrar la intencionalidad sexual en un delito de *grooming* puede ser una tarea compleja y desafiante. El *grooming* implica a menudo tácticas sutiles y manipuladoras por parte del adulto para ganarse la confianza del menor antes de avanzar hacia objetivos de índole sexual. Esta demostración de la intencionalidad sexual requiere pruebas sólidas que respalden la afirmación. Ello puede incluir mensajes explícitos, solicitudes de contenido sexual o cualquier comportamiento que revele una clara intención de participar en actividades sexuales con el menor.

Es importante considerar el contexto general de las interacciones entre el adulto y el menor. La acumulación de pruebas a lo largo del tiempo, patrones de comportamiento y otros elementos contextuales pueden ser esenciales para comprender y demostrar la intencionalidad detrás del *grooming*.

En relación con el sujeto activo del delito, el artículo que nos ocupa señala que «El que a través de Internet...» y esto hace que estemos ante un delito de carácter común que no solo puede y/o debe castigar a adultos, sino también a menores que en ocasiones falsean su edad de forma subrepticia y deliberada al amparo de las redes como si ello fuera un juego. El uso de las redes sociales por parte de los menores como un juego puede representar un riesgo significativo para su seguridad y bienestar. Aunque las redes sociales ofrecen oportunidades para la conexión y la interacción social, también pueden exponer a los menores a diversos peligros, incluyendo el acoso cibernético, el *grooming*, la exposición a contenido inapropiado y otros riesgos relacionados con la seguridad en línea.

Siguiendo a Gil Meana[11]:

> «Hay que tener en cuenta que niños y adolescentes son especialmente competentes para manejar las novedades tecnológicas y la utilización de las redes sociales y que están, evidentemente, necesitados de códigos educativos que les instruyan en su manejo y sobre los peligros que conlleva su inadecuada utilización, ya que las nuevas tecnologías han posibilitado nuevos campos delictivos desconocidos hasta hace poco tiempo».

Es crucial que los menores y sus padres o tutores sean conscientes de los riesgos asociados con el uso de las redes sociales, pues la falta de conciencia puede aumentar la vulnerabilidad de los menores a situaciones peligrosas en línea. Si los padres, tutores o educadores identifican señales de riesgo, es fundamental intervenir prontamente. Esto puede incluir buscar el apoyo de profesionales, denunciar actividades sospechosas y tomar medidas para proteger la seguridad del menor.

Como ya hemos indicado, nuestro legislador ultrapasa en relación con el sujeto activo, las exigencias de instrumentos jurídicos internacionales como el Convenio de Lanzarote de 2007, pero es que la realidad y las evidencias se imponen y es preciso.

Es de vital importancia que España siga las directrices de los organismos internacionales en materia de persecución del crimen. La cooperación internacional en la lucha contra el crimen es esencial, dado que algunos delitos representan una amenaza global. La adhesión a las recomendaciones y acuerdos internacionales contribuye a la eficacia de los esfuerzos para abordar cuestiones transfronterizas. Esto incluye la colaboración en áreas como la ciberseguridad, donde la acción conjunta es fundamental para la prevención y el enjuiciamiento de los delincuentes. La armonización de estrategias y la implementación de estándares internacionales fortalecen la capacidad de España para abordar eficazmente las complejidades del crimen en la era globalizada.

Según las Consideraciones generales para la legislación penal del XIX Congreso Internacional de Derecho penal (Rio de Janeiro, 31 de agosto-6 de septiembre de 2014)[12]:

---

[11] Gil Meana, María Luisa, *op. cit.*, p. 2.

[12] Recogidas en *International review of penal law*, «Resolución de los Congresos de la Asociación Internacional de Derecho penal (1926-2014)», 86 anne nouvelle serie 1er/2.º trimestre 2015, p. 670.

«Un esfuerzo concertado es esencial para prevenir y combatir: el acceso ilegal a sistemas TIC; la interceptación ilegal de transmisiones no públicas de datos electrónicos; la interferencia de datos y sistemas sin derecho alguno; el abuso de dispositivos, software, contraseñas y códigos; la falsificación y el fraude informáticos; y el acceso no autorizado por parte de organismos gubernamentales».

Es esencial que España siga los estándares legales internacionales en materia de lucha contra los crímenes cibernéticos ya que la naturaleza transfronteriza de las actividades delictivas en línea requiere una cooperación internacional efectiva y una adhesión a normas compartidas.

Adoptar estándares internacionales ayuda a armonizar las leyes y regulaciones nacionales relacionadas con la ciberseguridad. Esto facilita la colaboración entre las jurisdicciones y garantiza que haya coherencia en la persecución de los delitos cibernéticos. Seguir estándares internacionales permite a España participar activamente en foros internacionales dedicados a la ciberseguridad y esto facilita el intercambio de experiencias, la colaboración en investigaciones y la contribución a la formulación de políticas a nivel global.

PANIZO GALENCE[13] de forma muy atinada afirma al respecto que:

«Sería deseable que no existiera problema legal alguno para que en el transcurso de una investigación en internet, bajo el preceptivo control judicial, crear una identidad supuesta a un policía que haciéndose pasar por un menor entrara en los foros o los chat frecuentados por ciber-acosadores o pederastas y tras contactar con alguno de ellos, mantener diálogos e incluso, si fuera necesario para ganarse su confianza y culminar la investigación, intercambiar material pedófilo y todo ello con el fin de ser identificado plenamente y poder utilizar todo lo recabado como prueba incriminatoria en un posterior juicio oral.

El agente encubierto no incurriría tampoco en un delito de distribución de pornografía infantil al intercambiar archivos con material pedófilo con el ciber-acosador, ya que se trataría de una actuación necesaria para la investigación que quedaría amparada por el art. 282 bis, apartado 5».

Pensamos que es muy importante estar alerta para que los y las menores no caigan en el embaucamiento, que como hemos indicado, es más fácil que se produzca en el círculo de la familia y amistades próximas, en un entorno que *prima facie* y por naturaleza debería ser seguro. La prevención temprana aquí será un puntal fundamental. Esta prevención

---

[13] PANIZO GALENCE, Victoriano, *op. cit.*, p. 29.

desempeña un papel esencial en la política criminal, especialmente cuando se trata de evitar delitos contra la indemnidad sexual de los menores. La protección de los menores contra abusos y explotación requiere estrategias preventivas y enfoques que aborden las causas subyacentes de estos delitos. Esto implica implementar políticas y prácticas que protejan a los menores y fomenten relaciones saludables y respetuosas y fomentar el desarrollo de habilidades de comunicación en los menores puede ayudarles a expresar sus sentimientos y preocupaciones, así como a denunciar posibles situaciones de abuso.

En relación con el sujeto activo de los delitos relacionados con las tecnologías y la libertad sexual, es de remarcar que se crearon para proteger a los/las menores y al poderse comprobar que estos también cometen estas infracciones, el castigo puede crear una situación de estigmatización en su contra. Pensemos en menores que han sido condenados por *child grooming* que tendrán que acarrear con unos antecedentes penales que no les permitirá, por ejemplo, acceder a profesiones relacionadas con menores cuando cumplan la mayoria de edad, como pueden ser: monitores de tiempo libre, refuerzo escolar, veladores, entrenadores de deporte, etc.[14] Quizás esta cuestión que entendemos que es de gran importancia, debería ser valorada y revisada por el legislador.

---

[14] *Vid.* Ley Orgánica 8/2021, de 4 de junio, de protección integral a la infancia y la adolescencia frente a la violencia. «Artículo 57. Requisito para el acceso a profesiones, oficios y actividades que impliquen contacto habitual con personas menores de edad.

1. Será requisito para el acceso y ejercicio de cualesquiera profesiones, oficios y actividades que impliquen contacto habitual con personas menores de edad, el no haber sido condenado por sentencia firme por cualquier delito contra la libertad e indemnidad sexuales tipificados en el título VIII de la Ley Orgánica 10/1995, de 23 de noviembre, del Código Penal, así como por cualquier delito de trata de seres humanos tipificado en el título VII bis del Código Penal. A tal efecto, quien pretenda el acceso a tales profesiones, oficios o actividades deberá acreditar esta circunstancia mediante la aportación de una certificación negativa del Registro Central de delincuentes sexuales.

2. A los efectos de esta ley, son profesiones, oficios y actividades que implican contacto habitual con personas menores de edad, todas aquellas, retribuidas o no, que por su propia naturaleza y esencia conllevan el trato repetido, directo y regu-

En cuanto a la víctima, hemos podido constatar que en un mayor número son niñas, que, si bien dominan el manejo de varias redes sociales, no tienen el suficiente criterio para poder pertrecharse de los posibles embates de los embaucadores. El presente aserto viene avalado por las evidencias que nos indican varios estudios que hemos señalado y que apuntan a este colectivo como altamente vulnerable.

Según los últimos datos del Ministerio del Interior, en 2022 las niñas representaron el 57,4% del total de víctimas de este delito en España.

Hay una serie de factores que pueden explicar por qué las niñas son más vulnerables a este tipo de delitos. En primer lugar, las niñas suelen ser más confiadas que los niños y pueden ser más propensas a creer las promesas de los agresores. En segundo lugar, las niñas suelen estar más expuestas a la violencia sexual, lo que puede hacerlas más vulnerables a ser víctimas de este tipo de delitos. Además, las niñas pueden enfrentar presiones sociales en línea, como la necesidad de encajar o ser aceptadas y los *groomers* pueden aprovechar estas presiones para manipular a las niñas y obtener información personal.

Hemos apuntado que el *child grooming* es un delito de carácter doloso, pues el engaño, el embaucamiento, el ardid utilizado por el sujeto activo es un elemento intrínseco del tipo. Así pues, la imprudencia, hemos visto que ha sido descartada por la doctrina, pero pensamos que este extremo es cuando menos discutible cuando la víctima entra en un juego perverso falseando imágenes y datos en la comunicación con el *groomer* que pueden comportar que quien pretende embaucar si no toma un mínimo de medidas para conocer la verdadera edad entre en la esfera del error. En cualquier caso, la edad de la víctima es lo determinante, si bien, todo y ser un dato objetivo, por razones de seguridad jurídica, debería de ser un parámetro que, en caso de duda, se acompañase por el peritaje de expertos de diversas ciencias.

---

lar y no meramente ocasional con niños, niñas o adolescentes, así como, en todo caso, todas aquellas que tengan como destinatarios principales a personas menores de edad.

3. Queda prohibido que las empresas y entidades den ocupación en cualesquiera profesiones, oficios y actividades que impliquen contacto habitual con personas menores de edad a quienes tengan antecedentes en el Registro Central de Delincuentes Sexuales y de Trata de Seres Humanos».

El peritaje en relación con la edad desempeña un papel fundamental en las investigaciones de delitos cibernéticos. En el ámbito digital, la determinación de la edad de las personas involucradas puede ser crucial para esclarecer casos, especialmente aquellos relacionados con menores de edad. Los peritos forenses digitales y especialistas en ciberseguridad utilizan diversas técnicas y herramientas para llevar a cabo este tipo de peritajes. La verificación de la edad en contextos cibernéticos contribuye a la identificación precisa de víctimas y perpetradores, así como a la aplicación adecuada de leyes relacionadas con la protección de menores en línea. Además, el peritaje en relación con la edad puede ser esencial para establecer la legalidad o ilegalidad de ciertas interacciones en línea, especialmente cuando se trata de situaciones que involucran la participación de menores en actividades delictivas o riesgosas.

En relación con el *iter criminis,* el tipo del art. 183.1 CP exige un contacto, que ha de ser factible, y una propuesta cuya teleología es la comisión de los delitos de los arts. 181 y 189 CP. Para llegar a la consumación ha de haber una serie de actos indubitados que tiendan a la comisión delictiva y una respuesta del/la menor. Es por lo que estamos ante un tipo que fundamentalmente se compone de actos preparatorios en una situación de peligro, de riesgo y mixto alternativo que plantea el avance de las barreras de punición, a nuestro modo de ver, de forma acertada en el marco de la realidad en la que vivimos. No nos cansaremos de repetir que los y las menores pasan muchísimas horas frente a dispositivos diversos abiertos al infinito espacio digital, que en demasiadas ocasiones no gozan de la debida protección frente a la criminalidad cibernética.

El uso extendido de dispositivos electrónicos y el acceso a Internet por parte de los menores de edad ha aumentado su exposición a diversos riesgos en línea y los delincuentes cibernéticos pueden aprovecharse de la ingenuidad y vulnerabilidad de los menores para cometer delitos como el *grooming,* que aquí analizamos.

En otro orden, el debate sobre el concurso es prolijo, si bien debería resolverse de conformidad con el principio de consunción *ex* art. 8.3 CP, o bien en relación con el principio de alternatividad *ex* art. 8.4 CP, por ejemplo, en el caso de las amenazas, que de *lege ferenda* podría incluirse en el texto del art. 183 CP. Las amenazas y el delito de *grooming* a menudo están estrechamente relacionados en el contexto de la interacción en línea, especialmente cuando se trata de menores. En situaciones de *grooming*, los agresores utilizan diversas tácticas para manipular y controlar a sus víctimas, y el uso de amenazas es una de las estrategias comunes. Estas amenazas pueden tener el propósito de mantener el secreto, silenciar a la víctima o ejercer control sobre su comportamiento. Los *groomers* pueden utilizar amenazas para asegurarse de que la víctima no revele la naturaleza de la relación o los actos comprometedores y ello derivar en un temor a las consecuencias que puede llevar a la víctima a permanecer en silencio.

Sobre la penalidad hay que tener muy en cuenta si el sujeto activo es un adulto o un/una menor, pues en el segundo de los casos, y de conformidad con la Ley Orgánica 5/2000, de 12 de enero, reguladora de la responsabilidad penal de los menores, se impone aplicar la medida de reeducación que permita aplicar el programa *ad hoc* más adecuado. Dicho programa pensamos que debe contener una formación en prevención sobre redes sociales, de consuno con otra sobre el bien jurídico de la libertad e indemnidad sexual.

La penalidad, en cualquier caso, requiere que vaya siempre avalada por estudios empíricos longitudinales que demuestren científicamente cuál es la realidad de las redes sociales y la actividad criminógena que pueda estar produciéndose con un delito como el *child grooming*, que como hemos visto, amén de ser un delito *per se*, puede ser un campo preparatorio para otras actividades delictivas mucho más graves.

La Criminología desempeña un papel crucial al aportar perspectivas valiosas a través de estudios empíricos longitudinales que examinan la verdadera realidad de los peligros cibernéticos en las redes sociales. Al adoptar un enfoque basado en la evidencia, la Criminología contribuye significativamente a la comprensión y mitigación de los riesgos asociados con la interacción en línea. Esta ciencia permite analizar el comportamiento delictivo en entornos digitales a lo largo del tiempo y los estudios longitudinales pueden identificar patrones, tendencias y cambios en los tipos de delitos cibernéticos que afectan a los usuarios de redes sociales.

Los estudios longitudinales en Criminología pueden proporcionar un entendimiento más profundo de las dinámicas sociales en línea, incluyendo cómo evolucionan las interacciones, las relaciones y las estructuras de poder en el ciberespacio. La evidencia generada por estudios empíricos puede informar el desarrollo de políticas públicas orientadas a reducir los peligros cibernéticos y proteger a los usuarios de las redes sociales. Esto incluye recomendaciones para la legislación y la regulación.

En los delitos contra la libertad e indemnidad sexual y, como hemos indicado, incluso contra la infancia y la familia, como bienes jurídicos supraindividuales que afectan a la seguridad y al bienestar de una sociedad avanzada, es preciso que se fomente una educación digital y sexual preventivas que no puede delegarse sin más en los centros educativos que ya tienen unos itinerarios curriculares saturados. Las políticas de las Administraciones competentes han de apoyar de forma decidida a las familias —no olvidemos que es un mandato constitucional *ex* art. 39 CE[15]— para que sepan y puedan educar en seguridad digital y sexualidad a sus hijos e hijas, y esto pasa, por ejemplo, por recuperar muchas de las escuelas de padres y madres que tuvieron que cerrar sus puertas a causa de la feroz crisis económica de 2008 y que jamás han vuelto a aperturarse.

Las escuelas de padres y madres pueden ser un elemento fundamental para la prevención de los delitos cibernéticos que se perpetran contra la libertad e indemnidad sexual. Estas escuelas brindan un espacio de formación y orientación a los padres y madres sobre

---

[15] La protección de los hijos queda expresada en el apartado 2.º, respecto de los poderes públicos, y se concreta en el apartado 3.º al señalar que los padres tienen el deber de proteger a los hijos y asegurar que todos sean iguales con independencia de su filiación. El Tribunal Constitucional se pronunció con toda claridad desde un primer momento sobre el asunto de la filiación señalando que la filiación no admite categorías intermedias y, por lo tanto, toda norma que quiebre la unidad en la determinación filiar de los hijos es discriminatoria por razón de nacimiento y contraria a la Constitución (SSTC 80/82, 74/97, 84/98, 200/2001 y 171/2012). Los hijos adoptados quedan equiparados en derechos a los biológicos y en esa línea el Tribunal Constitucional se ha pronunciado en alguna ocasión para descartar normas que señalaban que para que éstos pudieran acogerse a pensiones de orfandad el adoptante debía haber sobrevivido al menos dos años (SSTC 46/99 y 200/2001).

los riesgos y peligros que enfrentan los menores en el entorno digital, así como estrategias para protegerlos y prevenir situaciones de victimización[16].

La participación de los padres y madres en estas escuelas les permite adquirir conocimientos sobre los delitos cibernéticos, como el *grooming*, el *sexting*, el *cyberbullying* y la pornografía infantil, entre otros. Además, aprenden a identificar señales de alerta y a establecer pautas de seguridad en el uso de dispositivos electrónicos y redes sociales. Las escuelas de padres y madres promueven la importancia de mantener una comunicación abierta con los hijos. Este diálogo facilita que los menores se sientan cómodos compartiendo experiencias en línea y reportando situaciones preocupantes.

La masiva utilización de Internet y de las diferentes redes sociales que existen en este ámbito hace que debamos plantearnos serias y hondas reflexiones sobre su utilización desde las familias, los centros educativos, los operadores jurídicos y en definitiva por la sociedad en su conjunto.

Desde el punto de vista de las familias, se debe priorizar la educación digital para comprender los riesgos y beneficios de Internet y las redes sociales. Los padres deben estar al tanto de las plataformas que utilizan sus hijos y enseñarles buenas prácticas en línea. Es esencial establecer límites y utilizar herramientas de control parental para proteger a los niños de contenidos inapropiados y actividades peligrosas en línea y fomentar un ambiente de comunicación abierta en el hogar para que los niños se sientan cómodos compartiendo sus experiencias y reportando cualquier situación problemática.

Desde el punto de vista de los centros educativos, se impone una integración curricular que incluya la educación digital como parte integral del plan de estudios para preparar a los estudiantes para el uso responsable de la tecnología. Es necesaria una profunda reflexión sobre temas como el ciberacoso y la seguridad en línea mediante programas de concienciación y capacitación para estudiantes, maestros y padres.

[16] Así, el Tribunal Supremo en 2018 señala que «aunque no se pueda percibir, los menores víctimas de actos sexuales, físicos, o de maltrato psicológico asumen un proceso de victimización que se extiende a lo largo de su vida...». STS de 3 de diciembre de 2018 (ECLI:ES:TS:2018:4077).

Desde el prisma de los operadores jurídicos es necesario desarrollar y actualizar leyes que regulen el uso de Internet y las redes sociales, protegiendo los derechos individuales y abordando cuestiones como la privacidad y la difamación en línea. Esto se puede conseguir al reforzar las leyes que protegen a los menores en línea y establecer medidas para responsabilizar a quienes perpetran delitos digitales contra ellos.

En lo que se refiere a la sociedad, es fundamental fomentar una mayor conciencia sobre los problemas asociados con el uso no ético de Internet, como la desinformación, el acoso en línea y la adicción a las redes sociales e incentivar el uso responsable de la tecnología, respetando la privacidad de los demás y siendo consciente del impacto de las acciones en línea.

Hay que trabajar hacia la inclusión digital para garantizar que todas las personas tengan acceso y habilidades para aprovechar los beneficios de Internet de manera equitativa.

No es necesario que un/a menor esté tantas horas conectado a su *smartphone* u otros dispositivos, y esto ha sido visto y apreciado con claridad por varias escuelas que en el presente curso han decidido entre equipos directivos y asociaciones de padres y madres que no se utilicen mientras los/las menores estén en los centros educativos, pues de esta forma se fomenta una comunicación en vivo y se intenta desterrar la interconexión digital que fomentaba el aislamiento y los contactos indiscriminados e indeseados.

La decisión de algunas escuelas de prohibir o limitar el uso de dispositivos electrónicos, como teléfonos móviles, mientras los estudiantes están en los centros educativos es una medida que ha ganado popularidad en diversos lugares.

La presencia constante de dispositivos electrónicos puede distraer a los estudiantes y afectar su capacidad de atención en clase. Al limitar el acceso a estos dispositivos, las escuelas buscan promover un entorno propicio para el aprendizaje concentrado.

La presión social y el ciberacoso son problemas que a veces se intensifican a través de las interacciones en línea, y al restringir el uso de dispositivos, las escuelas buscan prevenir estos problemas y fomentar un ambiente escolar más positivo.

El hecho de limitar el tiempo de pantalla puede alentar a los estudiantes a interactuar más entre ellos cara a cara, fortaleciendo las relaciones sociales y promoviendo habilidades sociales *offline*. Además, la prohibición de dispositivos electrónicos puede reducir la posibilidad de que los estudiantes utilicen sus teléfonos para actividades no relacionadas con la clase, como jugar, enviar mensajes o utilizar redes sociales durante las clases.

Muchos centros educativos consideran importante enseñar a los estudiantes a ser menos dependientes de la tecnología y a encontrar otras formas de aprender y entretenerse. Estas medidas deben ser parte de un enfoque más amplio que incluya la educación sobre el uso responsable de la tecnología y la promoción de habilidades digitales entre los estudiantes.

El uso responsable de las nuevas tecnologías[17] es una asignatura que tenemos pendiente en nuestra sociedad para evitar problemáticas como la que en el presente artículo nos ocupa, sin que sean necesarias las prohibiciones, sí el consenso y la prevención, la formación y la educación. En lugar de imponer prohibiciones sin tener en cuenta las opiniones y necesidades de todas las partes involucradas, es importante buscar el consenso, que puede escorar en decisiones más equitativas y efectivas. Incluir a todas las partes interesadas en la toma de decisiones asegura que se consideren diversas perspectivas y se aborden las preocupaciones específicas de cada grupo, como padres, educadores, estudiantes y la comunidad en general.

Las políticas que se desarrollan con la participación proactiva de todos los interesados son más propensas a ser aceptadas y cumplidas, y la resistencia a las prohibiciones puede disminuir cuando se entienden y respetan las opiniones y preocupaciones de todas las partes. Al trabajar juntos para establecer normas y límites, se puede incluir un componente educativo que promueva el uso responsable de la tecnología y esto ayuda a los estudiantes a comprender las razones detrás de las políticas y a desarrollar habilidades digitales más sólidas.

Las comunidades educativas varían en términos de cultura, recursos y necesidades y la participación activa de los interesados permite adaptar las políticas a las circunstancias específicas de cada entorno educativo. En lugar de simplemente prohibir, el consenso puede conducir al

---

[17] Véase al respecto Rodríguez Vázquez, Virxilio, *op. cit.*, pp. 1-25.

desarrollo de estrategias para integrar la tecnología de manera efectiva en el aprendizaje, promoviendo habilidades digitales y preparando a los estudiantes para un uso responsable.

El esfuerzo merece la pena, pues está en juego una infancia que ha de ser protegida de una cibercriminalidad cada vez más compleja, y que, en el día de mañana, no olvidemos que será la ciudadanía de nuestro país.

Para combatir la criminalidad cibernética, que puede corromper a nuestros/as menores, es preciso abordar la cuestión de forma interdisciplinar desde diversos prismas como: el penal, criminológico, psicológico, ético, social, educativo, pedagógico, entre otros aspectos de nuestras vidas.

Es crucial que si se vuelve a llevar a cabo una reforma de los delitos contra la libertad sexual se realice sin la crispación, la jácara y las descalificaciones que lamentablemente hemos podido ver y vivir en los debates de nuestra clase política. Es ciertamente deseable que los debates políticos, especialmente aquellos relacionados con reformas legales, se caractericen por la serenidad y la búsqueda de consensos razonados en lugar de crispación. Las reformas en materia de delitos sexuales son asuntos delicados que requieren un enfoque reflexivo y considerado para garantizar la protección de los derechos individuales y el bienestar de la sociedad en su conjunto. Los delitos sexuales son temas altamente sensibles que afectan directamente a las personas y la crispación en los debates puede dificultar el análisis objetivo de las propuestas y la comprensión de las implicaciones que pueden tener en la vida de las víctimas y de aquellos acusados de tales delitos. Un diálogo razonado es esencial para encontrar soluciones equitativas que tengan en cuenta la complejidad de los casos de delitos sexuales y las necesidades de la sociedad. La crispación puede desviar la atención de estos aspectos esenciales y dificultar la creación de legislación que aborde de manera adecuada los desafíos existentes.

Los debates razonados ofrecen la oportunidad de educar y concientizar a la sociedad sobre la gravedad de los delitos sexuales, los desafíos asociados y la importancia de una legislación efectiva. Para lograr un diálogo más razonado, es esencial promover la empatía, el respeto mutuo y la disposición a escuchar diferentes puntos de vista.

Para finalizar, indicar que la población española a la que le cuesta llegar a fin de mes por una inflación galopante, ha llegado a un punto de auténtico ahíto de espectáculos bochornosos que se protagonizan en la sede de la soberanía nacional. Se precisa, y nos merecemos como sociedad del siglo XXI, un verdadero debate con altura de miras, con pausa y desde la técnica, para combatir una criminalidad que atenta contra colectivos muy vulnerables para encontrar, de una vez por todas, soluciones concretas, eficaces y eficientes.

BIBLIOGRAFÍA

ABADÍAS SELMA, A., «El peligro de la sobreexposición de los menores a Internet frente al *child grooming* en tiempos del covid-19 (1)», *La Ley Penal: Revista de Derecho Penal, Procesal y Penitenciario*, n.º 114, 2020.

— «Los menores como colectivo vulnerable en la era de la cultura *touch*», en SANZ DELGADO, E., y FERNÁNDEZ BERMEJO, D. (coords.), *Tratado de delincuencia cibernética*, Aranzadi, Pamplona, 2021.

AGUSTINA SANLLEHÍ, J. R.; FERNÁNDEZ-CRUZ, V., y T. NGO, F., «An Exploratory Investigation of Traditional Stalking and Cyberstalking Victimization among University Students in Spain and the United States: A Comparative Analysis», *IDP Revista de Internet, Derecho y Política*, 2021.

ALFARO GONZÁLEZ, M.; VÁZQUEZ FERNÁNDEZ, M. E.; FIERRO URTURI, A. M.ª; HERRERO BREGÓN, B.; MUÑOZ MORENO, M. F., y RODRÍGUEZ MOLINERO, L., «Uso y riesgos de las tecnologías de la información y comunicación en adolescentes de 13-18 años», *Acta Pediátrica Española*, n.º 73, 2015. Disponible en: https://www.actapediatrica.com/images/pdf/Volumen-73---Numero-6---Junio-2015.pdf [fecha de consulta: 03/09/2023].

ALISTE SANTOS, T., *Hacia la justicia, posmoderna. Presupuestos para la transformación de los sistemas judiciales*, Atelier, Barcelona, 2022.

ÁLVAREZ BUJÁN, M. V., «*Notas sobre algunos aspectos procesales de la LO 10/2022, de 6 de septiembre, de Garantía Integral de la Libertad Sexual*», en MARTÍNEZ GALINDO, G. (dir.) *et al.*, *La reforma de los delitos sexuales*, J. M. Bosch, Barcelona, 2024.

ARA, Disponible en: https://www.ara.cat/societat/tarragona-pederastia_1_2530623.html [fecha de consulta: 29/01/2024].

BARJA DE QUIROGA, J., «Delitos contra la libertad e indemnidad sexuales», en BARJA DE QUIROGA, J, y GRANADOS PÉREZ, C., *Manual de Derecho penal parte especial*, tomo II, Aranzadi, Pamplona, 2021.

BAUMAN, Z., *Modernidad líquida*, Fondo de Cultura Económica de España, Madrid, 2022.

BECK, U., *La Sociedad del riesgo*, Paidós, Barcelona, 1996.

BIGAS FORMATJÉ, N., «Los peligros del *sharenting*: fraude en línea y material de abuso sexual infantil». Disponible en: https://www.uoc.edu/es/news/2023/138-sharenting-peligros-fraude-online-contenido-abuso-sexual-infantil [fecha de consulta: 21/01/2024].

BINDING, K., *Lehrbuch des Gemeinen Deutschen Strafrechts, Besonderer Teil*, tomo I, 2.ª ed., W. Engelmann, Leipzig, 1902.

BOCIJ, P., y MCFARLANE, L., «The internet: a discussion of some new and emerging threats to Young people», *The Police Journal*, n.º 76, 2003.

BOIX REIG, F. J., «Delitos contra la libertad e indemnidad sexual», en BOIX REIG, J. (dir.), *Derecho penal. Parte especial*, vol. I, 2.ª ed., 2016, Iustel, Madrid.

BUENO-GUERRA, N., «Protección jurídica del desarrollo psicoafectivo de los menores ante los riesgos y beneficios de la era digital», MEANA PEÓN, R. J., y MARTÍNEZ GARCÍA, C. *et al.* (dirs.), *Dignidad y equidad amenazadas en la sociedad contemporánea. Aproximación multidisciplinar*, Aranzadi, Pamplona, 2022.

CÁMARA ARROYO, S., *Criminalidad juvenil femenina y perspectiva de género: historia, teoría, factores de riesgo, prevención y tratamiento*, Dykinson, Madrid, 2022.

Canal Sur, «Detenido y en prisión por ciberacoso a decenas de niñas en toda España». Disponible en: https://www.canalsur.es/noticias/andalucia/almeria/detenido-y-en-prision-por-ciberacoso-a-decenas-de-ninas-en-toda-espana/1983764.html#:~:text=ALMER%C3%8DA-,Detenido%20y%20en%20prisi%C3%B3n%20por%20ciberacoso%20a%20decenas%20de%20ni%C3%B1as,para%20contactar%20con%20las%20chicas [fecha de consulta: 29/01/2024].

CANCIO MELIÁ, M., «Una nueva reforma de los delitos contra la libertad sexual», *La Ley Penal: Revista de Derecho Penal, Procesal y Penitenciario*, n.º 80, 2011.

CINOSI FERNÁNDEZ, M. S., «*Online child grooming* en España: análisis del tipo penal a través de la teoría del delito», *Revista Boliviana de Derecho*, n.º 35, 2023.

CIRÉFICE, R., «La protección digital de los niños en la Unión Europea», en CLAVIJO SUNTURA, J. H., y SALDAÑA ORTEGA, V. (dirs.), *et al.*, *La protección del menor. Un análisis desde las ciencias jurídicas*, J. M. Bosch, Barcelona, 2023.

CÓRDOBA DE LA LLAVE, R., «Mujer, marginación y violencia entre la Edad Media y los tiempos modernos», en *Mujer, marginación y violencia entre la Edad Media y los tiempos modernos*, Córdoba, Servicio de Publicaciones de la Universidad de Córdoba, 2006.

CORTÉS, I., «Caso Almendralejo: ¿qué opciones tienen las niñas si los autores son menores de 14 años?», *El confidencial*. Disponible en: https://www.elconfidencial.com/juridico/2023-09-21/caso-almendralejo-opciones-padres-ninas-autores-menores_3738823/ [fecha de consulta: 24/09/2023].

CRUZ BLANCA, M.ª J., «La sexualización de las tecnologías: los delitos de ciber-embaucamiento con fines sexuales del art. 183 ter del Código Penal», en CRUZ BLANCA, M.ª J.; LLEDÓ BENITO, I.; LLEDÓ YAGÜE, F.; BENÍTEZ ORTÚZAR, I. F., y MONJE BALMASEDA, Ó. (dirs.), *La robótica y la inteligencia artificial en la nueva era de la revolución industrial 4.0*, Dykinson, 2021, Madrid.

CRUZ PALMERA, R., «La protección penal del menor en el sistema español: una aproximación», en CLAVIJO SUNTURA, J. H., y SALDAÑA ORTEGA, Virginia (dirs.), *et al., La protección del menor. Un análisis desde las ciencias jurídicas*, J. M. Bosch, Barcelona, 2023.

CUELLO CONTRERAS, Joaquín, *El Derecho Penal Español. Parte general*, vol. II, Dykinson, Madrid, 2009.

CUERDA ARNAU, M. L., «Menores y redes sociales: protección penal de los menores en el entorno digital», *CPC*, n.º 112, 2014.

CUERVO NIETO, C., «El delito de *child grooming* en el Derecho penal español. Análisis del tipo penal y breves reflexiones», *Noticias jurídicas*. Disponible en: https://noticias.juridicas.com/conocimiento/articulos-doctrinales/16988-el-delito-de-child-grooming-en-el-derecho-penal-espanol-analisis-del-tipo-penal-y-breves-reflexiones/ [fecha de consulta: 31/08/2023].

CUESTA ARZAMENDI, DE LA, J. L., y MAYORDOMO RODRIGO, V., «Acoso y Derecho penal», *Eguzkilore: Cuaderno del Instituto Vasco de Criminología*, n.º 25, 2011.

CUGAT MAURI, M., «Delitos contra la libertad e indemnidad sexuales», *Comentarios a la reforma penal de 2010*, ÁLVAREZ GARCÍA, F. J., y GONZÁLEZ CUSSAC, J. L. (dirs.), Tirant lo Blanch, Valencia, 2010.

— «La tutela penal de los menores ante el *online grooming*: entre la necesidad y el exceso», *La Ley Penal*, n.º 107, sección Estudios, marzo-abril de 2014, Wolters Kluwer, La Ley, 1256/2014.

Diario de Mallorca, «Detienen a un joven de 21 años por acoso a menores a través de Internet». Disponible en: https://www.diariodemallorca.es/sucesos/2008/09/15/detienen-joven-21-anos-acoso-4259843.html [fecha de consulta: 01/02/2024].

DÍAZ CORTÉS, L. M., «El denominado *child grooming* del artículo 183 bis del Código Penal: una aproximación a su estudio», *Boletín Ministerio de Justicia*, n.º 2138, 2012.

— «Menores e Internet: entre las oportunidades y los riesgos. Un punto de partida para entender las políticas criminales», APARICIO VAQUERO, J. P., y BATUECAS CALETRÍO, A. (coords.), *Algunos desafíos en la protección de datos personales*, Comares, Granada, 2018.

DÍAZ MORGADO, C., «III. Abusos y agresiones sexuales a menores de 16 años», en VV.AA., *Manual de Derecho penal. Parte Especial*, tomo 1, *Adaptado a las LLOO 1/2019 y 2/2019 de Reforma del Código Penal. Doctrina y jurisprudencia con casos solucionados*, Tirant Lo Blanch, Valencia, 2019.

DÍEZ RIPOLLÉS, J. L., *La racionalidad de las leyes penales. Práctica y teoría*, 2.ª ed. ampliada, Trotta, Madrid, 2013.

DOLZ LAGO, M. J., «Un acercamiento al nuevo delito *child grooming*: entre los delitos de pederastia», *Diario La Ley*, n.º 7575, 2011.

— «*Child grooming* y *sexting*: anglicismos, sexo y menores en el Código Penal tras la reforma del 2015», *Diario La Ley*, n.º 8758, 2016.

— «Ciberacoso sexual a menores o *child grooming* del artículo 183 bis CP/2010 o artículo 183 ter CP/2015: en caso de abuso o agresión sexual posterior rige el concurso de normas quedando absorbido por éste: Problemática del acceso por parte de los representantes legales del menor a su cuenta abierta en una red social», *Diario La Ley*, n.º 8797, 2016.

Domingo Monforte, Abogados Asociados, «Delitos contra la intimidad. *Sexting* secundario. Tratamiento y problemática», *Diario La Ley*, n.º 10228, sección Tribuna, 14 de febrero de 2023.

Echeburúa Odriozola, E., y De Corral Gargallo, P., «Secuelas emocionales en víctimas de abuso sexual en la infancia», *Cuadernos de medicina forense*, 2006, n.º 43-44. *European online Grooming Project*. Disponible en https://europeanonlinegroomingproject.com/ [fecha de consulta: 23/08/2023].

Echeburúa Odriozola, E., y Subijana Zunzunegui, I. J., «Guía de buena práctica psicológica en el tratamiento judicial de los niños abusados sexualmente», *International journal of clinical and health psychology*, vol. 8, n.º 3, 2008. Disponible en: http://www.aepc.es/ijchp/articulos_pdf/ijchp-302.pdf [fecha de consulta: 05/09/2023].

Edreira Maira, M.ª. J., «Fenomenología del acoso moral», *Logos. Anales del Seminario de Metafísica*, n.º 36, 2003.

El Correo Gallego, disponible en https://www.elcorreogallego.es/sociedad/2023/10/24/galicia-registra-19-casos-grooming-93710253.html [fecha de consulta: 30/01/2024].

Esquinas Valverde, P., «IV. Delitos de abusos y agresiones sexuales sobre personas menores de 16 años (Capítulo II bis)», en Marín de Espinosa Ceballos, E. (dir.), y Esquinas Valverde, P. (coord.), *Lecciones de Derecho penal. Parte Especial*, Tirant lo Blanch, Valencia, 2018.

Europa Press, disponible en https://www.lavanguardia.com/local/sevilla/20230822/9180356/sucesos-detienen-hombre-contactar-menores-red-social-intenciones-caracter-sexual.html [fecha de consulta: 11/09/2023].

— Disponible en: https://www.elmundo.es/elmundo/2009/06/14/espana/1244966481.html [fecha de consulta: 29/01/2024].

— «Detenido un joven de 21 años por presunto acoso a una menor a través de Internet». Disponible en: https://www.europasur.es/algeciras/Detenido-joven-presunto-traves-Internet_0_1108689752.html [fecha de consulta: 01/02/2024].

Faraldo Cabana, P., y Acale Sanchez, M., «Presentación», en *La Manada. Un antes y un después en la regulación de los delitos sexuales en España*, Tirant lo Blanch, Valencia, 2018.

— «Evolución del delito de violación en los códigos penales españoles: valoraciones doctrinales», en Rodríguez-López, S.; Fuentes-Loureiro, M. Á.; Faraldo-Cabana, P. (dir.), y Acale Sánchez, M., *La Manada: un antes y un después en la regulación de los delitos sexuales en España,* Tirant lo Blanch, Valencia, 2018.

Fernández Canelo, B., *Las redes sociales. Lo que hacen sus hijos en Internet,* Club Universitario, Alicante, 2010.

Fernández Teruelo, J. G., *Derecho penal e Internet. Especial consideración de los delitos que afectan a jóvenes y adolescentes,* Lex Nova, Valladolid, 2011.

Ferrandis Ciprián, D., «El delito de *online child grooming* (art. 183 bis CP)», en Lameiras Fernández, M., y Orts Berenguer, E. (coords.), *Delitos sexuales contra menores: abordaje psicológico, jurídico y policial,* Tirant lo Blanch, Valencia, 2013.

Fiscalía General del Estado, *Circular 1/2017, de 6 de junio, sobre la interpretación del art. 183 quater del Código Penal.* Disponible en: https://www.boe.es/buscar/doc.php?id=FIS-C-2017-00001 [fecha de consulta: 23/09/2023].

— *Memoria,* 2020. Disponible en: https://www.fiscal.es/memorias/memoria2020/FISCALIA_SITE/index.html [fecha de consulta: 05/09/2023].

— *Memoria,* 2021. Disponible en: https://www.fiscal.es/memorias/memoria2021/FISCALIA_SITE/index.html [fecha de consulta: 05/09/2023].

— *Memoria,* 2022. Disponible en: https://www.fiscal.es/memorias/memoria2022/FISCALIA_SITE/index.html [fecha de consulta: 05/09/2023].

Flores Prada, I., *Criminalidad informática aspectos sustantivos y procesales,* Tirant lo Blanch, Valencia, 2012.

Fondo de las Naciones Unidas para la Infancia, «Adolescentes conectad@s. Riesgos de las redes y herramientas para protegerse», 2020.

Frister H., *Derecho penal. Parte general,* Hammurabi, Buenos Aires, 2011.

Fundación ANAR, «Informe anual teléfono/chat Anar en tiempos de Covid-19 año 2020». Disponible en: https://www.anar.org/wp-content/uploads/2021/12/Informe-ANAR-COVID_Definitivo.pdf [fecha de consulta: 30/01/2024].

Funds & Markets, disponible en: https://dirigentesdigital.com/funds-markets/fondos/cuales-son--invierten-fondos-inversion-grandes-mundo [fecha de consulta: 23/08/2023].

Gámez-Guadix, M.; Gini, G., y Calvete Zumalde, E., «Stability of cyberbullying victimization among adolescents: Prevalence and association with bully-victim status and psychosocial adjustment», *Computers in Human Behaviors,* n.º 53, 2015.

García Magariño, S., «Respuesta ante la cifra oscura: encuestas de victimización, informes de autodenuncia», De Vicente de Castro, B. (dir.), *et al., Manual práctico de criminología aplicada,* Aranzadi, Pamplona, 2023.

García Valdés, C.; Mestre Delgado, E., y Figueroa Navarro, C., *Lecciones de Derecho penal. Parte especial*, Edisofer, Madrid, 2011.

Gil Antón, A. M.ª, «El fenómeno de las redes sociales y los cambios en la vigencia de los derechos fundamentales», *RDUNED*, n.º 10, 2012.

Gil Gil, A.; Lacruz López, J. M.; Melendo Pardos, M., y Núñez Fernández, J., *Sistema de responsabilidad penal*, Dykinson, Madrid, 2017.

Gil Meana, M. L., «Análisis del *child grooming* y las causas de despido», *Diario La Ley*, n.º 10293, sección Tribuna, 24 de mayo de 2023.

Giménez García, J., «La prueba indiciaria en el proceso penal», *Jueces para la democracia*, 2006, n.º 56.

Gómez Sánchez, Y., *Derechos fundamentales*, Aranzadi, Pamplona, 2018.

Gómez Tomillo, M., «Artículos 183 a 183 quater: de los abusos y agresiones sexuales a menores de dieciséis años», *Comentarios prácticos al Código Penal*, Gómez Tomillo, M. (dir.), vol. 2, Aranzadi, Pamplona, 2015.

— «Delitos contra la libertad e indemnidad sexual (I)», Gómez Rivero, C. (dir.); Nieto Martín, A.; Cortés Bechiarelli, E., y Abel Souto, M., *Fundamentos de Derecho penal. Parte especial*, vol. I, Tecnos, Madrid, 2022.

González Agudelo, G., «La sexualidad de los jóvenes y el bien jurídico penalmente protegido», *La sexualidad de los jóvenes. Criminalización y consentimiento (art. 183 quater CP)*, Tirant lo Blanch, Valencia, 2021.

González Rus, J. J., «La reforma de las agresiones sexuales», *Diario La Ley*, n.º 9790, Sección Doctrina, 12 de febrero de 2021, Wolters Kluwer.

González Tascón, M. M., «El nuevo delito de acceso a niños con fines sexuales a través de las TIC», *Estudios Penales y Criminológicos*, n.º 31, 2011.

González Tascón, M. M. (coord.), Friera Álvarez, M.; Campo Mon, M. de los Á.; Suárez Llanos, L.; Rodríguez Pérez, S.; Villa Sieiro, S. V.; Monge Fernández, A.; Bernal del Castillo, J.; García Amez, J.; Vázquez Rodríguez, B.; Roca de Agapito, L.; Palacios González, M. D.; Roca Martínez, J. M., y Morcillo Jiménez, J. J., *Delitos sexuales y personas menores de edad o con discapacidad intelectual: Reflexiones jurídicas y psicoeducativas sobre sus derechos y su protección*, Tirant lo Blanch, Valencia, 2022.

Górriz Royo, E., «*On-line child grooming* en Derecho penal español. El delito de preparación *on-line* de menores con fines sexuales, del art. 183 ter. 1.º CP (conforme a la LO 1/2015, 30 de marzo)», *InDret. Revista para el análisis del Derecho*, 2016.

Gottfredson, M. R., y Hirschi, T., *A General Theory of Crime*, Stanford University Press, Stanford (California), 1990.

Gudín Rodríguez-Magariños, A. E., «Análisis del cambio de penalidad de los delitos de agresión sexual en la Ley Orgánica 10/2022», *Diario La Ley*, n.º 10230, sección Tribuna, 16 de febrero de 2023.

GUDÍN RODRÍGUEZ-MAGARIÑOS, F., «Algunas consideraciones sobre el nuevo delito de *grooming*», *Actualidad Jurídica Aranzadi*, n.º 842/2012, BIB 2012\898.

GUERRA VIO, C.; MONTIEL JUAN, I.; PEREDA BELTRÁN, N., y PINTO CORTEZ, C., «Invarianza factorial de una escala breve para evaluar abuso sexual *online* en adolescentes de España y Chile», *Behavioral Psychology/Psicología Conductual*, n.º 28. Disponible en: https://www.behavioralpsycho.com/producto/invarianza-factorial-de-una-escala-breve-para-evaluar-abuso-sexual-online-en-adolescentes-de-espana-y-chile/ [fecha de consulta: 03/09/2023].

HERNÁNDEZ ZUBIZARRETA, J., «Asimetría normativa y *Lex mercatoria*», GONZÁLEZ, É., y RAMIRO, P. (eds.), *Diccionario Crítico de empresas transnacionales. Claves para enfrentar el poder de las grandes corporaciones. Paz con Dignidad*, colección Antrazyt, Icaria, Barcelona, 2012.

HILDEBRAND, D., *Rationalisierung durch Kollektivierung: die überwindung des Gefangenendilemmas als Code moderner Staatlichtkeit*, Berlín, 2011.

HOBBES, T., *De cive*, cap. VI, n.º 3, 1642.

INE. *Encuesta sobre equipamiento y Uso de Tecnologías de la Información y Comunicación en los Hogares*. 2021. Disponible en: https://www.ine.es/dynt3/inebase/es/index.htm?padre=8320 [fecha de consulta: 03/09/2023].

International Review of Penal Law, «Resolución de los Congresos de la Asociación Internacional de Derecho Penal (1926-2014)», 86 anne nouvelle serie 1er/2.º trimestre 2015.

IRWIN, R., «Bienvenidos al Antropoceno», *El Correo de la UNESCO*, 2011. Disponible en: https://unesdoc.unesco.org/ark:/48223/pf0000261900_spa [fecha de consulta: 23/08/2023].

ISSBERNER, L.-R., y LÉNA, P., «Antropoceno: la problemática vital de un debate científico». Disponible en: https://es.unesco.org/courier/2018-2/antropoceno-problematica-vital-debate-cientifico [fecha de consulta: 23/08/2023].

JÄGER, H., *Strafgesetzgebung and Rechtsguterschutz*, Enke, Stuttgart, 1957.

KELSEN, H., *Allgemeine Theorie der Normen*, ed. a cargo de K. RINGHOFER y R. WALTER, Manzsche Verlagund Universitätsbuch-handlung, Wien. Existe traducción en Lengua española de M. Á. Rodilla, en KELSEN, Hans, *Teoría general de las normas*, Marcial Pons, Madrid, 2018.

LAMARCA PÉREZ, Carmen, «La protección de la libertad sexual en el nuevo Código Penal», *Jueces para la Democracia*, n.º 27, 1996.

— «Delitos contra la libertad de indemnidad sexuales», DE ALONSO ESCAMILLA, A.; MESTRE DELGADO, E., y RODRÍGUEZ NÚÑEZ, A., *Delitos. La parte especial del Derecho penal*, Dykinson, Madrid, 2022.

LAMO VELADO, DE, I., «El "miedo a no ser creída" por los tribunales. Impunidad de la violencia sexual y domesticación femenina durante el siglo XXI en el Estado español», *Revista de* Investigaciones *feministas*, n.º 13, 2022.

Disponible en: https://www.inmujeres.gob.es/publicacioneselectronicas/documentacion/Revistas/ANALITICAS/DEA0382.pdf [fecha de consulta: 04/09/2023].

LASCURAÍN SÁNCHEZ, J. A., «Los nuevos delitos sexuales: indiferenciación y consentimiento», en AGUSTINA SANLLEHÍ, J. R. (coord.), *Comentarios a la ley del "solo sí es sí". Luces y sombras de los delitos sexuales introducida en la LO 10/2022, de 6 de septiembre*, Atelier, Barcelona, 2023.

LÓPEZ MARCHENA, M. Á., «La Ley Orgánica 10/2022, de 6 de septiembre, de Garantía Integral de la Libertad Sexual: aspectos de la reforma en relación con las víctimas menores de edad», *La Ley Penal*, n.º 159, noviembre de 2022, La Ley.

LÓPEZ GUTIÉRREZ, J., SÁNCHEZ JIMÉNEZ, F.; HERRERA SÁNCHEZ, D.; MARTÍNEZ MORENO, F.; RUBIO GARCÍA, M.; GIL PÉREZ, M. V.; SANTIAGO OROZCO, A. M., y GÓMEZ MARTÍN, M. Á., «Informe sobre la cibercriminalidad en España, 2021», Ministerio del Interior. Dirección General de Coordinación y Estudios Secretaría de Estado de Seguridad, Disponible en: https://www.interior.gob.es/opencms/pdf/archivos-y-documentacion/documentacion-y-publicaciones/publicaciones-descargables/publicaciones-periodicas/informe-sobre-la-cibercriminalidad-en-Espana/Informe_cibercriminalidad_Espana_2021_126200212.pdf [fecha de consulta: 04/09/2023].

LÓPEZ PEREGRÍN, C., «¿Pueden los menores consentir conductas de exhibicionismo, provocación sexual o elaboración de pornografía?», *Cuadernos de RES PÚBLICA en Derecho y Criminología*, n.º 1, 2023.

LORENZANA GONZÁLEZ, C., *Guía de actuación contra el ciberacoso*, 2014, Instituto Nacional de Tecnologías de la Comunicación. Ministerio de Industria, Energía y Turismo, p. 35. Disponible en: https://cutt.ly/gt71xaJ [fecha de consulta: 09/08/2023].

LORENZO-DUS, N.; MORENO-SERRANO, M.; MARUENDA-BATALLER, S., y PÉREZ-SABATER, C., «Ciberacoso sexual a menores (*online grooming*) y pandemia: Actuar con el lenguaje ante la vulneración de los derechos de la infancia», *Signo y Seña 40*, n.º 40, 2021, ISSN 2314-2189; doi: 10.34096/sys.n40.10507 [fecha de consulta: 30/01/2024].

LORENZO-DUS, N.; IZURA, C., y PÉREZ-TATTAM, R., «Understanding *grooming* discourse in computer mediated environments», *Discourse, Context and Media*, vol. 12, 2016, pp. 40-50, doi:10.1016/j.dcm.2016.02.004 [fecha de consulta: 30/01/2024].

LUZÓN CUESTA, J. M., *Compendio de Derecho penal: parte especial*, Dykinson, Madrid, 2023.

LLORIA GARCÍA, P., «El delito de *child grooming* y el consentimiento de menores de 16 años (arts. 183 y 183 bis del CP)», en MARTÍNEZ GALINDO, G. (dir.) *et al.*, *La reforma de los delitos sexuales*, J. M. Bosch, Barcelona, 2024.

McAlinden, A. M., «*Grooming* and the Sexual Abuse of Children». *Institutional, Internet and Familial Dimensions,* Oxford University Press, Oxford, 2012.

Magro Servet, V., «Cómo prevenir la sextorsión y cómo se sancionan los ataques sexuales on line tras la Ley Orgánica 4/2023 de 27 de abril», en *Diario La Ley,* n.º 10290, sección doctrina, 19 de mayo de 2023.

— «Cuestiones comparativas de modificación del Código Penal y otras leyes con la nueva Ley Orgánica 10/2022, de 6 de septiembre de Garantía de la Libertad Sexual», *Diario La Ley,* 7 de septiembre de 2022. Disponible en: https://diariolaley.laleynext.es/dll/2022/09/13/cuestiones-comparativas-de-modificacion-del-codigo-penal-y-otras-leyes-con-la-nueva-ley-organica-10-2022-de-6-de-septiembre-de-garantia-de-la-libertad-sexual [fecha de consulta: 21/01/2024].

Mantilla Ojeda, S. L., y Avendaño-Prieto, B. L., «Victimización jurídica, una mirada para el sistema jurídico de atención a las víctimas que interponen una denuncia», *Revista republicana,* n.º 29, 2020. Disponible en: https://urepublicana.edu.co/ojs/index.php/revistarepublicana/article/view/655 [fecha de consulta: 04/09/2023].

Manzanero, A. L., «Procedimientos de evaluación de la credibilidad de las declaraciones de menores víctimas de agresiones sexuales», *Psicopatología clínica, legal y forense,* vol. 1, n.º 2, 2001.

Márquez Cisneros, S. R., «La prueba indiciaria en el nuevo Código Procesal Penal», *Revista de Derecho,* 2010.

Martínez Galindo, G., «La reforma de los delitos sexuales: su motivación y el cambio de paradigma de la honestidad del consentimiento», en Martínez Galindo, G. (dir.) *et al., La reforma de los delitos sexuales,* J. M. Bosch, Barcelona, 2024.

Martínez García, C., «La protección administrativa de la infancia y la adolescencia frente a la violencia. Niveles y ámbitos de actuación prioritarios», Martínez García, C. (coord.), *El nuevo marco legal de protección integral de la infancia y la adolescencia frente a la violencia en España,* Thomson Reuters, Pamplona, 2021.

Martos Núñez, J. A., *Delitos cualificados por el resultado en el Derecho penal español,* J. M. Bosch, Barcelona, 2012.

Mata Barranco, de la, N. J., «El contacto tecnológico con menores del art. 183 ter 1 CP como delito de lesión contra su correcto proceso de formación y desarrollo personal sexual», *Revista Electrónica de Ciencia Penal y Criminología,* 2017.

Maza Martín, J. M., «Circular 1/2017, sobre la interpretación del art. 183 quater del Código Penal», *Fiscalía General del Estado,* 2017.

Mendoza Calderón, S., *El Derecho penal frente a las formas de acoso a menores.* Bullying, ciberbullying, grooming y sexting, Tirant lo Blanch, Valencia, 2013.

Ministerio de la Presidencia, Justicia y Relaciones con las Cortes, «El Gobierno impulsa la protección de menores frente al acceso a pornografía en Internet». Disponible en: https://www.mjusticia.gob.es/es/institucional/gabinete-comunicacion/noticias-ministerio/Gobierno-impulsa-proteccion-menores-pornografiaograf%C3%ADa-en-internet [fecha de consulta: 21/01/2024].

Miró Llinares, F., «La oportunidad criminal en el ciberespacio. Aplicación y desarrollo de la teoría de las actividades cotidianas para la prevención del cibercrimen», *RECPC*, n.º 13, 2011.

— «Notas críticas sobre el Art. 183 ter CP en el Anteproyecto de reforma de 2012», en Álvarez García, J. (dir.), *Estudio Crítico sobre el Anteproyecto de reforma penal de 2012*, Tirant lo Blanch, Valencia, 2013.

Mitchell, K., J.; Finkelhor, D., y Wolak, J., «Youth Internet users at risk for the most serious *online* sexual solicitations», *American Journal of Preventive Medicine*, n.º 32, 2007. Disponible en: http://dx.doi.org/10.1016/j.amepre.2007.02.001 [fecha de consulta: 14/08/2023].

Molina Blázquez, C., *Derecho penal. Parte general*, Tecnos, Madrid, 2022.

Monge Fernández, A., *De los abusos y agresiones sexuales a menores de trece años. Análisis artículos 183 y 183 bis CP, conforme a la LO 5/2010*, Bosch, Barcelona, 2011.

— «Abusos sexuales y agresiones sexuales a menores de 16 años (art. 183 CP)», *Lecciones de Derecho penal. Parte especial*, Tecnos, Madrid, 2019.

Montiel Juan, I.; Carbonell Vayá, E., y Salom García, M., «Victimización infantil sexual *online: online grooming*, ciberabuso y ciberacoso sexual», en Lameiras Fernández, M., y Orts Berenguer, E. (coords.), *Delitos sexuales contra menores. Abordaje psicológico, jurídico y policial*, Tirant lo Blanch, Valencia, 2014.

Morales Prats, F., y García Albero, R. M., *en* Quintero Olivares, G. (dir.), y Morales Prats, F. (coord.), *Comentarios a la parte especial del Derecho penal*, Aranzadi, Pamplona, 2016.

Muñoz Conde, F., *Derecho penal Parte Especial*, 21.ª ed., Tirant lo Blanch, Valencia, 2021.

Muñoz Vicente, J. M.; González Guerrero, L.; Sotoca Plaza, A.; Terol Levy, O.; González Álvarez, J. L., y Manzanero Puebla, A. L., «La entrevista forense: Obtención de indicios cognitivos en niños presuntas víctimas de abuso sexual infantil», *Papeles del Psicólogo*, n.º 37, 2016. Disponible en: http://www.papelesdelpsicologo.es/pdf/2777.pdf [fecha de consulta: 03/09/2023].

Muñoz Vicente, J. M., y González Guerrero, L., «El informe pericial psicológico de credibilidad del testimonio en supuestos de violencia sexual infanto-juvenil», Vicente de Castro de, B. (dir.) *et al.*, *Manual práctico de criminología aplicada*, Aranzadi, Pamplona, 2023.

Núñez Castaño, E., «Delitos contra la libertad e indemnidad sexual (I) », Gómez Rivero, M. del C. (dir.); Nieto Martín, A., y Cortés Bechiarelli, E., *Nociones fundamentales de Derecho penal: parte especial,* vol. I., Tecnos, Madrid, 2023.

Núñez Fernández, J., «Presente y futuro del mal llamado delito de ciberacoso a menores: análisis del artículo 183 bis CP y de las versiones del Anteproyecto de Reforma de Código Penal de 2012 y 2013», *Anuario de Derecho penal y ciencias penales,* tomo 65, 2012.

Observatorio Nacional de Tecnología y Sociedad, *Uso de tecnología en los hogares españoles.* Brújula, 2022. Disponible en: https://www.ontsi.es/sites/ontsi/files/2022-02/usotecnologiahogares_2022_1.pdf [fecha de consulta: 03/09/2023].

Orts Berenguer, E., «Delitos contra la libertad e indemnidad sexuales (II): Abusos sexuales. Abusos sexuales y agresiones sexuales a menores de dieciséis años. Acoso sexual», González Cussac, J. L. (coord.), *Derecho penal Parte Especial,* 6.ª ed., Tirant lo Blanch, Valencia, 2019.

Panizo Galence, V., «El ciberacoso con intención sexual y el *child-grooming*», *Cuadernos de criminología: revista de criminología y ciencias forenses,* n.º 15, 2011, ISSN 1888-0665.

Pawlik, M., *Ciudadanía y Derecho penal. Fundamentos de la teoría de la pena y del delito en un estado de libertades,* dirección y estudio introductorio de Silva Sánchez, J. M.ª; Robles Planas, R., y Pastor Muñoz, N., Atelier, Barcelona, 2016.

Pedreira González, F. M., y Escudero García-Calderón, B., *La teoría jurídica del delito en un Estado de Derecho,* J. M. Bosch, Barcelona, 2023.

Pérez Ferrer, F., «El nuevo delito de ciberacoso o *child grooming* en el Código Penal español (artículo 183 bis)», *Diario La Ley,* n.º 7915, 2012.

Pérez González, S., y De la Mata Barranco, N., «El delito de *child grooming*: algo más que un acto preparatorio de otro delito sexual», en *Personas vulnerables y tutela penal,* Aranzadi, Pamplona, 2023.

Pérez Luño, A. E., *Teoría del Derecho. Una concepción de la experiencia jurídica,* 21.ª ed. (con la colaboración de Alarcón Cabrera, C.; González-Tablas, R., y Ruíz de la Cuesta, A.), Tecnos, Madrid, 2023.

Pérez Morales, M. G., «Sucesivas declaraciones de la víctima menor de edad: fases policial y judicial», *Revista Aranzadi Doctrinal,* n.º 1, 2009.

Pérez Vallejo, A. M.ª, y Pérez Ferrer, F., «La regulación del *child grooming* en el Código Penal español tras la reforma de la LO 1/2015, de 30 de marzo», en Pérez Vallejo, A. M.ª, y Pérez Ferrer, F., *Bullying, ciberbullying y acoso con elementos sexuales. Desde la prevención a la reparación del daño,* Dykinson, Madrid, 2016.

Pillado Quintas, V., «El *child grooming* en la reforma del Código Penal», *Estudios Jurídicos,* 2015. Disponible en: www.cej-mjusticia.es [fecha de consulta: 14/08/2023].

Prensky, M., *Enseñar a nativos digitales. Una propuesta pedagógica para la sociedad del conocimiento*, SM Ediciones, Madrid, 2011.

Queralt Jiménez, J. J., *Derecho penal español. Parte especial*, Tirant lo Blanch, Valencia, 2015.

Quintero Olivares, G., *Parte General del Derecho penal*, Aranzandi, Navarra, 2015.

Ragués y Vallés, R., «Delitos contra la libertad e indemnidad sexuales», en Silva Sánchez, J.-M. (dir.), y Ragués y Vallés, R. (coord.) *et al.*, *Lecciones de Derecho penal parte especial*, Atelier, Barcelona, 2023.

Ramiro Vázquez, J., «Virtualizando infancias. Del niño competente al menor en riesgo a través de Internet», VV.AA., *Menores e Internet*, Aranzadi, Pamplona, 2013.

Ramos Vázquez, J. A., «El nuevo delito de ciberacoso de menores a la luz del derecho comparado», *Diario La Ley*, n.º 7746, 2011.

— «Depredadores, monstruos, niños y otros fantasmas de impureza (algunas lecciones de Derecho comparado sobre delitos sexuales y menores)», *RDPC*, n.º 8, 2012.

— «Ciberacoso», en Quintero Olivares, G. (coord.), *Comentarios a la reforma penal de 2015*, Aranzadi, Pamplona, 2015.

— «La cláusula Romeo y Julieta (art. 183 quater del Código Penal) cinco años después. Perspectivas teóricas y praxis jurisprudencial», *Estudios penales y criminológicos*, n.º 41, 2021.

Ríos Corbacho, J. M., *Fundamentos conceptuales del Derecho penal. Una investigación desde una perspectiva crítica*, Tecnos, Madrid, 2023.

Rodríguez Devesa, J. M., y Serrano Gómez, A., *Derecho penal español parte especial*, Dykinson, Madrid, 1993.

Rodríguez López, Y.; Aguiar Gigato, B. A., y García Álvarez, I., «Consecuencias Psicológicas del Abuso Sexual Infantil», *Eureka*, vol. 9, n.º 1, 2012. Disponible en: http://pepsic.bvsalud.org/pdf/eureka/v9n1/a07.pdf [fecha de consulta: 04/09/2023].

Rodríguez Monserrat, M., y El Mechachti, S. F., «Análisis jurídico de los aspectos penales y procesales del caso Arandina», *Diario La Ley*, n. º 10305, sección Tribuna, 12 de junio de 2023.

Rodríguez Vázquez, V., «El embaucamiento de menores con fines sexuales por medio de las tecnologías de la información y la comunicación Estudio del actual art. 183 bis y del art. 183 ter del Proyecto de Ley Orgánica de reforma del Código Penal», *Revista Electrónica de Ciencia Penal y Criminología*, n.º 16-06, 2014. Disponible en: http://criminet.ugr.es/recpc/16/recpc16-06.pdf [fecha de consulta: 17/01/2024].

Rovira del Canto, E., «Nuevas formas de ciberdelincuencia intrusiva: el *hacking* y el *grooming*», *Iuris: Actualidad y Práctica del Derecho*, n.º 160, 2011.

ROXIN, C., «El concepto material de delito», *Derecho penal parte general*, tomo I, *Fundamentos. La estructura de la teoría del delito*, traductores: LUZÓN PEÑA, D. M. (dir.); DÍAZ GARCÍA CONLLEDO, M., y VICENTE REMESAL, DE, J., Civitas, Madrid, 2008.

— *Derecho penal, Parte General*, tomo I, *Fundamentos. La estructura de la teoría del delito*, Civitas, Madrid, 2015.

RTVE, «*Back Up:* Depredadores en red». Disponible en: https://lab.rtve.es/lab/backup/pederastia-grooming/ [fecha de consulta: 22/08/2023].

RUBIO LARA, P. Á. (coord.), *Victimología forense y Derecho penal*, Tirant Lo Blanch, Valencia, 2010.

SÁINZ CANTERO-CAPARRÓS, J. E., «Delitos contra la libertad e indemnidad sexuales», MORILLAS CUEVA, L. (dir.) *et al.*, *Sistema de Derecho penal. Parte especial*, Dykinson, Madrid, 2021.

SÁNCHEZ-ESCRIBANO, M.ª I., «Reflexiones sobre el *child grooming*. A propósito del libro "El delito de *online child grooming* o propuesta sexual telemática a menores"», *Revista Jurídica de las Islas Baleares*, n.º 15, 2017.

SANTISTEBAN PÉREZ, P., y GÁMEZ GUADIX, M., «Estrategias de persuasión en *grooming online* de menores: un análisis cualitativo con agresores en prisión», *Psychosocial Intervention*, n.º 26, 2017. Disponible en: https://scielo.isciii.es/scielo.php?script=sci_abstract&pid=S1132-05592017000300139 [fecha de consulta: 09/08/2023].

SAÑUDO UGARTE, M. I., *El* grooming *(art. 183 ter 1 y 2 CP): análisis típico y propuesta interpretativa*, tesis doctoral dirigida por DE LA MATA BARRANCO, N. J., UPV, Leioa (Bizkaia), 2016.

SAVE THE CHILDREN, *Violencia viral*, 2019. Disponible en: https://www.savethechildren.es/sites/default/files/imce/docs/informe_violencia_viral_1.pdf [fecha de consulta: 22/08/2023].

— *La tecnología en la preadolescencia y adolescencia: usos, riesgos y propuestas desde los y las protagonistas*, 2010. Disponible en: http://www.de0a18.net/pdf/doc_tecno_estudio_riesgos.pdf [fecha de consulta: 14/08/2023].

— «*Online grooming*: Análisis de sentencias sobre abusos sexuales en Internet a niños y niñas en España». Disponible en: https://www.savethechildren.es/actualidad/informe-online-grooming [fecha de consulta: 29/01/2024].

SERRANO GÓMEZ, A., y SERRANO MAÍLLO, A., «Delitos contra la libertad e indemnidad sexual (I)», *Curso de Derecho penal parte especial*, Dykinson, Madrid, 2019.

— «Delitos contra la libertad indemnidad sexual (I)», en SERRANO GÓMEZ, A.; SERRANO MAÍLLO, A.; SERRANO TÁRRAGA, M. D., y VÁZQUEZ GONZÁLEZ, C., *Curso de Derecho penal parte especial*, Dykinson, Madrid, 2021.

SILVA SÁNCHEZ, J. M., *Malum passionis. Mitigar el dolor del Derecho penal*, Atelier, Barcelona, 2018.

Simón Yarza, F., *Derechos fundamentales. Lineamientos*, Aranzadi, Pamplona, 2020.

Smahel, D.; Machackova, H.; Mascheroni, G.; Dedkova, L.; Staksrud, E.; Livingstone, S., y Hasebrink, U., «Kids *Online* 2020», *Survey results from 19 countries*, 2020. Disponible en: https://www.observatoriodelainfancia.es/oia/esp/descargar.aspx?id=6003&tipo=documento [fecha de consulta: 03/09/2023].

Spaemann, R., *Personen. Versuch über den Unterschied zwischen «etwas» und «jemand»*, Sttutgart, 1996.

Spinoza, B. de, *Politischer Traktat*, Hamburg, 2.ª ed., 1984.

Social Media Marketing, «El *child grooming*, la cara oscura de Tik Tok». Disponible en: https://www.uoc.edu/es/news/2020/111-tik-tok-acoso-sexual-menores-internet [fecha de consulta: 22/08/2023].

Suárez-Mira Rodríguez, C. (dir. y coord.); Judel Prieto, Á., y Piñol Rodríguez, J. R., «Abusos sexuales», en *Manual de Derecho penal parte especial*, tomo II, Civitas, Pamplona, 2020.

Tamarit Sumalla, J. M., «Delitos contra la indemnidad sexual de menores», *Comentario a la reforma penal de 2015*, Aranzadi, 2015.

Tamarit Sumalla, J. M.; Abad Gil, J., y Hernández-Hidalgo, P., «Las víctimas de abuso sexual infantil ante el sistema judicial: estudios sobre actitudes, necesidades y experiencias», *Revista de Victimología*, n.º 2, 2015. Disponible en: https://www.huygens.es/journals/index.php/revista-de-victimologia/article/view/22 [fecha de consulta: 04/09/2023].

Tamarit Sumalla, J. M. *et al.*, en Quintero Olivares, G. (dir.), y Morales Prats, F. (coord.), *Comentarios a la parte especial del Derecho penal*, 10.ª ed., Aranzadi, Navarra, 2016.

Terradillos Basoco, J. M. ª, *Aporofobia y plutofilia: la deriva jánica de la política criminal contemporánea*, J. M. Bosch, Barcelona, 2020.

Terradillos Basoco, J. M.ª, y González Agudelo, G., «Lección 8. Delitos contra la libertad e indemnidad sexual», en Terradillos Basoco, J. M. (coord.), *Lecciones y materiales para el estudio del Derecho penal*, tomo III, *Derecho penal parte especial*, vol. II, 2.ª ed., Iustel, Madrid, 2016.

Tortajada Chardi, P., y Vázquez Vilanova, J. M., «Dificultad de acreditación de delitos sexuales on-line». BIB 2018\11480, *Revista Aranzadi de Derecho y Proceso Penal*, n.º 51, 2018.

Turienzo Fernández, A., «¿Castigar o no castigar? esa es la cuestión. los consumidores de pornografía infantil en el punto de mira», en Gómez Martín, V. (dir.) *et al.*, *Un modelo integral de Derecho penal. Libro homenaje a la profesora Mirentxu Corcoy Bidasolo*, BOE, Madrid, 2022.

UNESCO, «Frente al progreso, ¿hasta qué punto somos responsables?, *El Correo de la UNESCO*, 1998. Disponible en: https://unesdoc.unesco.org/ark:/48223/pf0000111704_spa [fecha de consulta: 23/08/2023].

Valenzuela, S., «La vida en tiempos de *likes*: pros y contra de las redes sociales», *Pontificia Universidad Católica de Chile*. Disponible en: https://vidauniversitaria.uc.cl/noticias-y-concursos/revista/reportaje/la-vida-en-tiempos-de-likes-pros-y-contra-de-las-redes-sociales [fecha de consulta: 16/01/2024].

Vázquez González, C., *Delincuencia juvenil*, Dykinson, Madrid, 2019.

vLex, STS 527/2015, 22 de septiembre de 2015.

We Protect Global Alliance, Disponible en: https://www.weprotect.org/issue/online-grooming/ [fecha de consulta: 29/01/2024].

Villacampa Estiarte, C., *El Delito de Online Child Grooming o Propuesta Sexual Telemática a Menores*, Tirant Lo Blanch, Valencia, 2015.

Villacampa Estiarte, C., y Gómez Adillón, M.ª J., «Nuevas tecnologías y victimización sexual de menores por *online grooming*», *Revista Electrónica de Ciencia Penal y Criminología*, n.º 18-02, 2016.

Villegas García, M. Á., y Encinar del Pozo, M. Á., «Los ciberdelitos en la jurisprudencia del Tribunal Supremo», *Diario La Ley*, n.º 10283, sección Dossier, 10 de mayo de 2023.

Wolak, J.; Finkelhor, D.; Mitchell, K. J., e Ybarra, M. L., «*Online* "predators" and their victims: Myths, realities, and implications for prevention and treatment», *Psychology of Violence*, 2010, 1(S).

Wolak, J., y Finkelhor, D., «Are crimes by *online* predators different from crimes by sex offenders who know youth in-person?», *Journal of Adolescent Health*, n.º 53, 2013.

Wolf, S. C., «A MultiFactor Model of Deviant Sexuality», *Victimology*, n.º 10, 1985.

